KB261626

평강의 주님께서 친히

때마다 일마다

평강을 주시기를 기도하며

특별히 _______________님께

이 소중한 책을 드립니다.

# 아름다운 수정교회 이야기

조일래 목사 편저

나침반

“너희는 곧 천하에 다니며
만민에게 복음을 전파하라”
-마가복음 16장 15절-

# 또 다른 희망의 빛줄기가
# 솟아오르는 것을 발견합니다

**수**정교회는 아름다운 교회입니다. 이름도 아름답고, 건물과 환경도 아름답습니다. 무엇보다도 하나님께서 수정교회에 주신 "세계선교기지"의 비전을 가슴에 품고서 자나깨나 선교에 열중하는 선교정신이 아름답습니다. 그리고 그 속에서 계속 쏟아져 나오는 아름다운 간증들과 간증 속에서 변화되어 가는 성도님들이 아름답습니다.

이 간증집을 읽는 분들은 고난 속에서도 피어난 한 송이 꽃을 만나게 되고, 꺾여버린 희망 속에서도 또 다른 희망의 빛줄기가 솟아오르는 것을 발견하게 될 것입니다.

손가락 하나 움직일 수 없는 무력감으로 모든 것을 놓고 싶을 때도 새살 차오르듯 공급되는 또 다른 에너지를 채우게 될 것입니다.

죽음과 같은 참기 어려운 고통을 통해 십자가의 고난을 배우며 주님을 닮아갈 수 있음에 영혼 깊숙이에서 울려퍼지는 눈물로 쓴 감사의 오색선율을 들을 수 있을 것입니다.

몸과 마음이 무너져 더 이상 삶의 의미를 느끼지 못할 때조차도 십자가에서 치료하시고 회복시키시고 연단하여 제자로 세우시는 주님의 세미한 음성을 천둥처럼 듣게 될 것입니다.

시들어가던 영혼이 주님께서 퍼부으시는 은혜의 소나기로 인하여 새힘을 얻고 다시 하늘로 향하여 비상하는 아름다운 모습을 발견하게 될 것입니다. 2002년에 발간된 『수정교회 25년사』에서 그 당시 OMS 총재 J. B.Crouse Jr.은 "수정교회는 진실로 신약성서 시대의 교회"라고 명명한 바 있습니다. 전 세계 복음전도에 대한 비전과 임무를 가지고 아름다운 간증인이 되라는 당부인 줄 믿습니다. 이 일에 저와 같이 함께 행진하기를 소망합니다. 그래서 『아름다운 수정교회 이야기』를 통해서 살아계신 주님의 모습을 더욱 선명하게 나타냅시다. 세차게 밀려오는 신앙의 도전 앞에서도 굴하지 않고 주님의 심장과 마음을 닮아가려고 무던히도 몸부림쳤던 수정교회 이야기가 아름답습니다.

이제 『아름다운 수정교회 이야기』를 통하여 수 많은 사람들이 주님 안에서 더 큰 복을 받고 파도처럼 밀려오는 시련과 역경 속에서도 당당히 승리함으로써 그리스도의 편지요 향기인 간증이 주님 오실 때까지 계속되길 소망합니다.

이 간증을 주신 하나님께 큰 영광을 돌리며 교우들에게 깊은 감사를 드립니다.

2010년대를 바라보며

조 일 래

조일래 / 수정교회 담임목사

# 차례

# 선교는 기적을 이룬다

**겨**자씨는 하도 작아서 눈에 잘 보이지도 않는다. 먼지같기도 하다. 그 겨자씨가 32년 전 1977년 1월 17일 서울 한쪽 구석에 초라하게 심어졌다. 자라면 사람 키보다 더 큰 나무가 되어 새들이 깃들일 것이라 하였던가! 겨자씨가 자라 거목이 된 것이나 다름이 없다.

2009년 1월 18일, 수정성결교회 창립 32주년 기념 예배의 모습이 그랬다. 개척할 무렵의 미미한 보잘 것 없는 모습을 찾아내기가 어렵다. 신도시가 들어오기로 되어 있는 곳인데 아직 주변에 본격적으로 건물이 들어서지 않아서 수정선교센터는 멀리서도 한눈에 들어온다. 대지만 5,000평이 넘는 단일 교회가 지은 선교센터이지만, 그 안에는 교단의 선교훈련원과 선교사 안식관이 들어와 있다. 국내 지교회만 15개, 한인지교회와 현지인 지교회를 합친 해외 지교회가 12개가 넘는다. 여기에다 학교와 병원까지 선교지에 세워

서 운영하고 있으니, 말하자면 불로동 성전은 테스크 포스(TF)에 해당
하는 셈이다.

예나 지금이나 개척교회는 의례 보잘 것 없고 초라하다. 그런 중에
도 수정교회는 더더욱 보잘 것 없이 출발하였다. 개척을 시작하는 나
는 목사도 전도사도 아닌, 신학교 입학을 앞두고 있던 집사에 불과했
다. 월세로 얻은 보증금 50만 원짜리 2층 홀은 계약금 10만 원만 치르
고 얻었다. 나머지 금액과 매 달 들어가는 월세는 고스란히 다 빚이었
다. 과부 두 렙돈이나 다름없는 그 10만 원은 강대상 사라고 헌금한 돈
이었다. 그 돈으로 계약금을 치렀으니 자연히 강대상을 살 돈이 없었
다. 누가 회사에서 못 쓰는 책상을 하나 가져왔다. 빨간 보자기 하나 씌
우니 빈손으로 시작하는 개척교회에 잘 맞는 짝꿍이다. 피아노나 의자
가 있을 리 없었다. 이것이 수정교회의 출발이었다.

전적인 하나님의 은혜와 인도하심이다. 32년 전에 아주 작은 씨 하
나가 그렇게 뿌려진 것 자체가 하나님의 은혜 아니고서는 설명이 안
되는 일이었다. 그렇게 작은 씨를 하나 심어 놓고 수정 가족들은 비할
수 없이 기름진 밑거름으로 눈물어린 희생을 쏟아 부었다. 다들 극한
궁핍 속에서도 희생적 선교를 시작하였고, 온갖 시련과 우여곡절 속에
서 중단 없이 계속하였다. 봉사하고 섬기고 몸과 시간과 물질을 드리
며, 이들은 교회와 함께 키가 자라고 교회와 함께 뼈가 단단해졌다. 지
쳐서 떠나는 사람이 나올 만큼, 유별나게 금식도 많이 하고 기도도 많
이 하였다. 하나님께 대한 믿음만으로 그치지 않았다. 관록 없고 부족

하기 이를 데 없었지만 묵묵히 한 길을 걷는 나를 이들은 희생적 순종으로 밀어 주었다. 그들의 순종이 있었기에 오늘이 있음을 나는 결코 잊을 수 없다.

수정교회의 어제와 오늘, 그리고 내일은 선교 없이 설명할 수 없다. 지금도, 그리고 앞으로도 계속해서 달려 갈 방향은 하나다. 예수님의 지상명령을 최우선 과제로 삼는 것이다. 하나님이 원하시는 수준의 선교 전진기지가 되겠다는 한 가지 푯대를 향하여 달음질 할 것이다. 교회가 이 땅에 존재한 이유는 선교다. 수정교회는 그 목회철학을 중심으로 전 성도가 하나 되어 달려 왔다. 앞으로도 주님 오실 때까지 그 일을 이루기 위하여 달려가는 것이 하나님께서 우리 수정교회에 주신 비전이다.

## 수정교회는 선교를 위해 태어난 교회이다

예수 믿고 10년 만에 나는 무작정 상경을 했다. 하나님의 부르심을 도저히 뿌리칠 수 없어서, 마침내 하나님께 항복을 했다. 서울 올 때 우선 신학공부를 하겠다고 마음먹었지, 개척하겠다고 올라온 것이 아니었다. 개척이 평신도인 집사가 할 수 있는 일이라고는 꿈에도 생각하지 못했다. 대한민국 수도 서울에서, 목사도 전도사도 신학생도 아닌 교역자가 하는 개척교회에 어떤 사람이 다니려 하겠는가? 그러나 하나님의 생각은 달랐다. 신학교 입학이 다음 해로 늦춰지면서 그 기간에 수정교회를 개척하게 하셨다. 빈 손으로 하나님만 바라보는 목회였다. 교회가 모자라 교회 숫자 하나 더 채우기 위해 할 주제가 못되었다. 하나님은 내게 분명한 선교의 의식과 사명을 주셨다. 우리는 세계선교라는 주님의 지상명령만을 최우선으로 삼고, 세계 선교의 전진기지가 되려는 한 마음으로 출발했다.

1977년 1월 17일, 창립예배 순서지에 그 마음과 각오를 이렇게 옮겨 놓았었다.

### 우리의 기원

빈손 들고 주님만 바라본 우리에게 놀라운 은혜를 베푸시사 오늘의 축복된 자리까지 인도해 주신 하나님 아버지, 앞으로도 크신 권능과 은혜로 함께 하시사 초대교회의 능력적인 성령의 역사와 초대 성결교회의 뜨거운 열심을 회복케 하소서. 이 교회를 우리나라 곳곳과 세계 각처로 당신의 복음을 힘써 전파하는 훌륭한 선교의 기지로 축복 하소서. 이 교회에 속한 자들마다 당신의 참 자녀답게 믿고 바라고 행하고 승리케 하소서. 음부의 권세가 이 교회를 흔들지 못하게 하시고, 오직 한 무리 되어 주님의 인도만을 받게 하소서. 모든 영광과 존귀는 주님께서만 받으시고 저희들에게는 이것을 바라보는 기쁨으로 충만케 하소서. 예수님 이름으로 기원하옵나이다. 아멘.

-창립교회 교인 일동

역시 선교를 위해 태어난 수정교회의 정체성을 보여주는 표어다. 오직 성령이 임하시면 권능을 받고 예루살렘과 유대와 사마리아 땅 끝까지 이르러 내 증인이 되라고 하신 사도행전 1장 8절 말씀을 구체화시킨 것이다. 이런 믿음과 각오로 우리는 개척 초기부터 농어촌 미자립교회 선교에 헌신하여 쉼 없이 달려왔다.

나는 수정교회를 섬기며 온갖 시련 속에서도 지속적으로 선교하는 일을 멈추지 않았다.

한 사람의 일생을 돌아보면 크든 작든 누구에게나 시련이 있다. 교회라고 우여곡절과 시련이 없을 수 없다. 우리는 개척의 시련 속에서도 지속적으로 선교했다. 대한민국 수도 서울에 강대상도 없이 시작한 개척교회가 헤쳐 나가야 하는 발걸음이 오죽했겠는가? 첫발부터가 시련이었다.

개척하고 얼마 안 되던 어느 날, 교회의 중책을 맡고 계신 홍순모 집사님께 제안을 했다.

"집사님! 우리 농어촌 교회 도웁시다!"

그 집사님은 어이가 없다는 듯 나를 바라보셨다.

"사례도 못 드리는 월세 교회인데, 일단 우리 교회부터 자리를 잡아야 하지 않겠습니까?"

"선교가 우리의 사명이라면, 우리 형편과 상관없이 해야 합니다. 사정 봐 가면서 우리 급한 불부터 끄기 시작하면, 전세될 때까지 못하는 것이고, 전세가 끝나면 더 큰 데로 옮겨야 하고, 그렇게 우리만의 성을 쌓게 되지 않겠습니까?"

나는 확신 있게 설득하였다. 마음을 모았다. 그 해에 둘째 아이가 태어났다. 친정에 내려가 몸을 푼 아내를 아이와 함께 집에 데리고 왔다. 올라오는 길에 집사람이 물었다.

"여보, 집에 가면 쌀 있어요?"

나의 대답은 간단했다.

"없어."

산모가 아기를 낳고 올라오는데, 집에는 쌀이 없었다. 산모가 먹지를 못하니 젖이 나올리 만무였다. 아이가 배고파서 울면 보리차를 끓여 먹이기도 하면서 적은 선교비지만 그것만큼은 제 날짜에 꼬박꼬박 보냈다. 쉽지 않았다.


신학교를 졸업하던 그 해에 처음으로 주일 낮 예배 출석인원이 100명을 넘었다. 우리 모두 얼마나 감격했는지 모른다. 지금도 그때 즈음해서 이웃초청 주일을 지키고 있다. 20평 홀이 비좁았다. 교회는 계속 부흥되고 모일 장소는 점점 부족했다. 바로 길 건너편 100평 남짓한 2층 홀로 옮겼다. 보증금만도 1,000만 원이 넘었다. 자연히 월세며 지출이 함께 늘었고, 그렇다고 교회 재정이 갑자기 뻥튀겨지는 것도 아니었다. 재정이 너무 어려워 그 고비를 넘기느라 고생했지만, 아무리 어려워도 선교는 중단하지 않으려고 몸부림치며 기도했다. 기도원에 올라가 부르짖다가 결국 용단을 내렸다. 그때 우리 교회가 갖고 있던 기증받은 미니버스를 팔고, 여전도사님 한 분은 병원 선교로 보내고, 나는 스스로 생활비를 깎았다. 그러나 끝까지 선교는 중단하지 않았다.

대림성전 건축 때 또다시 시련이 찾아왔다. 개척 10주년에 입당을 하였는데, 입당하면서 계산해 보니 땅값은 지난 10년간의 헌금으로 충당하였지만 520평 건축비는 모두 빚이었다. 그 당시 교인들 중 누구 하나 담보로 내놓을 재산도 없었고, 은행들이 융자도 잘 해주지 않을 때였다. 월 3부 이자 사채를 썼다. 될 수 있는 대로 늦게 늦게 공사비를 지불하면 조금 유리할지 몰라도 그리 할 수는 없는 일. 건축업자에게 짐을 지우면 하나님께 영광이 안되니 이자까지도 다 빌려서 갚아 나갔다. 빚이 늘어가자 교회 여기저기서 교인들이 웅성거리기 시작했다. 몇 번 진지하게 나를 찾아와 빚부터 갚아야 한다고 했다. 그러나 나는 설득했다.

"선교기지가 되겠다는 교회가 빚 있다고 중단하면 선교의지가 약화됩니다"

"목사님! 이러다가 우리 교회 떠내려갑니다!"

"집사님! 걱정마십시오! 안 떠내려갑니다. 선교 안 했으면 교회가 떠내려가지 않았을 텐데 선교했기 때문에 교회가 떠내려갔다는 이야기는 하나님이 살아계시는 한 있을 수 없습니다. 우리가 꾸준히 선교하면 하나님이 우리를 도우실 것입니다."

숱한 우여곡절이 있었지만 우리는 믿음이 돈독한 성도들과 함께 교회를 끌어나갔다. 교회를 떠나는 사람이 생기면서 모두가 이제 수정교회는 떠내려간다고 생각했던 그 해부터 빚이 꺾이기 시작했다. 마침내 그로부터 5년 후, 대림동 성전을 헌당하게 되었다. 하나님이 이루어 주신 기적이었다.

## 수정교회는 현재 이렇게 선교하고 있다

개척하던 첫 해인 1977년 6월 12일 강원도 평창 '거문교회'에 87,960원의 선교비를 지출한 이래, 선교비가 3년 만에 100만 원을 넘어 1,143,000원 이었고, 1990년에는 1억을 넘어 100,170,110원이었고, 2001년에는 무려 641,792,430원, 2008년도에는 무려 9억 원을 넘어섰다.

지금도 불로성전 건축의 무거운 짐을 지고 있다. 어찌 힘들지 않겠는가? 하지만 그 시절의 헌신이 있었기에, 선교에 대한 비전을 계속 이어갈 수 있다. 교회재정의 50% 이상은 언제나 선교를 위해 헌신해 왔다. 작년 한 해에도 주일헌금, 감사헌금, 십일조, 절기헌금 등 경상비의 30%는 헌금 계수하는 그 자리에서 떼내었다. 성전 건축 전에는 일반 경상헌금의 약 70% 가까이를 썼고, 지금은 50% 정도인데, 바라기는 최소한 60%가 되는 것이다. 이런 헌신의 결과로 국내 13개의 지교회를 비롯하여 미국과 태국 파타야 선교교회까지 개척할 수 있었다. 그 중 하나만 빼고 모두 자기 교회 건물을 갖고 있다. 해외 지교회는 직접 개척한 것과 성전 건축을 해 준 것까지 14개를 개척하였고, 네팔 도티에 설립한 유치원부터 고등학교 과정에 이르는 수정 영재학교는 그 지역에서 타의 추종을 불허하는 최고의 명문학교가 되어 있다. 또한 수정병원에도 저희가 파송한 외과 전문의 한국 의사와 네팔 의사, 그리고 동역하는 세 자매가 함께 운영하고 있으며, 필리핀 등 9개국에 선교사를 파송하고 있다.

국내외에 수백 개의 교회를 개척하고, 내외국인 선교사 수백 명을 파송하게 될 것이다. 한국인 선교사를 파송하는 것은 물론이고 외국인들을 교육시켜서 자기 나라나 인접한 지역, 혹은 동일 언어권에 파송할 계획이다. 현재 외국인 근로자 예배는 필리핀인 예배에 100여 명이 참석하고 있지만, 네팔과 그 외 나라로 확대하여 갈 것이다. 어린이 선교에도 힘쓸 것이다. 어린이들 속에 예수를 심고 꿈을 심고 믿음을 심고 추억을 심는 아름다운 일을 어린이집과 교회학교를 통해서 이루어 갈 것이다. 세상이 점점 악하고 음란해지면서 많은 젊은이들이 그 속에서 허탄한 일에 인생을 낭비하고 있다. 이들에게 거룩한 이상과 예수와 선교의 꿈을 심어 주어 주와 복음을 위해 평생을 살도록 하고 싶다. 경로대학과 복지관을 노인과 장애자를 위한 선교의 장으로 사용하게 될 것이다. 이 곳이 세계적 선교의 기지가 되어 많은 사람이 이 곳에 와서 훈련받는 그런 일을 바라보며 우리가 이름을 수정선교센터라고 지었었는데 벌써 이 안에 교단의 선교사훈련원과 안식관이 들어와 있다. 우리는 쓰고 남은 것으로 선교한 것이 아니다. 못 먹고 못 입으면서도 피와 땀 같은 헌금으로 선교에 헌신한 것을 하나님은 받으셨고, 아름답게 완성해 나가도록 차근차근 하나님께서 이루어가고 계신다.

선교는 쓰고 남아서 하는 것이 아니다. "주님께서는 나 위해 피 흘리셨는데, 내가 주를 위해 무엇을 하오리까?" 하는 심정으로 감당할 때 자신과 후손, 그리고 교회에 하나님이 함께 하시며 복 주실 것이다. 내가 개척 때부터 노래를 불렀던 말이 있다.

"우리의 선교정신이 변하지 않는 한 하나님이 우리 수정교회를 부흥시킬 것이다."

지금은 내가 이런 말을 해도 아무도 비웃지 않는다. 그러나 그때는 그렇지 않았다. 많은 사람들이 웃었다. 수군거리기도 했다. 남들은 비웃었지만 나는 나를 불러 주신 하나님을 안다. 그 분은 천지만물을 말씀으로 지으신 능력의 하나님이시다. 그 분의 약속을 믿는다. 그 말씀을 믿고 힘써 순종하는 것은 손해 보는 일이 아니라 목숨 바쳐 해야할 일, 복 받을 일이다. 우리 모두 이러한 긍지를 가지고 적극적으로 선교의 대열에 동참하기 바란다.

이제 나와 함께 주님을 섬기는 성도들 몇 명이 주님을 섬기면서 체험한 일들(간증)을 무작위로 소개하고 싶다. 그들의 간증은 마치 반석 위에 핀 꽃과 같이 귀하고 아름답다.

# 32년의 역사와 함께 _홍순모 장로

개척 초기부터 함께 해온 수정교회의 산 증인 중의 한 분이다. 순수한 믿음과 열심이 있는 장로님이다. 수정교회와 함께 이곳 검단지역으로 이사오셨다.

| 신명기 1:11 |
너희 조상의 하나님 여호와께서 너희를 현재보다 천 배나 많게 하시며 너희에게 허락하신 것과 같이 너희에게 복 주시기를 원하노라

어린 시절 동네 밖 외진 곳에 위치한 교회를 가족 중 혼자만 고집스럽게 다녔다. 농사일을 거들어야 할 급한 상황이면 토요일 밤 늦게까지 일을 미리 마치고 다음 날 교회에 가는 열정도 그 어린 시절에 시작되었다. 당시 교회 청년 서른한 명이 모두 주일 학교 교사로 봉사하였다. 나는 처음 두 명의 주일학교 유치부 아이들로 시작하였는데, 나중에 열여덟 명으로 늘어났을 때의 보람은 지금도 생생하다.

그렇게 보람과 기쁨으로 봉사하던 내게 군대라는 신앙의 첫 시련기가 다가왔다. 그러나 그 시련은 곧 하나님의 축복의 길이 되었다. 논산 훈련소 입소 첫날 교회 다니는 사람 모두 나오라 하더니, 앞으로 나온 여섯 명에게 몽둥이로 엉덩이 찜질을 하였다. 나 또한 함께 당하였다. 그래도 계속 교회 나갈 사람만 남고 들어가라 하였다. 또다시 당할

몽둥이세례를 각오하고 남았다. 그렇게 주님에 대한 믿음을 지키려는 내게 엉뚱하게도 주기도문과 사도신경을 외우라 하였다. 달달 외우고 났더니 훈련소 퇴소까지 사역, 보초 등을 면제받았다.

군대 첫 관문을 주님의 기도문으로 무사하게 통과한 내게 주님께서는 특별한 혜택을 주시며 군 생활을 통하여 내 평생 직업의 밑거름을 마련해 주셨다. 정말 능력 있는 부모를 둔 아들들도 쉽게 갈 수 없던 1군사령부로 파병되었다. 비행대장의 운전병으로 근무하게 되어 특별 대접을 누리며 군 생활을 할 수 있었다. 주일을 온전하게 지킬 수 있도록 예비해 주신 주님의 은혜에 감사하며, 부대 앞 교회에서 교사 부장으로까지도 봉사할 수 있는 축복을 받았다.

비행대장은 주일날 운행이 있으면 내가 아닌 다른 운전병을 불러 운행을 시켜 나의 주일 성수를 특별히 배려해 주었다.  주변 사람들은 그런 내가 아주 특별한 배경이 있다고 생각하여 무척 궁금해 하며 함부로 대하지 못하였다. 이 때 차량 정비도 많이 배우게 되어 이후 사회생활을 하면서도 그 능력을 인정받아 다른 사람들보다 훨씬 편안하게 회사생활을 하게 되었다.

제대하고 상경하여 대신교회에서 주일학교 교사로 봉사하다가, 수정교회 설립의 산고를 치르게 한 대림성결교회를 만났다. 개척교회인 대림성결교회의 신앙생활은 어려움과 갈등이 많았다.  많지 않은 성도들마저 마음을 잡지 못하여 차츰 차츰 주변의 다른 교회로 떠나는 상황에서 나 또한 다른 교회에 가기로 마음을 정하고 있었다.

다음 주일이면 다른 교회에서 예배를 드려야겠다고 기다리며, 수요 예배 때 서영숙 선생(현 권사)과 다른 교회 등록을 결심하였다. 주일 전날 토요일, 서영숙 선생이 한 청년과 함께 우리 집을 방문하였다. 호리호리하게 보이던 그 청년은 나의 평생의 삶을 바꾸어 놓은 청년 조일래 목사였다. 당시 그는 신학을 공부할 꿈과 계획만 가지고 있는 집사일 뿐이었다. 집사가 교회를 개척한다는 것은 듣지도 보지도 못하였다. 그러나 그는 담대한 믿음으로 흔들리던 나의 마음을 다시 세우게 하였다. 시골에서 청년부 활동을 하며 선교의 비전을 가지고 있던 내게 조일래 집사의 뚜렷한 선교 비전 제시는 동역자로서의 확신을 갖게 하였다. 뚜렷한 신앙관과 확고한 철학으로 새로운 비전에 도전하고자 하는 조일래 집사와 함께 나는 새로운 소망을 꿈꾸게 되었다.

대림성결교회에서 조일래 집사의 집도로 예배를 드리고 새롭게 개척교회를 부흥시키고자 하는 의지로 단합하기 시작하였다. 그러나 모든 것을 일임한다던 전임 전도사의 태도가 달라지면서 더 이상 진행할 수가 없었다. 부득이 근처 작은 공간을 어렵게 구하여 예배처소를 마련하였다. 강대상 마련을 위한 헌금 일십만 원과 부산 수정동교회의 도움으로 보증금을 만들어 예배드릴 공간 마련은 하였지만, 교회 집기를 준비할 수 있는 여력은 전혀 없었다. 결국 우리끼리는 바닥에 신문지를 깔고 군용 모포를 덮고, 또한 책상에 보를 씌워 강대상을 손수 만들어 준비하여 예배를 드렸다. 창립 예배를 위하여 나무로 직접 의자 몇 개를 만들어 기도하며 준비하였고 풍금으로 피아노를 대신하였다.

　　교회가 작다 보니 주일 점심식사 준비를 할 공간이 없어 난처하였다. 다른 곳에서 점심을 준비하고 가져와서 식사를 할 수밖에 없었다. 당시 집과 교회는 200미터 이상의 거리를 두고 있었다. 아내인 이영숙 집사가 집에서 토요일에 장을 보고 준비하여 예배가 끝나는 시간에 맞춰 교회로 가져와서 식사를 하게 되었다. 마치 시골에서 모내기 할 때 점심을 커다란 대소쿠리에 담아 머리에 이고 가져와 나누어 먹듯, 그렇게 머리에 이고 와서 점심식사를 할 수 있었다. 끝나고 뒷정리 또한 공간이 좁은 관계로 집으로 가져가서 설거지를 하며 마무리하곤 하였다. 많은 사람들 음식을 한꺼번에 준비하던 경험으로 아내는 지금도 기회가 되면 작은 음식점이라도 경영하고 싶은 소망을 가지게 되었다.

　　힘든 와중에 조일래 집사님은 신학대학원에 입학하여 정식 전도사님이 되셨다. 하지만 적은 성도와 어려운 교회 재정으로 임대료도 제 때 못 내고, 조일래 전도사님 가정에 사례비도 드리지 못하는 어려운 상황은 계속되었다. 사모님의 수고로움으로 겨우 의식(衣食)을 해결하던 그때, 전도사님은 선교비 지원을 제안하셨다. 사실 제안 형식을 띠고는 있지만 결국은 실행해 나갈 의지를 가진 최종 결정과 같았다. 전도사님의 깊은 의도를 알지 못한 나로서는 당연히 반대를 할 수밖에 없었다. 재정을 담당하고 있던 나로서는 전도사님 생활비도 지원하지 못하는 형편에 다른 누군가를 돕는다는 것은 생각도 할 수 없는 일이었다. 그러나 조 전도사님의 강한 의지 앞에 계속 거부만 할 수는 없었다. 자신들의 필요를 먼저 충족하느라 선교 지원 못하는 한국의 잘 사는 교회들을 거론하며, 어려운 우리가 지금 할 수 있다면 큰 교회가 되어도 할 수 있다고 설득하셨다.

한 번 결정한 일에 대하여는 초지일관으로 추진력 있게 밀고 나가는 전도사님의 스타일은 전도 방식에서도 그대로 드러나곤 하였다. 초기에 성도가 많지 않은 상황에서 몇 번 출석하던 성도가 예배에 빠지자 대림동에서 불광동까지 심방을 가셨다. 심방을 간 집에서 바둑을 시작한 전도사님은 승부가 가려 지지 않자 늦은 시간까지 일어서질 못하고 바둑을 계속 하게 되었다. 당시에는 밤 12시면 통행금지가 있던 시절이었다. 12시가 되면 꼼짝없이 통행금지가 해지되는 새벽까지 기다려야만 움직일 수 있었기에 회사차로 운행을 나온 나는 몹시 초조해하며 바둑이 끝나기만을 기다렸다. 결국 12시 직전에 한강 다리만 간신히 넘어와서 골목골목을 돌아 교회로 돌아올 수 있었다. 전도사님의 강한 추진력과 승부욕을 보면서 이후에는 전도사님의 결정에 대하여는 실현될 수 있는 방법을 가능한 더 찾으려고 모색하곤 하였다.

강원도의 작은 개척교회인 '검은 교회'를 지원하며 "이웃에 복음을, 농어촌에 선교비를, 온 세계에 선교사를"인 우리 수정교회의 창립 모토를 처음 실천하게 되었다. 더 안정된 교회도 하지 못하는 후원을 시작한다며 옆에서 보기에도 민망한 핀잔도 많았다. 그렇게 배고프고 가슴 아프게 시작한 선교지원이 주님의 역사를 확인하는 수정교회의 초석이 되었음을 고백한다.

때론 선교비를 지원하는 교회를 방문하면서 인간적인 생각으로는 이해하기 어려운 부분도 있었다. 우리는 형편이 어려워 여전히 피아노도 놓지 못하고 풍금반주로 찬양하며 예배를 드리는 상황이었다. 풍금만으로도 감사하며 예배를 드리는 우리와 달리 오히려 후원을 받는 시골 교회를 가보면 피아노도 있고, 여러 형편이 우리보다 나아 보이기도 하였다. 우리보다 나은 교회를 지원하면서 우리는 재정적으로 몹시 쪼들리는 현실을 보며 정말 편안하지 못한 맘으로 돌아오는 경우도 종종 있었다. 우리의 작은 지원을 통하여 조금씩 성장하는 교회를 보면 한없이 기쁘지만, 후원이 늘 기쁜 결과만 주지는 않아 때로는 갈등하기도 하였다. 이런 어려움과 갈등을 인내하며 견딘 수정교회에 주님은 인간적인 계산으로는 도저히 맞출 수 없는 선물을 두 번의 성전 건축을 통하여 주셨다.

당시 재정의 반 이상을 선교에 지원하였지만, 우리 교회는 주변의 다른 교회보다 오히려 훨씬 빠른 성장을 할 수 있었다. 늘 어렵고 부족한 재정에도 불구하고 하나님께서는 놀라운 방법으로 우리의 모든 필요를 채워주셨다. 대림성전을 건축할 때에도 가장 낮은 가격으로 토지를 매입할 수 있도록 인도하셨다. 불로성전은 아름다운 대지를 보며 탄성만 낼 뿐 아무런 시도도 하지 못하는 우리에게 IMF와 경매과정을 통하여 최저 가격을 만들어 꿈 같은 소망을 현실로 이루게 하셨다.

수정교회 첫 선교지원비부터 지금까지의 모든 후원금을 다 쌓아도 주님께서 우리에게 베푸신 재정적 후원을 따라갈 수 없다. 우리가 재정적 압박을 받으며 선교비를 지원하고, 선교사를 파송하였지만 그러한 어려움은 하나님께서 우리에게 주신 엄청난 물질적·영적 은혜와 비교할 수 없다. 소중한 것을 주님께 내려놓을 때 주님은 감당할 수 없는 큰 선물로 돌려주신다.

대림동성전 건축 때는 성도의 90%가 고스란히 새 성전에서 예배를 드릴 정도로 성도들의 신앙이 한결같았다. 또한 불로성전건축으로 장로 다섯 가정을 포함하여 오십 가정 이상이 서울 대림동에서 불로동으로 이사를 감행하였다. 이 모든 은혜는 하나님께서 선교를 우선으로 하는 교회를 사랑하시고 특별히 지켜주시기 때문이다.

한 영혼을 구하는 것이 무엇보다 소중하다 하시는 주님을 따르기 위해 어려움을 견디며 선교하는 수정교회를 주님께서 먼저 축복하심이 우리 수정교회 성장의 비밀 열쇠였음을 고백한다. 수정교회의 성장이 마음의 기쁨이고 삶의 즐거움이 되어 물같이 맑은 수정교회에서 봉사할 수 있도록 건강 주시고 복 주시는 주님께 감사드린다.

# 고난을 통해
# 단련의 기회를 주시는 하나님 _ 박성현 장로

30여년간 수정교회와 함께 해 오신 장로님이다. 성전 터도 소개하셨고, 꾸준히
전도도 하시며, 지역사회봉사위원장으로 아름답게 봉사하고 있다.

| 신명기 31:6 |
너희는 강하고 담대하라 두려워하지 말라 그들 앞에서 떨지 말라 이는 네 하나님 여호와
그가 너와 함께 가시며 결코 너를 떠나지 아니하시며 버리지 아니하실 것임이라 하고

이은자 사모의 전도로 아내가 먼저 수정교회를 나오게 되고 뒤이어 나도 1978년에 등록하였다.

그 당시 교회의 모습은 2층 계단을 올라가 오른쪽으로 돌아서서 문을 열면 교회이고, 몇 발짝 걸어 왼편의 작은 문을 열면 부엌이 나오고, 한 발짝 들여 놓고 오른쪽으로 돌아 문을 열면 작은 방 한 칸, 그 곳이 사택이었다. 조일래 목사님께서 작은 상을 하나 펴 놓고 구원에 대해서 물어보시던 일, 어물어물 대답하던 그때의 기억이 너무나 생생하다. 나의 사업은 나름대로 탄탄한 편이라 경제적 어려움은 전혀 없었고, 교회가 너무 좋아서 틈만 있으면 교회에서 시간을 보내던 아름답고 복된 젊은 시절이었다.

심한 우울증으로 시달리던 사랑하는 동생을 위하여 힘써 기도하며 찬송하는 성도들의 음성을 들으시고 그를 고쳐주신 하나님께 감사한다. 특히 "나는 군대다"라며 소리치는 동생에게 안수기도하시는 목사님을 통하여 예수님께서 공생애기간 동안 행하셨던 기적을 성도들과 함께 목격하게 하신 하나님께 감사한다.

그때의 그 기적은 지금도 생생하다. 하나님의 은혜로 치유를 받은 여동생은 결혼하여 잘 살고 있다.

삶에서 봄을 준비하기 위해 겨울이 필요한 것처럼 우리의 신앙생활도 하나님께서는 고난을 통해 단련의 기회를 주신다. 교회의 재정을 수년 동안 맡아 오면서 어려움도 보람도 갈등도 많았지만, 일선에서 한 발 물러서서 살펴보고 생각하고 느껴 볼 기회를 하나님께서 마련해 주셨다.

1992년대 초반 아내의 권유로 병원에 간염예방접종을 하러 갔는데, 의사선생님께서 간경화가 많이 진행된 상태라고 하셨다. 전혀 생각지도 못한, 하늘이 무너지는 일이었다. 그 날부터 매일 새벽기도 때 목사님의 기도와 병원치료를 1년 정도 병행하였다.

어느 날 심야기도 시간에 기도하는 중 예수님이 십자가에 못박혀 피 흘리시는 장면을 보게 되었으며, "이제 다 나았다"는 주님의 음성이 들려왔다. 오직 주님과 나만이 대면하는 그 시간에 천사의 찬양소리가 들리면서 기도 속에서 깨어났는데 사람들은 이미 다 가고 이은자 사모님이 내 옆에서 찬양을 하고 계셨다. 그 날 집에 가서 식사를 하는데 대전에 계신 누님이 전화를 하셨다. 그 분도 중병에 걸렸었는데 이미 하나님께서 고쳐 주셨으며, 신유의 은사를 받아서 병자를 위한 치유사역을 하시는 누님이 기도 중에 너의 병이 다 나았다고 하나님이 고쳐 주심을 알게 되었다고 말씀하셨다. 나는 주님의 은혜로 깨끗함을 받았다. 1년의 나날들이 어둡고 긴 터널처럼 느껴졌지만 그 기간이 없었다면 지금의 나는 없었을 것이다. 나를 단련된 금강석처럼 든든히 세우시는 하나님, 나를 통하여 많은 열매를 바라시며 이끄시는 하나님 은혜에 감사한다.

IMF라는 먹구름이 한반도 전역을 억누르고 있을 때, 기존 섬기던 교회를 떠나 더 작고 어려운 교회에서 다시 시작해 보고 싶은 생각에 충청도(고향), 경기 북부지방으로 3개월 이상을 헤매고 다녔으나, 하나님께서 불로동에 일터를 정하도록 길을 열어주셨으며 대림동 수정교회에 계속 다니게 하셨다. 그 어렵다는 IMF시절을 오히려 풍족하게 보낼 수 있도록 하나님께서 도와주셨다. 하나님께서 나를 많이 사랑하시고 불쌍히 여기신다는 것을 새삼스럽게 느꼈다.

그러나 마음 한구석에는 아름다운 전원에서 예배드리고 천국에 계신 우리 엄마의 품처럼 평안과 안식을 누릴 수 있는 가든교회 같은 곳이 없을까, 혹시 우리 교회가, 하는 생각이 있었으나, 하나님의 뜻하심과 교회의 뜻을 몰라 마음속에만 담아두고 기도만 하고 있었다. 직업이 부동산중개업이라 여러 곳의 땅을 접할 때가 많다.

이곳이면 어떻고 저곳이면 또 어떨까? 많은 곳이 교회에 적합한 것 같았다. 결국 수정성도와 목사님과 당회의 결단으로 썬웨이 보일러공장이 하나님의 주권 아래 아름다운 선교센터와 하나님의 집으로 변했다. 하나님은 수정교회를 이곳에 세우시고 만민이 기도하고 찬양하고 예배하는 구원의 방주로 축복하셨다.

2002년경 7명(임영호 전도사님, 이효성 사모님, 이효민 청년, 안용환 집사, 김후남 집사님, 박성현 장로님, 나진숙 권사님)이 모여 현재 어린이집 1층에서 첫 예배를 드렸다. 그 많은 주방의 그릇, 식기, 집기 일체를 안용환(김후남) 안수집사 가정에서 헌납하셨다. 마치 개척교회를 시작하는 것 같았다. 약 3년이 흘렀다. 장년 200여명의 성도들이 본당으로 입당하게 되는 기쁨을 하나님께서 허락하셨다.

그동안 가정 일에 그런대로 충실했던 하나뿐인 나의 아내 나진숙 권사가 어느 날 갑자기 성경공부를 하고 싶다고 했다.

하나님의 일을 하기 위해 배우겠다는데 반대하지 말자. 하나님께서는 일할 수 있고 배울 수 있는 기회를 주신다. 쓰시려고 할 때 쓰임 받는 것이 복된 길이고, 하나님의 일을 열심히 할 때 가정의 대소사도 책임져 주심을 나의 발자취를 더듬어 볼 때 그것을 증명해 준다. 이렇게 해서 아내는 신학을 하게 되었고 지금은 장로교단의 작은 교회에서 전도사로 열심히 아주 재미있어 하며 사역하고 있다. 피곤해서 지쳐 있다가도 사역 중에 있었던 얘기들을 잘 들어주지도 않는 나에게 들려주려고 애쓴다. 그럴 때면 꼭 어린아이같다.

　하나님의 뜻은 아무도 모른다. 나와 나의 후손의 앞날을 어떻게 인도하실지, 야베스의 복을 주실지, 오벧에돔의 복을 주실지, 아마도 둘 다 주시지 않을까 기대하며 살아간다. 나는 비록 충성을 다하지 못했고, 교회와 하나님 앞에 부끄러운 삶을 살았지만 하나님께서 허락하신 남은 생애와 나의 가족과 나의 후손에게 엄청난 복을 예비하고 계신 것은 틀림없다.

　나의 가족은 5대째 신앙생활을 하고 있다. 그동안 쌓인 기도가 얼마이겠는가? 교회는 빼기보다 더하기를 더 좋아할 때 사랑이 넘치고 더 큰 일을 감당할 수 있는 힘을 주신다. 부끄럽게도 이렇게 살아온 나에게 늦게나마 깨닫게 해주신 하나님께 감사한다. 이제부터라도 아흔아홉에 하나를 더하려는 욕심보다는 오병이어의 기적처럼 하나라도 아흔아홉으로 나눠주는 넉넉한 마음의 삶을 살고 싶다.

# 이들과 같이(Be like them) _ 유승재 선교사

해외선교의 비전을 가지고 늘 준비해 오다 우리 수정교회의 주 선교지 중 하나인 네팔의 도티 지역에 있는 수정영재학교 담당 선교사로 파송 받아서 네팔과 그 지역의 복음화에 매진하고 있는 선교사이다.

| 이사야 6:8 |
내가 또 주의 목소리를 들으니 주께서 이르시되 내가 누구를 보내며 누가 우리를 위하여 갈꼬 하시니 그때에 내가 이르되 내가 여기 있나이다 나를 보내소서 하였더니

1989년 2월 25일 새벽, 당시 고등학교 2학년이던 저는 모태신앙이었음에도 불구하고 알지 못하였던 주님을 개인의 구주로 만났습니다. 모든 죄를 낱낱이 고백하게 하시던 주님 앞에서 저는 이사야 6장 8절 "내가 또 주의 목소리를 들으니 주께서 이르시되 내가 누구를 보내며 누가 우리를 위하여 갈꼬 하시니 그때에 내가 이르되 내가 여기 있나이다 나를 보내소서" 말씀을 주님께 드렸습니다.

이 고백이 주님께서 저를 선교의 길로 부르신 부름이었다는 사실을 확인하는 데는 그 후로 몇 년의 시간이 지나야 했습니다.

어려서부터 목사가 되겠노라고 자랑삼아 이야기하던 저는 막상 고

등학교 3학년이 되어 대학을 결정해야 하는 순간이 되자 많은 갈등이 일어났습니다. 사실, 목사가 되겠노라 한 것은 주위 사람들로부터(부모님을 포함한 대부분의 교회 성도들) 칭찬을 듣기 위한 하나의 수단이었기 때문에 신학대학을 가기보다는 평소 관심 있던 영문학이나 사학 쪽으로 공부를 하기 원했습니다. 진로문제로 인하여 아들이 훌륭한 목사님이 되기를 간절히 바라시던 어머니와도 갈등이 일어났습니다. 결국 저는 자포자기의 심정으로 신학대학을 가는 것으로 마음의 결정을 내렸고, 1991년 서울신학대학에 입학하였습니다. 그러나 원치 않는 결정이었기 때문에 그 결과가 좋을 리 없었습니다. 한 학기를 마치고 난 후의 저의 모습은 학사경고 수준의 성적과 기숙사 경건생활 불합격이라는 부끄러운 열매를 손에 쥐고 있었습니다.

도피처 아닌 도피처로 군대를 택한 저는 그해 겨울, 해병대 하사관으로 지원하여 4년간의 군생활을 하게 되었습니다. 모든 해병들이 다 그런 것은 아니었겠으나 당시 사람들의 생각 속에 해병은 거칠고 사고 잘 치는 군인들이었습니다. 안타깝게도(?) 저는 사람들 생각 속의 그런 해병으로 군생활을 하였습니다.

마음 한구석으로 주님을 밀어놓고 세상의 모든 죄를 즐기듯 저지르며 그렇게 4년을 보냈지요.

제대 후 복학을 한 이후에도 한동안 방황의 날들이 이어졌습니다. 학교 생활에 쉽게 적응하지 못하고 여전히 주위를 맴돌기만 하였지요. 그러던 중, 학교 내의 동아리 가운데 하나였던 '동남아 선교훈련팀' 이란 것을 알게 되고, 해외여행에 대한 기대감으로 이 동아리에 지원하게 되었습니다. 일 년의 훈련을 마치고 인도네시아와 태국, 네팔, 그리고 베트남으로 첫 선교여행을 떠나게 되었습니다.

1996년 1월, 첫 선교여행을 마치고 돌아온 뒤 연 2년을 선교훈련팀을 통해 선교지를 방문하고, 선교사의 삶을 사는 것을 준비하기 시작하였습니다.

이 모든 과정들 가운데서도 지금 네팔 선교사로서 살아갈 수 있었던 데에는 수정교회 조일래 목사님과의 만남을 빼놓을 수가 없습니다.

이미 선교여행을 통해 네팔을 두 번 정도 방문하여 도티의 수정병원과 수정영재학교에 대하여 익히 들어 알고 있는 저에게 수정교회는 선교사가 되고자 소원하는 사람이라면 꼭 함께 해보고픈 교회였습니다.

마음의 소원이었지만, 수정교회와의 인연은 정말로 우연히, 그러나 그 과정에는 주님의 세심한 인도하심이 개입되어 이루어졌습니다.

1999년, 남아프리카공화국에서 일 년을 보낸 후 귀국길에 태국에서 2개월여를 머물 기회가 있었습니다. 한국에 돌아와 사역할 교회를 위하여 기도하였습니다. 특별히 선교사로서의 삶을 헌신하고 다짐한 만큼 선교사로 훈련받을 수 있는 교회, 선교 마인드가 있는 담임목사님을 만나고 싶은 마음이 간절하였습니다.

그러던 중 수정교회에서 교육전도사로 섬기고 있던 친구로부터 한

통의 메일을 받았습니다. 수정교회 소년부에 교육전도사 자리가 비었는데, 지원할 마음이 없느냐고 말입니다. 저는 2000년 2월 6일, 주일 수정교회와의 첫 만남을 시작하였습니다.

아들이 훌륭한 교회의 목사님이 되길 소망하시던 어머니 역시, 선교사가 되고자 하는 아들의 소망과 또한 함께 사역하는 목회자를 끝까지 품어주시는 조일래 목사님의 사랑으로 대전을 떠나서서 수정교회에서 심방전도사로 사역하시게 되었습니다. 어머니가 같은 교회에서 사역하게 되어 가족 모두가 수정교회의 사랑을 받게 되었습니다.

수정교회에서 3년을 훈련받고, 사랑받으며 사역을 하는 도중 저에게는 결단을 내려야 하는 시간이 다가오고 있었습니다. 이제 훈련을 마치면 파송을 받아 선교지로 가야 했기에 어느 곳으로 갈 것인가라는 결정을 내려야 했기 때문입니다.

수정교회는 이미 네팔 도티에 수정병원과 수정영재학교라는 큰 사역을 후원하며 성공적인 선교 사역을 펼치고 있었습니다. 저에게 한 번쯤은 그곳에서 사역하는 꿈을 꾸었을 법도 한데, 이미 네팔을 두 번 정도 다녀온 제가 경험한 네팔은 다시는 가고 싶은 마음이 들지 않게 하였습니다. 뿐만 아니라 이제 막 새로운 선교지로서 동남아의 한 나라가 떠오르고 있었고, 그 나라에는 제가 마음에 품었던 족속도 있었습니다. 저는 가능한 한 빠른 시간 안에 선교지로 가고 싶었지만 주위의 상황들이 쉽게 허락되어 지지 않았습니다. 파송시기며 후원교회, 그리고 무엇보다도 기도의 후원자들이 쉽게 일으켜 지지 않았습니다.

하나님은 그렇게 저와 가족의 발걸음을 세계의 지붕이며 10대 빈민국 중 하나인 네팔, 그 나라에서도 오지 중의 가장 오지라는 도티로 인도하셨습니다.

네팔 선교사로서의 첫 기간을 도티에 있는 수정영재학교의 교장으로 사역을 시작하였습니다. 도티는 카트만두에서 거리로는 870여킬로미터, 버스로는 하루를 꼬박 달려야 하는 거리였습니다. 당시에는 네팔 정부군과 마오바디(공산당 혁명을 꾀하는 반란군)와의 내전으로 곳곳에서 치열한 전투가 벌어져 길에서 며칠씩 묶여 있기도 했습니다.

그때가 2004년 11월 15일이었습니다. 카트만두에서의 언어훈련을 마치고 수정영재학교로 부임하기 위해 월요일 아침에 부지런히 이삿짐을 싸들고 출발하였지요. 중간 중간 폭탄으로 인해 패인 구덩이를 아슬아슬하게 피해 가며 도티로 가는 길 동안 「신명기」 말씀을 계속 묵상하였습니다. 하나님이 이스라엘 백성을 광야에서 훈련시키시며 이스라엘을 사랑하심이 그들이 잘나서도 힘이 강해서도 아니라 민족 중에서 가장 적고 연약하기에 사랑하신다는 말씀이 생각났습니다.

숙소에 도착하여 뉴스를 보니 오늘 우리가 지났던 곳의 전투에서 군인 8명이 죽고 17명이 실종되었다고 하더군요. 저희가 그곳에 머무는 동안에도 전투는 계속되고 있었던 것이었습니다. 저와 함께 있던 모든 이들을 지켜주신 하나님께 깊은 감사를 드렸습니다. 분명한 것은 한국에서 저를 위하여 기도하신 분들의 손길이 있었다는 것입니다.

그렇게 도착한 도티에서 선교사로서 맞닥드릴 수 있는 가장 큰 시험이 기다리고 있었습니다. 선교의 자유가 없는 네팔에서 복음전파를 위한 도구와 접촉점으로 학교를 운영하고 있었기 때문에 늘 마오바디의 표적이 되었습니다.

하루는 학교로 마오바디의 편지가 왔습니다. 바로 학교의 교장이었던 저를 그들의 캠프로 부르는 내용이었고, 불응할 시에는 어떤 불이익이 있을지 모른다는 경고와 협박이 담긴 편지였습니다.

학교사역과 더불어 주변 마을, 라즈뿔(Rajpur), 실거리(Silgadhi), 디파얄(Dipayal)에서의 복음전파가 한창 활발하게 진행되고 있었기 때문에 이것에 대한 경고의 의미도 있었습니다.

편지를 받아든 저에게는 내심 두려운 마음과 갈등이 일었습니다. 그것은 장기적인 전략에서 안전을 우선으로 한 결정과 현지 주민들과의 쌓아온 신뢰를 저버릴 수 없다는 결정 사이의 갈등이었습니다. 마오바디의 경고에 응할 경우 저의 안전을 보장할 수 없었습니다. 반면, 제가 피한다면 그 피해는 고스란히 학교와 교회로 돌아오게 될 것이기 때문에 저의 안전을 위해 현지인들이 고통을 당하게 할 수는 없었습니다. 약속한 날이 다가올수록 저의 마음은 기도보다는 오히려 초조와 불안감, 그리고 결정을 내리지 못하는 자신에 대하여 부끄러운 마음만 들 뿐이었습니다.

그러던 중 하나님께서 마음 가운데 "환난 날에 내게 부르짖으라"는 말씀을 생각나게 하시고, 그냥 있는 상황을 받아들이도록 하셨습니다. 하나님은 내 자신의 고민보다는 그저 하나님께 맡기길 원하셨던 것이었습니다.

캠프로 찾아가기로 한 전날, 학교의 학부모 모임이 있었는데 이 사실을 알게 된 모든 학부모들이 제가 미처 예상치 못한 반응을 제게 보였습니다. 사실, 이전까지 믿지 않는 학부모들과는 크게 가까운 사이가 아니었기 때문에 그들에게 어떤 도움을 구할 처지가 못되었습니다. 그러나 모두가 한목소리로 당장 학교에서 피할 것을 요구하였고, 심지어는 이미 예약이 끝난 비행기표를 구하기 위해 다른 네팔 사람의 표를 취소시켜 주기까지 하였습니다.

그렇게 해서 저와 가족은 카트만두로 피신하였습니다. 가장 먼저 수정교회의 조일래 목사님께 전화를 드렸습니다. 조 목사님의 기도와 격려가 필요했기 때문입니다. 즉시로 수정교회 모든 성도님들과 긴급 기도로 중보해 주셨습니다. 모든 일이 끝났을 때, 선교사는 결코 혼자 설 수 없음을 다시 한 번 깨달았습니다.

이제 네팔에는 평화가 찾아왔습니다. 여전히 혼란은 남아 있습니다. 그러나 하나님은 이 땅의 영혼들을 여전히 사랑하시고, 일하고 계십니다.

수천 년 동안 힌두왕국이라는 이름으로 3억 3천의 우상 가운데 묶여 있던 이 나라가 2008년 종교의 자유가 선포되고 성탄절 역시 국경일의 하나로 지정되어 지난 성탄절에는 성탄절 축하행사가 공식적으로 치러지기도 했습니다.

변화와 혼란이 이어지는 네팔에서 이곳 도티도 그 한 부분을 감당하고 있습니다. 그러나 세상의 변화와 같은 것이 성령의 일하심의 변화입니다. 마음껏 선교를 할 수도 없었고 복음을 전할 수도 없었지만, 이제는 마을 마을을 찾아가 전도하고 예배하는 일에 온 힘을 집중하고 있습니다. 도티 수정교회는 병을 고치는 교회라 할 만큼 18년간 귀신 들렸던 부인이 기도를 통해 치유받았고, 7년여를 사탄의 속박 아래 묶여 있던 형제도 자유함을 얻었습니다.

도티 수정교회는 복음전파의 자유가 없었을 때부터 지금까지 10회의 세례를 베품으로써 이 땅의 영적 어머니의 역할을 감당하였고, 지금은 주변 18개 산골마을을 정기적·비정기적으로 찾아가 예배를 드리고, 병고침을 위한 기도, 중보의 기도사역을 감당하고 있습니다.

오지인 만큼 네팔 사람들도 쉽게 오지 못하여 학교의 교사나 병원 직원을 구하기가 쉽지 않습니다. 더구나 교회 사역자를 구하는 문제는 더더욱 어려웠습니다. 그러나 2004년부터 매해 겨울 도티를 찾아온 수정교회 청년들의 방문은 저에게 큰 힘이 되었습니다. 청년들에게 선교에 대한 열정을 고취시켜 줄 수 있고, 저에게는 이곳에 필요한 협력사역자를 공급받는 통로가 되었습니다. 기도와 물질, 이제는 동역자의 공급도 수정교회로부터 받게 된 것입니다.

수정교회는 '문화의 미개척지'인 도티에 선교사를 보내고, 학교와 병원 그리고 교회를 세웠습니다. 그 미개척지가 이제는 변화와 부흥의 중심이 되고 있습니다. 하나님이 저를 이곳으로 인도하셨을 때 제게 주셨던 마음이 있습니다. '이들과 같이(Be like them)'였습니다. 아무리 열심히 '이들과 같이' 되려 할지라도 결국 75% 정도 밖에는 이들처럼 될 수 없겠지만 저를 이곳에 파송하여 기도로 후원하는 모든 교회와 동역자님들이 함께 있기에 저는 이 땅에서 '이들과 같이' 있고자 합니다. 하나님의 나라와 그 영광이 이 땅, 도티 위에 이뤄지는 그 날까지 주님 저를 사용하여 주시옵소서. 아멘.

# 나의 나 된 것은
# 하나님의 크신 은혜입니다 _ 권병영 목사

우리 교회에서 부목사로 동역하고 있다. 늘 활달하고 친화력이 좋아 모든 성도가 좋아하는 목사이다.

| 이사야 41:10 |

두려워하지 말라 내가 너와 함께 함이라 놀라지 말라 나는 네 하나님이 됨이라 내가 너를 굳세게 하리라 참으로 너를 도와 주리라 참으로 나의 의로운 오른손으로 너를 붙들리라

"크면 목사님 될 거예요"

초등학교 4학년 친구들과 함께 교회를 다닐 때, 꿈이 무엇이냐는 주일학교 선생님의 질문에 대한 대답이었다. 그냥 목사님이 좋아서 나의 꿈은 목사님이 되는 것이라고 말하였다. 어쩌면 대수롭지 않은, 철없는 어린아이의 대답이었을 수도 있다. 그러나 하나님께서는 이 작은 아이의 꿈을 들으시고 나의 환경들을 변화시켜 나가셨다.

하나님께서 우리 가족을 부르실 때 나의 아버지께서는 결핵환자셨고, 그런 아버지를 어머니가 3년 동안 대소변을 받아내야만 하는 상황이었다. 그런데 내일이면 죽는다고 관까지 마련했던 그날, 아버지는 병석에서 목사님을 찾으셨고, 목사님께 기도를 부탁드렸다. 그러자 아버지는 주님을 영접하고 다음날 기적적으로 일어나셨다. 하나님의 자비로운 놀라운 은혜를 경험하고 우리 가족 모두 교회를 다니기 시작했

다. 그때가 초등학교 6학년 때였다. 그 후 하나님은 우리 가정을 때로는 아픔 속에서 때로는 기쁨과 감사 속에서 훈련과 연단의 시간을 지내게 하셨다. 누나도 결핵말기 신약 실험대상에서 기도함으로써 치유받았다. 현재 교회의 치유사역자이자 가정사역자로 쓰임 받고 있다.

나는 고등학교 다닐 때, 두 번의 죽음의 순간을 경험하게 되었다. 첫 번째 죽음의 순간은 학생회 여름수련회를 간 둘째 날이었다. 아침 일찍 일어나 운동을 한다며 양쪽 다 고무가 벗겨져 있던 일자완력기를 가지고 힘자랑(?)을 하고 있었다. 그때 옆에 있던 교회 동생이 자기도 할 수 있다고 달라고 했다. 그런데 잠시 후 뭔가 번쩍 하는 것을 느꼈다. 그리고 나는 머리를 붙잡고 넘어졌다. 옆에 있던 교회 동생이 일자완력기를 가지고 구부리다가 힘을 이기지 못하고 그만 한쪽을 놓아버린 것이었다. 고무도 없는 울퉁불퉁한 쇠파이프의 끝이 스프링의 힘에 의해 내 머리를 강력하게 쳐 버린 것이었다. 병원에 가서 확인한 결과 뼈가 조각나서 깨져서 뇌를 건드릴 수 있으니 여러 가지 검진을 해야 한다는 것이었다. 그러나 그때는 이미 아버지는 돌아가시고 재정적으로 너무 힘든 때라 특별한 조치를 취할 수도 없었다. 그 후 하루 이상을 잠에 빠져 일어나지 못했고, 어머니는 계속 곁에서 기도하시며 하나님의 은혜를 구하셨다. 놀랍게도 나는 아무 이상 없이 건강하게 회복되었다.

또 한 번의 죽음의 경험은 1년 후 교회대항 체육대회에서 운동을 하고 난 후의 일이다. 갑자기 다리가 서서히 마비되기 시작했다. 쥐가 나는 듯했다. 그러나 그 정도가 아니었다. 발과 다리로부터 시작하여 근육들이 서로 잡아당기면서 굳어져 올라오는 것이었다. 비명소리도 낼 수 없을 정도의 고통이 엄습했고 더 이상 버틸 힘이 없었다. 병원을 가는 내내 청년 형들이 번갈아 가며 마사지를 했지만 몸은 계속해서 굳어져 올라오고 있었다. 그런데 병원에서도 내 상태를 보고는 자신들은 건드리지 못하겠다는 것이었다. 자칫 손을 댔다가 잘못되면 자신들이 책임을 져야 하는 상황이기에 여기에서는 할 수 없다며 안 된다는 것이었다. 응급실에서 이러한 이야기를 들으며 갑자기 나의 입에서는 회개기도와 함께 방언기도가 터져 나왔다. 병원 간호사들은 이제 이 학생이 고통을 견디지 못하여 정신이 나갔다고 생각하며 주변 사람들에게 언제부터 이렇게 헛소리를 하기 시작했는지 묻는 것이었다. 방언을 모르는 병원사람들에게는 나의 기도소리가 헛소리로 들릴 수밖에 없었다. 하나님은 응급실에서 지난날의 나의 잘못에 대하여 철저하게 회개시키셨고, 의사가 포기한 나를 치료하기 시작하셨다. 하나님께서는 엉덩이까지 굳어졌던 나의 하반신 근육들을 의사와 간호사들이 보는 앞에서 조금씩 풀어놓으셨다. 근육들이 서로를 잡아당겨 말로 표현할 수 없을 정도의 고통 속에 있을 때, 하나님께서는 나를 만나주셨고, 회복시켜 주셨던 것이다. 할렐루야!

그 후 더욱더 하나님의 종으로 살고자 기도하며 고등학교 시절을 보냈다. 때로는 돌아가신 아버지가 보고 싶어 화장실에 가서 많이 울기도 했다. 그래서 나는 아버지라는 이름을 부르고 싶어서 늘 교회에서 살았다. 학교에서 돌아올 때면 집보다 교회에 먼저 들르곤 했다. 기도실에 들어가면 아버지가 "병영이 왔니? 어서 오너라."고 말씀하시는 것만 같았다. 그래서 기도실에서 하나님 아버지를 부르며 기도하기 시작했고, 그 후부터 마음에 평안이 넘치고 기쁨이 넘치는 삶을 살 수 있게 되었다.

그래서 목사가 되겠다는 꿈을 이루기 위해 나는 신학교 진학하려고 했다. 그러나 교회 목사님이 너무 힘들게 사역하는 모습을 보신 어머니가 절대로 안 된다고 반대하셨다.

"그래, 꼭 목사가 되어야만 하나님의 일을 하는 것은 아니다. 훌륭한 장로가 되어 하나님의 일을 잘 감당하면 될 거야."

그래서 나는 어머니 말씀에 순종하며 목사로서의 꿈을 접었다.

그리고 4년이 지난 어느 날 길에서 어릴 때 다녔던 교회 주일학교 선생님을 만났다. 그 선생님은 반가운 표정으로 악수를 청하며 이렇게 말씀하시는 것이었다.

"너, 신학교 잘 다니고 있지?"

주일학교를 다닐 때 친구들과 장래의 꿈에 대하여 이야기했던 그때가 생각이 났다. 아니, 어떻게 어렸을 때의 나의 꿈에 대하여 아직도 기억하고 계시는 걸까? 나는 적잖이 놀랐다. 그 후 선생님의 말씀이 뇌리에서 떠나지 않았다. 그리고 군대를 제대한 후 공백기간에 마침 다른 교회에 부흥회가 열렸는데 강사 목사님의 사모님께서 치유의 은사가 있다며 어머니께서 함께 가자는 것이었다. 어머니는 늘 내 다리가 불편한 것을 아시고 걱정하고 있던 터라 치유 받기를 원하셨다. 우여곡절 끝에 함께 가서 집회를 마치고 기도를 받았다. 치유 기도를 하실 때 내 다리가 회복되기 시작하였다.

"하나님께서 쓰려고 하는 아들을 왜 엄마가 붙잡고 놓아주지 않느냐?"

사모님께서 어머니에게 갑자기 말씀하시는 것이었다. 뜻밖의 말씀에 어머니는 깜짝 놀라셨고, 집으로 돌아온 후 이제 너는 하나님의 것이니 네 뜻대로 하라고 말씀하시는 것이었다.

그래서 그 길로 편입할 학교를 알아보고 편입공부를 하기 시작했다. 그리고 하나님의 은혜 가운데 신학대학교에 입학할 수 있었다. 그 이후 하나님은 나에게 많은 축복을 내려주셨다. 신학대학교에 입학 후 신학대학원을 졸업하고 가정을 이루면서 필요했던 생활비와 학비가 모두 해결되었다. 결혼 후 가정생활과 아이 문제 등등 어느 것 하나 하나님의 은혜 없이 이루어진 것은 아무것도 없었음을 고백하지 않을 수 없다.

나는 오늘도 하나님의 은혜를 순간 순간 경험하며 감사하는 마음으로 미약하나마 사역을 감당하고 있다. 오늘 나의 나 된 것은 하나님의 은혜로 된 것임을 다시 한 번 고백하며 하나님께 영광을 돌린다.

# 섭리적 만남에 감사드리며… _ 이영규 목사

대학에서 경영학을 전공한 후 세상적 좋은 길을 포기하고 평신도 선교사로 수년간 봉사했다. 그 후 풀러(Fuller)신학교에서 박사학위(Ph.D.)도 받았고 현재 대학 등에서 강의하고 있으며 수정교회의 협동 목사이시다.

| 에베소서 6:17 |
구원의 투구와 성령의 검 곧 하나님의 말씀을 가지라

1986년부터 해외 선교사역과 미국에서의 사역 및 학업 등으로 20여년의 세월을 외국에서 보내다가 2008년 가을 주님의 인도하심을 따라 조국으로 돌아오게 되었다.

집을 구하는 동안 인천 검암동에 살고 있던 가족들과 함께 지냈다. 어느 날 CBS TV의 「새롭게 하소서」 프로그램을 통해 우연히 조일래 목사님의 간증을 듣게 되었다.

목사님의 진솔한 간증을 들으면서 큰 감동과 은혜를 받았다. 불신 가정이었기에 어려웠던 신앙생활의 경험, 같은 대학의 경영학과 전공 소명 받고 선교에 헌신한신 것 등 목사님의 신앙 여정과 간증은 마음 깊이 와 닿았고 많은 감동을 주었다.

목사님의 간증을 듣고 난 후, 언제 기회가 되면 수정교회에 가서 예배도 드리고 목사님을 만나 뵙고 싶은 생각이 들었다. 그렇지만 오랜만에 한국으로 돌아온 지라 그 당시 인천 지리도 잘 모르고 차편도 없어 교회로 찾아간다는 것은 막연한 일일 뿐이었다.

국제오엠선교회에서 함께 동역했던 동료 목사님의 소개로 몇 달 후 김포 풍무동에 있는 아파트로 이사오게 되었다.  매우 낯선 지역의 아파트로 이사를 온 지 얼마 후 수정교회 예배 안내 게시판이 눈에 띄었다. 이곳은 분명 김포지역인데 인천 어디에 있다는 수정교회 안내 게시판이 아파트 단지에 세워져 있는 것이 참으로 신기했다.

11월 마지막 주일, 처음으로 수정교회를 방문하였는데 생각보다 매우 가까운 곳에 교회가 위치해 있었다.  마침 그 날은 새신자들을 위한 초청 주일이었다. 하지만 우리 가족은 전도를 받아 따라간 것도 아니고 해서 교회를 처음 방문한 사람들이 일어서서 인사를 나눌 때 그냥 조용히 앉아 있었다.

수정교회를 처음 방문했지만 집으로 그냥 돌아가자니 발길이 쉽게 떨어지지 않았다. 집으로 돌아가는 교회 버스 출발 시간이 아직 많이 남아 있어 목사님께 잠시 인사라도 하고 가야겠다는 생각이 들었다.

예배를 마친 직후인지라 수많은 사람들이 예배당에서 계속 쏟아져 나왔다. 예배를 마치고 아래층으로 내려왔지만 목사님을 만나 뵙기 위해 지나가는 어느 성도님께 새신자 환영 모임 장소를 물어보았다. 그 분은 매우 다정하고 따뜻하게 우리 가족을 안내해 주셨다. 그런데 우리가 도착한 곳은 담임 목사실이었고 안내하셨던 그 분은 바로 이은자 사모님이셨다. 그때까지 '전도왕' 사모님의 레이더망에 포착된 것을 전혀 몰랐다. 조일래 목사님 내외분과의 섭리적 만남이 이렇게 시작되었다.

그동안 수정교회의 한가족과 사역자로서 주님을 섬기면서 목사님 내외분의 진실한 사랑의 모습에 감동을 받았고, 많은 은혜와 도전을 받았다. 주님과 영혼들을 향한 목사님 내외분의 깊은 사랑과 헌신, 그리고 섬기는 리더십으로 성도들에게 귀한 본이 되고 계심을 알게 되었다.

목사님께서는 또한 수정교회에서 멘토링 스쿨과 리더십 세미나를 열 수 있도록 기회를 주셨다. 목사님께서는 여러 중요한 사역 일정으로 바쁘신 가운데서도 배우는 자세로 모든 세미나 일정에 참가하셨고, 토론 시간이나 소그룹 모임에도 진지하게 참여하셨다. 배우신 내용을 삶과 사역에 구체적으로 적용하시는 모습에 절로 머리가 숙여졌다.

2009년 1월, 수정교회에서 멘토링 스쿨이 처음 열렸을 때의 일이다. 내가 머물게 될 선교관 숙소를 목사님께서 친절하게 안내해 주셨다. 내가 감기에 걸린 것을 아시고 일일이 방의 난방 상태를 확인하시고 방 안이 너무 건조하지 않도록 손수 물수건으로 방의 이곳저곳을 적셔 주시기도 했다.

얼마 후 목사님께서는 눈길에 넘어지셔서 다리에 큰 부상을 입으셨다. 골절로 인한 고통이 무척 심하셨지만 주일 저녁 병원에 입원하시기 전까지 불편하신 내색을 전혀 하지 않으셨다. 수술을 받기 직전까지도 모든 교회 사역 일정에 최선을 다하셨고 주일 예배 시 설교하실 때에는 평소보다도 더 큰 열정으로 하나님의 말씀을 신실하게 선포하셨다. "내가 약할 그때 곧 강함이라"고 고백한 사도 바울의 모습을 보는 것 같았다.

목사님 내외분과의 섭리적 만남을 허락하신 주님께 감사드리며 부족한 종이 한국의 새로운 환경에 잘 적응할 수 있도록 필요한 조언과 멘토링으로 여러모로 도와주신 목사님께 깊이 감사드린다. 그리고 수정교회에 다닐 수 있는 귀한 은혜와 축복을 허락하신 주님께 모든 감사를 드린다.

# 구름 십자가 _ 양춘근 목사

음악 지휘로 박사학위를 받았고, 신학공부까지 해 음악목사로 안수받은 음악적 능력과 영적 능력을 동시에 소유한 분이다. 음악목사로 재직중이다.

| 시편 57:7 |
하나님이여 내 마음이 확정되었고 내 마음이 확정되었사오니 내가 노래하고 내가 찬송하리이다

하얀 십자가! 그동안 보아온 대부분의 십자가는 빨간 십자가였는데…. 빨간 십자가가 피 흘리고 죽으신 그리스도의 십자가라면 하얀 십자가는 부활하여 승리하신 십자가가 아닌가 하는 생각이 들었다. 처음 수정교회를 찾았던 밤에 검단 쪽에서 바라본, 산 위에 우뚝 솟은 하얀 십자가, 하얀 십자가는 교회 내부 수정홀 정면에서도 볼 수 있었다.

어려서부터 음악을 좋아해서 음악을 전공하고 싶었다. 하지만 대학 입학을 앞두고 가정 형편상 다른 과를 선택해야만 했다. 음악에 대한 애타는 마음은 독학으로 달랠 수밖에 없었다. 졸업을 앞두고 주위의 권유로 신학 공부를 하려고 했지만 이번에는 남편이 신학대학원에 진학하게 되었다. 결혼 5개월 만에 교직을 그만두게 된 남편의 뒷바라지를 위해서 나는 교직에 남기로 하였다.

이스라엘 유학을 꿈꾸던 우리가 신학대학원 졸업을 앞두고 있을

무렵, 하나님은 특별한 방법으로 길을 열어주셨다. 내가 이스라엘의 회사에 취업이 되어 가족이 함께 이스라엘로 가게 된 것이다. 그러나 취업 계약은 4개월 만에 깨어졌고 우리는 방랑생활을 하게 되었다. 우여곡절 끝에 남편이 히브리 대학에서 공부를 하게 되면서 나도 히브리어를 공부하기 시작했고, 그렇게 생기를 얻을 무렵, 남편이 서울신학대학의 부름을 받게 되었다. 이스라엘에서 낳은 연년생 두 딸까지 모두 세 아이의 엄마인 내가 혼자 남아 계속 공부할 수는 없었다.

한국에 돌아왔지만 공부하고 싶은 열망은 끊임없이 솟구쳐 올랐다. 새벽마다 무릎 꿇고 기도한 지 일 년 만에 서울신대 교회음악과에 학사편입 과정이 생겼다. 기도 응답이었다. 시험을 치르고 입학하게 되었다. 음악 공부를 하니 평생의 갈증이 해소되면서 마치 제2의 인생을 사는 것처럼 행복했기에 더 나아가 대학원에 가서 합창지휘도 공부하고, 신학과정을 밟아 음악목회자 과정도 마쳤다.

그런 가운데 음악목회와 찬양선교에 대한 비전은 더욱 강해졌고, 음악목회를 실현할 만한 교회를 찾고 있었다. 음악목회의 장을 열어주시도록 40일 작정 기도할 장소를 찾던 중 수정수양관에 오게 된 것을 계기로 우리는 수정교회에 다니게 되었다.

담임목사님의 선교에 대한 뜨거운 열정을 보면서 우리 가정과 동일한 비전을 보게 되었고, 수정교회야말로 우리 가정이 함께 섬길 수 있는 예비된 곳임을 깨닫게 되었다. 며칠 전 어떤 교회의 청빙을 받았지만, 하나님은 뜻을 돌이키도록 인도해 주셨다. 사실 우리 가정이 섬길 교회를 찾는 일은 그리 쉬운 일이 아니었다. 신학대학 교수 겸 목사인 남편과 전도사인 아내가 함께 사역하도록 수정교회는 넓은 가슴으로 수용해 주었고, 각각의 은사를 펼칠 수 있도록 기리을 열어주는 모습에 큰 감동을 받았다. 우리 가족은 수정교회 부흥과 선교 실현을 위해 함께 최선을 다해 섬기자는 결단을 하였다.

남편에게는 수요 강단에서 말씀 강해를 하도록 허락해 주셨고, 나에게는 임마누엘 찬양대를 지휘하면서 교회음악 감독을 할 수 있는 직책을 주셨다. 수정교회에 합당한 음악목회는 어떤 것일까를 연구하며, 우선 찬양대를 바로 세워나가는 일부터 시작했다. 하지만 수정교회의 특성을 익히면서 전략을 세우기 위해 기도하던 중 뜻밖의 난관에 부딪히게 되었다.

유방암 선고를 받게 된 것이다. 부임한 지 일 년도 안 되어 이런 질병으로 사역이 중단되니 교회 앞에 얼굴을 들 수가 없었고 음악목회의 비전을 펼쳐보지도 못한 채 좌절할 수밖에 없었다. 나는 주님께서 섭리하심을 믿으며 모든 것을 담담히 수용하였고, 주님은 마치 시간표를 짜 놓으신 듯 모든 일정을 진행하셨다. 수술받기 전 주일 담임목사님의 설교 제목은 곧 내게 주신 주님의 음성이었다.
'휴식과 재창조'
곧 나를 향하신 주님의 배려라고 느꼈다. 그리고 금요 기도회에서 선포하신 '공사중'이란 말씀으로 나는 내 자신이 영과 육의 본격적인 공사에 들어가게 되었다는 것을 알게 되었다.

수술 후 찾아온 진통은 참으로 견디기 어려웠지만, 그 와중에도 채찍에 맞으신 주님을 생각하며 십자가의 고난을 배우며 주님을 닮아갈 수 있다면 이러한 고통도 감사하다 생각했다. 우리 가정은 매일 가정예배를 드리며 더 큰 사랑을 경험하게 되었다. 수많은 사람들의 기도를 통해 놀라운 은혜를 체험하게 되었고, 수술 후 팔을 못 쓰게 된 사람들도 있지만 다시 지휘할 수 있도록 하나님은 내 팔을 회복시켜 주셨다.

수술 후 항암치료가 시작되었다. 첫 번째 항암주사를 맞던 날, 나는 침대에 누워 창밖을 내다보다 하늘에 떠있는 약간 비스듬한 구름 십자가를 보았다. 그 구름 십자가를 바라보면서 주님의 십자가에 비하면 나의 고통은 구름처럼 가벼운 것이라고 묵상하게 되었다. 구름 십자가는 바로 승리의 부활 십자가라는 사실도 깨닫게 되었다. 나는 반드시 승리할 것이며, 다시 오실 주님의 약속처럼 하나님께서는 나를 다시 세우실 것이라는 믿음이 생겼다.

내 오른팔에 신유의 능력을 주셔서 팔을 들어 지휘할 때 치유의 역사가 나타나도록 기도하고 있고, 또 임마누엘 찬양대는 찬양을 통한 치유의 역사를 간구하고 있다. 치료과정을 통하여 주님은 나를 능력의 도구로 재창조해 주시어 찬양이 넘치는 교회, 찬양으로 예배가 살아나며, 찬양으로 부흥되며, 찬양으로 선교하는 교회가 되는 일에 쓰임 받게 하셨다.

# 나를 변화시키신 하나님의 은혜 _ 이은숙 사모

부목사로 동역하는 송창빈 목사의 가족이다. 늘 조용하면서도 지혜롭게 처신하려고 애쓰시는 분이다.

| 신명기 4:40 |
오늘 내가 네게 명하는 여호와의 규례와 명령을 지키라 너와 네 후손이 복을 받아 네 하나님 여호와께서 네게 주시는 땅에서 한없이 오래 살리라

나는 어려서부터 할머니와 엄마, 고모들을 따라서 교회에 다녔다. 그리고 교회에서 모범적인 학생으로 예쁘게 신앙생활을 하였다. 그러다 대학시절 도시에 나와서 혼자 생활하기 시작하면서 신앙생활의 기복이 찾아왔다.

대학생 때는 잠시 선교단체에서 훈련을 받기도 했지만 일반 친구들과 어울려 노는 것을 더 좋아했다. 대학을 졸업하고 사회생활을 하면서 교회에 출석하는 것조차 어려운 환경이 되었다. 예배에 빠지는 일이 많아졌다. 그러다 남편을 만났다. 당시 그는 군대를 마치고 학교에 복학하여 공부하고 있는 중이라 진로방향도 분명치 않아 보였다. 교제를 하면서 그가 신학을 공부하여 복음을 전하는 하나님의 종이 되겠노라고 서원을 드렸다는 사실을 알게 되었다. 그러나 그 이야기를 듣고도 곧이 곧대로 믿지 않았다. 사범대학을 다니고 있었으니까 학교 선생님이 되거나 아니면 더 공부해서 교수가 될 것으로 생각하였다.

그런데 남편의 뜻은 확고했다. 선교단체에서 훈련을 받고 나서 다시 신학대학원을 가는 것이었다. 자신은 이미 분명하게 진로에 대해 이야기를 했으니까 더 이상 왈가왈부하지 말라고 하였다. 그러나 나는 사역자의 아내가 될 준비가 되어 있지 못한 상태였다. 당시 나는 여전히 교회 문화보다는 사회 문화에 더 익숙하고, 교회 친구보다는 대학 때 친구들과 더 가까웠다.

남편은 나의 의지와는 상관없이 사역자의 길로 접어들고 있었다. 나는 어쩔 수 없이 사역하는 남편을 도와야 했고, 이해해야 했다. 전도사의 아내, 목사의 아내로 서툴지만 나름의 역할을 감당해야만 했다. 그래서 궁여지책으로 생각해낸 것이 전통적인 사모상을 모델로 삼아 남편 뒤에 숨는 것이었다. 남편이 목회하는데 지장을 주지 않도록 조용히 기도하며 남편을 내조하기로 하였다. 사실 나는 내성적이라 나서기를 꺼리는 사람이다. 그래서 교회생활도 그저 뒤에서 조용히 내 자리를 지키고 있으면 된다고 생각했다. 특별히 부교역자의 사모로서 잠잠히 있는 것이 교회에 도움을 주는 것이라고 생각하였다. 그리고 그것이 내 성격에도 잘 맞는 것 같았다.

수정교회 사역 8년차에 접어들면서 나의 신앙생활에도 일대 변화가 일어났다. 목사님과 사모님께서 나를 목자로 세우시고 교육받기를 원하셨다. 나는 고민스러웠다. 소극적인 성격에다가 남들과 교제하는 것에 대한 부담이 컸다. 그래서 남편인 목사님을 많이 조르기도 했다. 이번만 빼주면 다음 해에 배워서 열심히 하겠다고. 그러나 남편의 입장은 단호하였다. 오히려 남편은 당신은 교회에서 하라는 대로 하면 잘 할 수 있는 자질이 충분히 있다고 이야기하면서 적극적으로 교육도 받고, 하라는 대로 순종해 보라고 권하는 것이었다.

어차피 해야 할 일이라면 적극적으로 해보자는 마음에 사모님이 인도하시는 목자 모임에 참석하였다. 나눔과 교제를 통한 비전의 공유가 이루어지고 나서 나에 대한 기도시간이 되었다. 나를 위해서 목자들이 뜨거운 기도와 안수기도를 받던 중 갑자기 하나님의 은혜가 물밀듯이 밀려오면서 뜨거운 눈물이 흐르기 시작했다. 주체할 수 없는 회개가 흘러나왔다. 지금까지 하나님의 사랑을 받기만 하고 나누지 못한 것에 대한 뜨거운 회개의 눈물이 터져 나왔다. 목자 모임에 참석하는 횟수가 거듭될수록 내 신앙이 성장하고 있다는 것을 느끼게 되었다.

영적인 갈급함이 내 마음 가운데 일어나기 시작하였다. 전에는 그냥 사모니까 별 생각 없이 교회 모임에 참석하였는데 이제는 말씀과 기도에 갈급함이 일어났다. 주님의 은혜에 대한 목마름이 일어났다. 십자가의 사랑이 마음에 강하게 와 닿았다. 그래서 교회에서는 예배를 사모하고 집에서는 갈급한 마음을 가지고 기독교방송을 계속 보게 되었다. 마음이 열리니까 어떤 말씀을 들어도 은혜가 되었다. 가랑비에 옷 젖듯이 내 심령에 하나님의 은혜가 임하기 시작하면서 생활에도 변화가 일어나기 시작하였다. 남편에 대한 태도, 자녀에 대한 태도가 변하기 시작하였다.

전도하고픈 마음도 생겼다. 영혼에 대한 관심이 일기 시작했다. 사람들이 귀하게 보였다. 저들을 어떻게 교회로 이끌까 고민하고 기도하게 되었다. 미약하지만 영혼을 위한 기도와 투자가 아깝지 않았다. 작은 섬김이지만 정말로 그들의 영혼을 진정으로 사랑하게 되고 섬길 수 있는 마음을 가지게 되었다.

어떻게 하면 전도할 수 있을까? 생각하다가 학부모회에 참석하기로 하였다. 우리 막내딸 세은이 학부모들과 적극적으로 교제를 하기로 하였다. 그 영혼들을 그리스도의 사랑으로 품기로 하였다. 내가 밥도 사고, 또 전화도 하면서 적극적으로 기도하며 노력하였다. 그 중 한 분을 위해 집중적으로 기도하며 섬겼다. 그 분은 전에 교회에 잠깐 나간 적이 있는 분이었다. 그 영혼을 위해 기도하는 중에 어느 주일날 그 분이 교회에 나와 등록하겠다는 말을 하였다. 얼마나 기쁘고 마음이 설레었는지 모른다.

지금은, 내가 온전한 주님의 제자로 세워지면 머지않아 나도 제자를 세우는 주님의 사역을 위한 동역자가 될 것으로 기대하며 기도하고 있다. 무엇보다도 못난 나를 참아주시고 기다려주신 우리 하나님께 영광을 돌린다.

# 이제 내가
# 주를 위해 죽을 차례입니다

**환**자의 병을 호전시키는 재미있는 실험이 있다. "이번에 나온 특효약입니다. 이 약 드시면 훨씬 빨리 좋아지실 거에요."

"아, 예."

환자는 의사가 권하는 액체같이 생긴 약을 믿고 받아먹는다. 그 환자는 그 약을 먹고 병이 호전된다. 사실은 증류수나 생리적 식염수 같은 약도 아닌 물질일 뿐, 실제로는 아무런 효과도 없는 데도 말이다.

이것이 바로 '플라세보 효과'이다. 플라세보 효과란 약은 아니지만 먹는 사람이 약효를 믿고 기대하면, 실제로 건강에 유익한 작용이 나타나는 현상이다. 마음이 안정된다든가 하는 심리 효과뿐만 아니라 실제로 몸에도 반응이 나타난다.

## 믿음이란 사람이 생각하는 이상의 위력이 있다

참된 믿음이란 말씀으로 천지를 창조하시고 사람의 생사화복을 주장하시며 인류의 역사를 주관하시는 하나님과 그 분의 말씀을 신뢰하는 것이다. 이 믿음은 영혼이 구원받고 온갖 역경도 능히 이기게 하는 힘이 있다. 또한 하나님을 기쁘시게 하고 성도의 삶을 승리로 이끌어 준다.

겉으로 보기에는 믿음이 있는 사람과 믿음이 없는 사람이 같아 보여도 시간이 흐르면 흐를수록 참된 믿음을 소유한 사람은 역경과 시련에도 꺾이지 않고 능력 있는 삶을 산다. 주변 사람들에게도 선하고 아름다운 영향력을 끼친다. 똑같은 육체를 입고, 똑같이 시공간의 제한을 받으며, 똑같이 뛰어넘을 수 없는 한계를 가진 사람들이지만 그들은 기적을 나타낸다. 하나님께서는 그 분을 신뢰하는 사람들을 통하여 친히 자신의 살아계심과 능력을 나타내시고 영광을 받으시기 때문이다.

다니엘은 유다를 멸망시킨 바벨론의 왕 느부갓네살에게 끌려가서 갈대아의 언어와 학문을 공부하고 그 나라 사람의 이름을 가져야 했던 비극을 겪은 사람이다. 우리 민족도 일제 식민지 시절에 나라를 잃은 적이 있다. 학교에서도 우리말 대신 남의 나라 말을 배우고 창씨개명을 강요받았다. 다니엘과 유대인의 굴욕과 수모도 그런 것이었다. 그러나 다니엘은 겉으로 보기에는 유대인의 정체성조차 지킬 수 없는 절망적 상황에 처하였지만, 믿음을 잃지 않았다. 하나님의 약속의 말씀을 붙잡고 그 믿음을 끝까지 놓지 않았다. 그는 포로의 신분으로 바벨론

과 메대와 바사 왕인 느부갓네살, 벨사살, 다리오, 고레스까지 네 명의
왕에게 총애를 한 몸에 받기에 이르렀다. 왕 바로 다음 자리인, 지금으
로 치면 국무총리쯤 되는 지위에 올랐던 인물이다. 한 나라 안에서 정
권교체만 되어도 금방 위상이 흔들리는 것이 비일비재한 일 아닌가?
전쟁과 정변이 이어지는데도 정권이 바뀌고 나라가 바뀌는데도 모든
왕들이 그를 신임했다는 뜻이다. 국적도 다른 나라 사람임에도 그런
요직에 발탁될 수 있었다는 것도  놀랍다. 그는 유능하고 지혜로울 뿐
아니라 정적들이 뒤져도 흠을 찾을 수 없었을 만큼 도덕적으로 깨끗한
사람이었다.

믿음의 사람, 의로운 사람 다니엘도 역경과 시련은 피해 갈 수 없었
다. 죄를 짓거나 과오를 저질러서 시련을 겪은 것이 아니라 타협하지
않고 믿음으로 살고자 했기 때문에 더욱 어려운 길을 갔다. 성경은 그
의 믿음이 그의 삶을 기적의 연속으로 만들었다고 밝히고 있다. 느부
갓네살 왕이 만든 신상에 절하지 않아 목숨을 잃을 위기에 처하였던
사건이 한 예이다.

다니엘과 그 친구들이 경험한 기적은 2600년 전에 사람들이 꾸며
낸 허무맹랑한 옛날 이야기가 아니라, 오늘날 성도들의 삶 속에서도
일어날 수 있는 일이다. 우리가 어떤 믿음을 가질 때, 우리의 삶 가운데
기적을 일으킬 수 있을 것인가?

## 하나님은 만왕의 왕

무엇보다 하나님이 만왕의 왕이라고 믿는 믿음이 기적을 일으키는 믿음이다.

이 세상에는 두 왕이 존재하는데, 하나는 세상의 왕이다. 대통령이나 자기가 다니는 회사 사장, 또는 자기에게 강력한 영향력을 끼치는 누군가이거나 혹은 재물 등이다. 눈으로 보이지 않는 또 다른 왕은 하나님이시다. 복되시고 유일하신 주권자이시며, 만왕의 왕이시며, 만주의 주시요, 오직 그에게만 죽지 아니함이 있고, 가까이 가지 못할 빛에 거하시고, 어떤 사람도 보지 못하였고 또 볼 수 없는 분이라고 성경은 말한다. 느부갓네살은 그 기세와 영광이 하늘을 찌를 듯했던 당대에 세계에서 가장 큰 힘을 가진 자였다. 가끔 독재국가에서 볼 수 있듯이 그도 높이 30미터, 폭 3미터나 되는 금 신상을 세워 자신을 상징하도록 했다. 멸망당한 나라에서 끌려온 포로에 불과한 다니엘과 그 친구들이 그 엄명을 담대하게 거절한 것은 목숨을 건 것이었다. 왕 위에 있는 왕, 그 왕의 생명과 왕위를 좌지우지하는 왕을 알고 따르려던 믿음이 아니고서는 감히 꿈도 꿀 수 없는 행동이었다.

오늘을 사는 우리 성도들도 눈에 보이는 세상 왕을 의식하기 전에 왕중 왕을 더 두려워해야 한다. 믿음의 눈으로 하나님을 보고 섬겨야 한다. 우리가 두려워할 자는 몸은 죽여도 영혼은 죽이지 못하는 자들이 아니고 오직 몸과 영혼을 지옥에 멸하실 수 있는 하나님뿐이시다. 세상의 권위에도 순복해야 한다. 그러나 세상의 권위가 하나님을 거스를 때는 단호히 따르기를 거절해야 한다. 오직 하나님께만 굴복하는 믿음이 승리하는 믿음, 기적을 일으키는 믿음이다. 세상의 왕을 거역함으로써 손해보고 위협을 당하더라도 오직 하나님의 뜻대로 살려고 할 때, 하나님이 우리와 함께 해 주시고 도와주심을 믿어야 한다.

곰이나 호랑이가 개와 싸우면 누가 이기는지 아는가? 원래 개는 곰이나 호랑이 같은 맹수와는 비교조차 할 수 없는 상대이다. 그러나 그 개가 그냥 똥개가 아니고 잘 훈련받은 사냥개라면 이야기는 달라진다. 사냥개는 맹수의 냄새를 맡고 겁 없이 추격한다. 얼마나 담대하게 짖어대는지 사냥감이 코너에 몰린다. 개는 자기 뒤에는 총을 든 주인이 있고 그 총 앞에서는 호랑이도 곰도 꼼짝 못하는 것을 안다. 그래서 맹수를 두려워하지 않는다. 자기가 찾아내서 짖기만 하면 나머지는 주인이 다 알아서 하니 두려워할 것이 없는 것이다.

믿음의 사람 다윗은 얼마나 하나님의 도움을 믿고 의지하였나?
다윗의 고백은 그가 얼마나 하나님을 의지하였는지를 잘 보여준다.
"나의 힘이신 여호와여 내가 주를 사랑하나이다"(시 18:1)
"하나님은 우리의 피난처시요 힘이시니 환난 중에 만날 큰 도움이시라"(시 46:1)
"여호와께서 너의 출입을 지금부터 영원까지 지키시리로다"(시 121:8)
"여호와는 나의 목자시니 내게 부족함이 없으시리로다"(시 23:1)
"여호와는 나의 반석이시요 나의 요새시요 나를 건지시는 이시요 나의 하나님이시요 내가 그 안에 피할 나의 바위시요 나의 방패시요 나의 구원의 뿔이시요 나의 산성이시로다"(시 18:2)

우리도 이와 같은 믿음을 붙잡을 때 어떤 일이 닥칠지라도 삶 속에서 늘 강하고 담대할 수 있다.


로마제국의 아르카디우스 황제는 황제숭배를 거역하는 교부 크리소스토무스를 끌고 와서 심문했다.

"나는 살아 있는 신이다. 나를 섬기고 예수를 부인하지 않으면 네 집에서 추방하겠다." 하자,

"폐하, 폐하는 그렇게 할 수 없으십니다. 전 세계가 제 아버지의 집이기 때문에 폐하는 저를 제 집에서 추방하지 못하실 것입니다."고 답했다.

더 화가 난 황제가 이번에는

"그래? 그렇다면 너의 전 재산을 몰수하겠다."고 하자 이번에는

"저의 보화는 하늘에 있습니다. 이 땅에서 제가 가지고 있는 것들은 다 모조품에 불과하니 얼마든지 폐하가 원하는 대로 하십시오." 했다.

"그래? 좋다. 나는 너를 너의 모든 가족과 친구로부터 격리시키겠다."고 위협하자,

"저에게서 모든 이가 떠나가도 가장 좋은 친구 예수만은 절대로 저를 떠나지 않으십니다." 하는 크리소스토무스를 결코 회유할 수 없음을 알고

"좋다. 나는 너를 죽이겠노라." 하자

"저는 죽음이 두렵지 않습니다. 제 생명은 예수님과 함께 감추어져

있으니까요.” 하며 담대히 순교하였다고 한다.

사막에든 바다에든 죽음 앞에서 모든 것을 빼앗긴다 해도 하나님이 함께 하심을 믿고 두려워 말고 담대하라. 그것이 성도의 참된 자세이다.

리빙스턴 선교사는 아프리카로 떠날 때 맹수와 풍토병을 염려하는 친지들에게 “볼지어다 세상 끝 날까지 항상 너희와 함께 하실 것이니라.”는 말씀을 읽어 주었다. 그러고는 “이 말씀은 최고의 신사가 하신 약속입니다. 그러므로 나는 그 분이 자신의 약속대로 밀림 속에서도 함께 하실 것을 믿고 떠납니다.”라는 고백을 하였다고 한다. 세상에서 혼자 내동댕이친 것처럼 느껴질 때에도 믿음을 저버리지 않으면 하나님은 반드시 함께 하신다. 도와주실 것이라는 믿음으로 끝까지 승리하는 성도가 되어야 한다.

### 죽음을 각오한 믿음

다음은 하나님을 위해서라면 죽어도 좋다는 믿음이 기적을 일으키는 믿음이다.

중국 의화당 사태 때의 일이다. 군인이 믿는 사람들을 끌고 와서 신당의 우상 앞에 한 줄로 세우고 지나가게 했다. 그 우상을 지날 때 경배하면 살려 주고 그렇지 않으면 죽이겠다고 으름장을 놓았던 것이다.

그곳에는 163명의 사람들이 있었다. 그 중 하나라도 무서워서 고개 숙이고 지났을 법도 한데, 단 한 사람도 절하지 않고 그냥 통과하였다고 한다. 결국 163명의 사람이 모두 그 자리에서 순교하였다.

그들은 죽음으로써 이생에서의 삶을 마쳤지만 하늘나라에서는 영원한 승리자로 거할 것이다. 우리가 주와 복음을 위해 죽어도 좋겠다고 각오할 때 하나님도 "그래라." 하시면, 그렇게 죽어서 영원한 천국의 승리자가 되는 것이다. 만약 하나님이 "아직은 때가 아니니 좀 더 있어야 되겠다." 하시면 그때는 기적을 체험하게 될 것이다. 오늘날 우리의 삶에 기적이 나타나지 않는 이유가 여기에 있다. 입으로는 믿는다고 하면서도 정작 주와 함께 살겠다고는 하는데 주를 위해 죽겠다고는 하지 않기 때문이다. 그저 이 땅에서 잘되고 복 받으려고만 하고 알아서 죽음은 피해가기 때문에 하나님도 우리를 도와줄 일이 없다. 그러니 기적도 일어나지 않는다.

"우리 중에 누구든지 자기를 위하여 사는 자가 없고 자기를 위하여 죽는 자도 없도다 우리가 살아도 주를 위하여 살고 죽어도 주를 위하여 죽나니 그러므로 사나 죽으나 우리가 주의 것이로다"(롬 14:7-8)

어차피 이 땅은 우리가 영원히 살 곳이 아니다. 하나님을 위해 죽어도 좋다는 사람은 믿음의 승리자가 되겠지만, 조금 더 살려고 말씀을 어겨도 영원히 사는 것이 아니다. 언젠가는 한 번 죽을 것을 성도답게 당당하게 "이제 내가 주를 위해 죽을 차례입니다." 할 수 있는 믿음의 용사가 되도록 하자.

## 선포하고 실천하는 믿음

마지막으로 마음으로 믿은 바를 입으로 선포하고 실천하는 믿음이 기적을 일으킨다.

말에는 위력이 있다. 똑 같은 화분 두 개에 같은 꽃을 심어 놓고 한쪽에는 날마다 "사랑한다, 아름답다, 축복한다."고 하면 잘 자란단다. 다른 쪽은 늘 "미워, 보기 싫어."라고 저주하면 꽃이 자라지를 못하고 시든다고 한다. 꽃은 고사하고 사람도 모든 사람이 그를 비난하고 저주하면 마음이 상하고 비뚤어져서 자살까지 하는 사람도 있듯이 말이다.

말에는 위력이 있다. 마음으로 믿으면 의에 이르지만 입으로 시인하면 구원에 이른다. 그러므로 마음에 담은 그 믿음을 입으로 시인하고 행동해야 능력 있는 믿음이다. 행함이 없는 믿음은 죽은 믿음이다. 순종하면 복 받을 줄 믿는다면 그렇게 선포하고 그렇게 살아야 한다. 마음으로는 믿는다 하면서 죽을까봐 입을 열지 못하고, 마음으로 믿는다 하면서 들어오는 복이 눈에 안 보이니 선포하지 못하면 그것은 믿음이 아니다.

다니엘과 그 친구들은 마음으로만 믿은 것이 아니었다. 입으로 분명히 선포하고 그대로 행동으로 옮겼기 때문에 기적이 일어난 것이다. 믿은 바를 선포하지 않았다면, 무서워서 행동에 이르지 않았다면 그런 기적은 일어나지 않는다.

다윗은 골리앗 앞에서 하나님이 함께 하시고 지키시며 승리를 주실 것임을 믿었다.

> "오늘 여호와께서 너를 내 손에 넘기시리니 내가 너를 쳐서 네 목을 베
> 고 블레셋 군대의 시체를 오늘 공중의 새와 땅의 들짐승에게 주어 온 땅
> 으로 이스라엘에 하나님이 계신 줄 알게 하겠고 또 여호와의 구원하심이
> 칼과 창에 있지 아니함을 이 무리에게 알게 하리라 전쟁은 여호와께 속
> 한 것인즉 그가 너희를 우리 손에 넘기시리라"(삼상 17:46-47)

그는 입술로 고백하였을 뿐만 아니라 그렇게 행동하였다. 그러자 하나님이 들으시고 책임져 주셔서 기적의 주인공이 되었다. 역사의 무대에 화려하게 등장할 수 있었다.

마음속으로만 믿고 행동하지 않으면 기적은 안 일어난다. "믿습니다." 하면서 불리할 때는 고백하지 않고 행동하지 않는다면 하나님이 책임져 줄 필요가 없는 것이다. 그러므로 우리는 믿음을 구체적으로 시인하고 선포하며 직장에서도 숨기지 말아야 한다. 우리의 믿음의 고백을 하나님도 사람도 들을 때 하나님의 영광이 드러나고 전도가 된다.

2600년전 다니엘의 하나님은 지금도 살아계신다. 담대한 믿음으로 간증과 승리의 주인공이 되도록 하자.

이제 나와 함께 주님을 섬기는 성도들 몇 명이 주님을 섬기면서 체험한 일들(간증)을 계속 무작위로 소개하고 싶다.

# 나의 능력이 되신 하나님 _ 지혜선 청년

신실한 부모님의 기도와 영향아래 대학 재학 중에 사법고시에 합격하여 결혼도 하기 전에 판사가 되었다. 늘 아름다운 마음·모습·믿음으로 주님의 큰 기쁨이요 자랑이 되는 멋진 주의 제자, 훌륭한 법조인이 될 것을 기대하며 감사한다.

| 요한복음 14:27 |
평안을 너희에게 끼치노니 곧 나의 평안을 너희에게 주노라 내가 너희에게 주는 것은 세상이 주는 것과 같지 아니하니라 너희는 마음에 근심하지도 말고 두려워하지도 말라

"아이고~ 어서와. 어떻게 그렇게 장한 일을 했어. 우리 교회 최초의 법조인이네."

부모님과 함께 들어선 담임목사실에서 조일래 목사님께서 환한 표정으로 기쁘게 맞아주셨다. 사모님께서도 나를 안아주시며 축하해 주셨다. 목사님께서는 축복기도를 해주셨고, 예배 시간에는 판사임용에 대한 광고까지 하셨다.

1982년, 어머니는 내가 뱃속에 있을 때부터 수정교회에서 신앙생활을 시작하셨고, 나는 모태신앙인으로 주님을 자연스럽게 만날 수 있었다. 초등학교 4학년 때쯤 주일학교에서 빌립보서 4장 13절 말씀이 적혀 있는 액자를 선물로 받았다.

"내게 능력 주시는 자 안에서 내가 모든 것을 할 수 있느니라."

어린 나이에도 그 말씀이 그렇게 좋을 수 없었다. 그 말씀 액자를

볼 때마다 내가 무엇을 꿈꾸든 주님의 능력을 힘입으면 다 이룰 수 있을 것 같았다. 또 어차피 주님의 능력으로 하는 것이니까 내가 내 능력 때문에 걱정하거나 낙심할 필요도 없다는 생각이 들었다. 그때부터 그 말씀은 내가 제일 좋아하는 성경 말씀이 되었고, 수능시험과 사법시험을 코앞에 둔 때라도 반드시 주일 성수하고, 시간이 촉박하고 마음이 급할수록 더욱 주님께 매달릴 수 있는 믿음의 근거가 되었다.

나는 법조인이 되고 싶었다. 어려운 사람을 도와야겠다는 생각으로 사회복지사를 꿈꾼 적도 있었지만 법조인이야말로 사회 정의를 실현하고 어려운 사람들을 도울 수 있는 보다 영향력 있는 직업이라는 생각이 들었기 때문이다. 지금은 사법고시 합격자 중 40% 가까이가 여성이지만, 얼마 전까지만 해도 법조 직역에서 여성의 비율이 매우 낮았다. 그래서 법조인이 되겠다는 꿈이 멀게 느껴질 때도 많았다. 그러나 꿈은 크게 가지라는 아버지의 격려와 항상 나를 지켜주시는 하나님이 계시다는 생각에 나는 용기를 낼 수 있었다.

이화여대 법학과에서 4학년 1학기까지는 학과 공부를 충실히 하다가, 2월에 있는 1차 시험을 준비하기 위해 휴학을 하고 신림동 고시촌에 들어갔다. 저마다 합격을 예약한다는 광고판을 내건 고시학원들과 식사 시간이면 우르르 몰려나오는 수많은 수험생들을 보며 저 사람들 중에 최종 합격하는 사람은 극소수에 불과할 텐데 내가 과연 할 수 있을까 의구심이 들기도 했다.

시험이 다가올수록 해야 할 공부는 많아졌고, 어쩌다 계획했던 공부량을 채우지 못한 날이면 부담감에 잠을 설치기도 했다. 그럴 때마다 내가 할 수 있는 일은 기도밖에 없었다.  밤 11시쯤 내가 살던 원룸 창문을 활짝 열면 나를 위로하듯 교회의 십자가들이 붉은 빛을 반짝인다. 그 십자가를 향하여 무릎 꿇고 상쾌한 밤공기를 맞으며 기도를 시작했다. 그날 있었던 일, 주님께 하고 싶은 말을 대화하듯 이야기하면서 때론 웃기도 하고 울기도 했다. 그렇게 기도를 마치고 나면 더할 수 없는 평안이 찾아왔다.

복도에 서서 김재훈 목사님으로부터 기도를 받고 나니 주님께서 나와 함께 하신다는 느낌이 더 강하게 들었다. 시험을 치르고 와서 법무부 사이트에 뜬 가답안으로 채점을 하니 평년의 합격선보다 훨씬 높은 점수였다. 그때의 기쁨은 이루 말할 수 없었다. "아, 나도 할 수 있구나." 하는 자신감이 생겼다.

복학해서 마지막 학기를 수강하고  대학을 졸업한 다음에 남은 1년을 2차 시험 준비에 쏟았다. 다시 고시촌 생활이 시작되었다. 2자 시험은 1차 시험과 전혀 달랐고, 1차 시험 합격자 중에서 다시 소수를 뽑는 것이기 때문에 더 어렵게 느껴졌다. 2차 시험 공부를 시작한 지 6개월이나 지났는데도 아는 것이 없는 것 같아 초조했다. 그때에도 나에게 힘을 줄 수 있는 것은 말씀과 기도뿐이었다. 아침잠이 많은 내가 새벽에 일어나 고시촌 교회의 새벽기도회에 나가 울면서 부르짖기도 하고, 독서실 책상 한 쪽에 성경과「목적이 이끄는 삶」등의 신앙서적들을 두고 틈틈이 읽었다.

연말을 맞아 집에 와서 가족과 함께 수정교회에서 송구영신예배를 드렸다. 내가 송구영신예배 때마다 기대되는 것 중에 하나는 말씀 카드를 뽑는 일이다. 하나님께서 그 해에 나에게 주시는 첫 메시지가 무엇일까 기대하는 마음으로 말씀 카드를 뽑았다. 놀랍게도 나에게 꼭 필요한 말씀이었다.

"할 수 있거든이 무슨 말이냐. 믿는 자에게는 능치 못할 일이 없느니라"
(막 9:23)

기도하면서도 불안해하던 내게 딱 들어맞는 말씀이었던 것이다. "사람이 마음으로 자기의 길을 계획할지라도 그 걸음을 인도하시는 자는 하나님이신데, 나는 왜 내 부족한 능력만 탓하며 불안해했던 걸까?" 하는 반성을 했다.

그렇게, 4일 동안 7과목을 치러야 하는 체력적·심적 부담감이 큰 2차 시험일이 돌아왔다. 기다리던 발표일. 오후 3시 발표가 예정되어 있었음에도 아침 10시부터 초조한 마음에 컴퓨터 앞을 떠날 수 없었다. 12시쯤 아무 생각 없이 법무부 사이트에 접속했는데 합격자 명단이 나와 있었다. 지혜선…지혜선…1000명 가까이 가나다순으로 쓰여 있는 명단을 마우스의 스크롤을 내리면서 떨리는 마음으로 확인했다.

내 이름이 있었다. 숨이 멎는 것 같았다. 내 방에 들어가 문을 닫고 무릎을 꿇었다. 눈물이 났다. 얼마나 신실하신 하나님이신지…

자칫 불신 속에 절망에 빠질 뻔도 했는데 주님은 그런 나를 일으켜 세우시고 나를 향한 뜻을 신실하게 이루셨다. 내 입술에서 찬양과 감사의 기도가 흘러나왔다. 곧 부모님께 그 소식을 알렸고, 합격 소식을 들으신 부모님의 환한 표정을 보는 순간 그동안의 수고를 모두 보상받는 기분이 들었다.

한 달 후 3차 면접시험까지 통과하고, 11월에 최종합격 발표가 났다. 법조인이 되기 위한 마지막 관문인 2년의 연수과정을 위해 일산에 있는 사법연수원에 입소했다. 이 글을 쓰는 지금은 법원에 법관 지원 원서 접수를 마치고 연수원 수료식과 법관 발령을 기다리고 있다.

스스로 생각해도 나같이 부족한 사람이 이런 길을 걸어온 것이 신기하게 느껴질 때도 있다. 나는 특별히 머리가 좋은 사람도 아니고, 밤을 새며 공부할 만큼 체력이 강한 사람도 아니다. 오히려 공부하느라 가끔씩 몸살을 앓고, 공부가 힘들어서 학원 책상에 엎드려 소리 없이 울기도 했던 연약한 사람이다. 그럼에도 불구하고 약할 때 강함 되시는 하나님께서 나에 대한 뜻을 이루어 주셨다. 주님께서 앞으로 나를 어떻게 쓰실지 아직 정확히 알지는 못하지만, 지금까지 그랬던 것처럼 주님과 함께라면 능치 못할 일이 없다고 믿기에 앞으로도 주님이 원하시는 일꾼이 되기 위해 노력할 것이다.

# 그 분이 다 알아서 해주실 거예요 _ 고영만 장로

30여년간 수정교회와 함께 하셨고, 건축위원장을 맡아 현 성전 건축을 위해 수없이 희생했고, 주님으로부터 보상도 많이 받은 장로님이다.

| 잠언 16:3 |
너의 행사를 여호와께 맡기라 그리하면 네가 경영하는 것이 이루어지리라

"집사님! 하나님이 축복해 주시면 집사님 월급이 500만 원까지 될 수 있을까요?"

"아이고 목사님, 그건 불가능하죠. 제 월급이 40만원인데 어떻게 500만원까지 올라갑니까."

"그렇죠?"

"…"

"만약 집사님이 길거리에서 과일을 판다고 합시다. 혹시 하나님께서 손님을 많이 붙여주시면 하루 100만 원어치를 팔 수 있을까요?"

"글쎄요. 주님이 함께 하시면 그럴 수도 있겠지요."

"그렇습니다. 하나님께서 복을 주시고자 해도 그릇이 없으면 받을 수가 없습니다. 사업을 하세요. 주님께서 집사님의 그릇에 잔뜩 복을 담아주실 것입니다."

1987년쯤이었다. 이전에도 몇 번 비슷한 말씀을 하셨던 목사님께서 그날따라 유난히 진지하게 사업을 시작하도록 권유하셨다. 어쩐지

그때부터 목사님 말씀이 머릿속에서 떠나지를 않았다. 아내와 몇 차례 진지하게 상의하면서 결론을 내렸다. '기도해보자'는 것이었다.

우리는 함께 기도를 시작하면서 주위 사람들에게도 기도 부탁을 했다. 2년여가 흘렀다. 송구영신예배를 앞두고 더 이상 지체할 수 없다는 간절한 마음이 들었다. 다소 힘에 넘치는 예물을 준비하고 '건강하게 맡은 직분 감당케 하소서', '사업장을 주옵소서', '집을 주옵소서'라는 세 가지 기도제목을 써서 맨 앞자리에 앉아 송구영신예배를 드렸다. 주체할 수 없이 마음이 뜨거워졌다. 감당이 안 될 만큼 은혜가 밀려들면서 두 눈에서 눈물이 쏟아져 내렸다. 예배를 드리고 나오는데 가슴이 시원하게 뚫리는 것 같았다.

이듬해 생각지도 않게 중학교 친구를 만나 인쇄 일을 하면서, 털어도 먼지뿐인 내가 사업을 시작하게 되었다. 9월에 창업예배를 드렸다. 아무리 일이 밀려도 주일은 꼭 쉬고 매월 첫 근무일에는 예배를 드렸다. 주위에서 뭐라고 하든 전혀 개의치 않고 예수 믿는 회사, 예수 믿는 사장임을 드러내었다. 거지꼴로 무작정 상경한 지 어언 10여년 만이었다.

농사지을 밭뙈기 한 평 없는 가난이 그 마음을 캄캄하게 만든 것이었을까? 나의 아버지는 평생을 밤낮 술에 취해 행패나 부리셨고 황폐하고 허망하게 세상을 떠나셨다. 그나마 어머니의 힘들고 고된 품팔이가 아니었다면 우리 5남매는 다 굶어 죽었을지도 모른다. 하루도 새벽기도를 거르지 않으셨던 어머니. 어머니의 손에 이끌려 우리도 자연스레 하나님의 자녀가 되었다. 이래저래 살 길이 없었던 나는 빈 손 들고,

그저 비장한 마음 하나로 서울로 올라왔다.

"하나님, 돈을 벌어 우리 어머니 잘 모시고 싶습니다. 어머니가 마음껏 심방하고 전도하는 일만 하시도록 하고 싶습니다. 하나님, 저를 축복해주세요. 그리고 돈을 벌면 철저하게 십일조를 드리겠습니다."

간절한 기도로 서울 생활을 시작했다.

간신히 누추하기 이를 데 없는 비좁은 단칸방 하나를 구해 놓고 어머니와 동생들을 데리고 왔다. 라면 한 봉지 끓여먹기도 만만치 않은 형편에서도 어머니는 출석할 교회부터 챙기셨다. 동네를 다니며 어머니가 눈여겨보셨던 그 교회가 바로 수정교회였다. 나로 하여금 하나님의 자녀로서 면모를 갖추게 해주시고, 별 볼일 없는 직장인에서 사업체를 꾸릴 수 있게 해 주신 영원한 멘토, 조일래 목사님과의 만남이 이루어진 곳이다. 영원한 인생의 동반자요 주 안에서의 동역자, 아내 이국화 권사 역시 이곳에서 만나게 되었으니 나와 우리 가족의 운명이 수정교회를 통하여 서서히 바뀌게 되었다고 해도 과언이 아니다.


한 발 한 발 성공으로 나아가고 있는 줄만 알았던 나의 걸음 앞에 엄청난 고난이 기다리고 있었다. 그 서막이 현우산업 공장에 닥쳐온 화마였다. 4년 동안 밤을 낮 삼아 죽을 힘을 다해 겨우 기초를 닦아가고 있던 무렵, 공장이 하루아침에 잿더미로 변하여 버린 것이다. 하늘이 무너지는 일이요, 마른하늘에 날벼락이었다. 어떻게 일군 공장이었던가? 이럴 수가 있습니까? 하나님이 살아계시긴 합니까? 아직도 잔연기가 나고 있는 화재더미에서 하나님께 부르짖었다. 하박국 선지자가 성루에 앉아 밤새워 탄식했던 그 심정이었다. 다리에 힘이 빠져 서 있기조차 힘들었다. 가슴 깊숙이에서 냉기가 휘몰아치는 듯했다. 한걸음에 달려오신 목사님과 교우들, 우리는 손에 손을 잡고 둘러서서 목이 터져라 울부짖으며 기도했다. 어느 새 밤이 깊었다. 마음이 한결 여유로워졌다. 좀 전의 원망과 탄식이 사라지고 평온이 찾아들었다. 참으로 위대하신 주님의 능력이었다.

'이럴 때일수록 예수님을 바라보리라. 십자가를 굳게 붙잡으리라. 그 분의 피 묻은 십자가라야 새로운 길을 열어갈 수 있어!'

겨우 마음을 추스렸지만, 공장의 화재사고에 충격을 받아 쓰러지신 어머니께서 결국 돌아가시고 말았다.

내 인생길에 불어닥친 참으로 거센 폭풍이었다. 하나님만을 의지하겠다고 다짐했지만 순간순간 엄습하는 절망감을 뿌리치기 어려웠다. 그저 암담하고 힘겹기만 했다. 그때부터 나는 의식적으로 욥기를 읽었다. 특히 "주신 자도 여호와시요 취하신 자도 여호와시니 여호와의 이름이 찬송을 받으실지니이다"라고 한 욥의 고백을 가슴에 담고자 힘썼다.

화재사고 후 다행히 보험사에서 나온 보상으로 겨우 수습을 하고 시화공단에 500평 부지를 마련해 재출발을 했다. 1년여 동안 그런 대로 잘 꾸려 나갔다. 그런데 이건 또 무슨 일인가. 철썩같이 믿었던 한 거래처가 부도를 내고 사업주가 잠적해버렸다. 그 여파가 고스란히 내게로 밀려와 연쇄부도로 이어졌다. 하루하루 살얼음판을 걷는 심정이었다. 모든 것이 끝장나 버린 것 같은 불안한 생각에 밤에 잠을 이룰 수 없었고 음식이 넘어가지 않았다. 얼마 사이에 체중이 10kg 넘게 빠졌다. 육신뿐 아니라 영혼도 거칠어져갔다. 가족의 고통도 이만저만이 아니었다. 이 이상 더 나쁜 일이 있을까 했는데, 정말 또 하나의 불행이 남아 있었다. 이번에는 아내에게 몹쓸 병마가 쳐들어왔다.

"유방암 3기입니다."

의사의 사무적인 말투가 내 가슴에 비수처럼 꽂혔다. 어머니 소천의 충격에서 채 헤어나지도 못했던 차에 이어진 비보는 "고영만! 이제 너는 죽는게 더 나아."라는 뜻으로 받아들여졌다. 이건 아니었다. 공장에 화재가 났을 때도, 어머니가 돌아가셨을 때도 믿음으로 받아들이려고 노력했는데, 이건 정말 아니었다. 저절로 "하나님은 없어."라는 말이 튀어나왔다. 하나님은 우리가 감당할 만큼의 시련만 주신다고 했는데, 나는 더 이상 감당할 힘이 없었다. "하나님이 살아 계시다면 이럴 수는 없어. 하나님은 없는 거야!"

별 생각이 다 들었다. 죽고 싶다는 생각이 자꾸만 마음속에서 고개를 쳐들었다. 하나님이 원망스러웠다. 앞으로 교회에는 나가지 않겠다고 마음을 먹었다. 하나님께 대한 혼란스러운 마음도 있었지만, 그때 내가 교회확장위원회 간사를 맡고 있었는데 제 역할을 못할 것 같아서 그냥 사라져 버리는 게 낫겠다는 생각이 더 크게 작용했다.


그렇게 주일예배까지 빠지고 연락을 끊었더니 목사님께서 직접 찾아오셨다. 목사님은 제 손을 잡고 눈물로 기도하셨다.

"장로님, 제가 장로님의 삶을 잘 압니다. 우리 주님은 더 잘 아실 겁니다. 교회에 나오셔야 합니다. 모든 교인들도 장로님의 상황을 이해하고 있습니다. 그리고 목사인 제가 장로님을 대변하겠습니다. 아무 걱정

말고 교회에 나오세요. 간절히 기도하면 주님께서 모든 것을 회복시켜 주실 겁니다."

뭔지 모를 뜨거운 것이 가슴에서 일렁였다. 나도 목사님을 끌어안고 소리 내어 울었다.

내 기도는 끝없이 이어졌다. 아내가 잘못될지 모른다는 생각에 아무것도 보이지 않았다. 의외로 아내는 대범하게 모든 것을 받아들였다. 수술, 방사선 치료와 항암제 치료… 얼마 지나고 나니 아내의 머리에 손만 대도 머리카락이 뭉텅뭉텅 빠졌다. 면도기로 아내의 머리를 밀어주는 내 눈에선 눈물이 하염없이 흘러내렸다. 아내는 호전과 악화의 상황을 거듭하며 계속 치료를 받았다. 내 가슴은 항상 눈물로 흥건히 젖어 있었다. 그때의 나에게는 아무것도 의미가 없었다. 오직 아내의 생사만이 관심사였다. 아내 면전에서는 애써 밝은 표정을 보이려 노력했지만 돌아서면 바로 억장이 무너지는 슬픔을 만났다.

신앙의 위기. 아내의 유방암 진단 이후 나는 하나님의 존재 자체를 부정할 정도로 흔들렸다. 머릿속이 혼란스러웠다. 아내에 내한 안타까움과 애처로움, 부도 이후 생활에 대한 막막함, 거기에 신앙생활에 대한 걱정까지 보태지니 머리가 터질 것 같았다. 그러는 가운데서 나는 생각지도 않게 예수님의 모습을 보았다. 그 분은 가시 면류관을 쓰고 십자가에서 매달려 피를 흘리고 있는 예수님이었다. 일종의 환상이었다.

우리가 살던 집은 경매로 넘어갈 위기에 처했다. 교회에서도 교육관 건축을 위한 교회확장위원회 간사이면서 아무 역할도 못했다. 우여 곡절을 거쳐 마침내 회사는 정리됐다. 다행히 나에겐 4,000만 원짜리 어음 한 장이 남겨졌다. 아내와 상의해 모두 교육관 건축헌금으로 드렸다. 어차피 하나님께 매달리기로 한 마당에 앞뒤 재지 않기로 했다. 아내는 자신의 마음을 담은 말씀 한 구절을 내게 읽어줬다.

"비록 무화과나무가 무성하지 못하며 포도나무에 열매가 없으며 감람나무에 소출이 없으며 밭에 먹을 것이 없으며 우리에 양이 없으며 외양간에 소가 없을지라도 나는 여호와로 말미암아 즐거워하며 나의 구원의 하나님으로 말미암아 기뻐하리로다"(합 3:17-18)

"안녕하세요, 고 사장님. 나 금풍 회장입니다. 언제 한 번 만날 수 있을까요?"

"아, 예, 회장님. 무슨 일입니까? 혹시 나쁜 일은 아닌가요?"

"아닙니다. 좋은 일이면 좋은 일이지, 나쁜 일은 아닐 겁니다. 저희 사무실 한 번 찾아주세요."

현우산업 부도건을 겨우 해결하고 앞길이 막막하던 차에 전혀 생각지도 않은 전화가 집으로 걸려왔다. 동종업체에서 메이저급으로 길 나가던 금풍에서 왜 날 보자고 할까? 혹시 같이 일하자고 그러는 걸까? 온갖 생각이 꼬리에 꼬리를 물고 이어졌다.

"금풍을 넘기려고 하는데 인수할 의향이 없습니까?"

회사를 사라는 말이었다. 내가 부도를 맞고 거지 신세가 된 것을 알고 있을 텐데, 이게 도대체 무슨 말인가.

"좋은 조건으로 다른 데 팔 수도 있지만 고 사장한테 넘기고 싶습니다. 돈이 문제가 아니란 얘기죠. 내가 키운 회사이기에 앞으로 잘 관리할 수 있는 사람에게 넘겨주고 싶은 겁니다."

그래도 안 되는 건 어쩔 수 없었다. 그건 나보다도 그 회장님이 더 잘 알았다. 그 분은 일단 금풍의 하도급업체로 예전 내 공장을 다시 가동하도록 해주었다. 이전에 우리가 썼던 기자재를 다 챙겨서 보내주고 물품 대금을 선급으로 해주기까지 했다. 은인이었다.


그날 밤, 나는 하나님을 찾았다. 한시라도 빨리 하나님께 예배드리지 않고는 견딜 수 없었다. 하나님의 살아계심과 신실하심을 확실하게 깨달았다고 그 분께 아뢰지 않으면 안 될 것 같았다. 얼마 전, 우리의 전 재산을 털어 교육관 건축헌금으로 드리고 즐거워했던 일이 이렇게 연결됐다고 생각하니 벅찬 가슴을 억누를 길이 없었다. 아무도 없는 성전에서 혼자 마음껏 찬양과 기도를 드렸다. 예전에 느껴보지 못한 색다른 감동을 흠뻑 즐겼다.

아내에게 낮에 있었던 일을 설명해줬다. 아내는 "할렐루야!"를 외쳤다. 내가 깜짝 놀랄 정도의 큰 소리로. 자신이 환자라는 사실도 잊은 듯 일장연설을 했다.

"봐요. 주님께서는 우리의 생각을 훨씬 뛰어넘는 분이세요. 우리의 하루하루뿐만 아니라 우리의 평생, 나아가 영원까지도 그 분의 계획과 섭리 가운데서 움직이세요. 우리는 마음과 행동을 그 분의 뜻에 맞춰야 해요. 이제 모든 어려움을 모두 주님께 맡기기로 해요. 그 분이 다 알아서 해주실 거예요."

우리 부부는 모든 근심 걱정을 주님께 내려놓고 기쁨으로 그 분의 뜻을 기다리기로 했다. 다만 열심히 일했다. 속된 말로 미친 듯이 일했다. 한 발짝도 물러설 곳이 없다는 각오로 일에 빠져들었다. 덕분에 매출이 눈에 띄게 늘어나면서 일에 재미가 붙었다. 아내의 몸도 한결 안정됐다. 한 달에 한 번씩 병원에 가서 검사하고 병의 추이를 관찰하는 정도였다.

"고 장로님, 건축위원장을 맡아주세요. 장로님이 이 직책을 맡으면 좋겠습니다."

어느 날 조일래 목사님이 나를 부르시더니 진지하게 말씀하셨다. 순간적으로 머릿속이 복잡하게 돌아가기 시작했다. 조금씩 자리를 잡아가는 사업체에 전적으로 매달리고 싶은 한편, 목사님께 순종해야 한다는 생각이 겹쳤다. 2002년 수정교회가 인천 불로동에 부지를 마련하고 새 성전 건립을 위해 전 교인이 힘을 모으고 있을 때였다. 부족한 경제 능력으로 건축 과정에서 매사 모범을 보여야 한다는 사실도 큰 부담이었다. 하지만 목사님의 청을 거절할 자신도 없었다. "그래, 내 능력이 부족한 것은 주님이 아시고, 목사님과 교우들이 다 아는 사실 아닌가. 최선을 다하자. 모든 것을 주님께 맡기고 내 자신한데 부끄럽지 않도록 하자." 나 스스로에게 다짐을 했다. 아무리 바빠도 일주일에 두 번은 불로동 현장을 찾았다. 그리고 가끔씩 교우들과 함께 현장에 가서 주님 보시기에 좋은 성전을 짓게 해달라고 기도드렸다. 건축공사가 시작되고선 목사님을 비롯해 전 교인들이 현장에서 3일 동안 금식성회를 열기도 했다.

그런데 건축위원장을 맡고 난 이듬해, 하나님께서는 다시 한 번 넘치는 복을 부어주셨다. 금풍을 인수하게 된 것이다. 금풍 회장은 또다시 나를 지목해서 회사를 넘기고 싶다고 제안을 했다. 당초 제시한 금액의 절반 수준까지 낮춰주는가 하면, 거래은행에선 금풍 인수금액보다 훨씬 많은 액수의 대출을 해주겠다고 했다. 금풍 인수건은 상식적으로 이해가 되지 않는 식으로 진행됐다. 하나님의 개입 없이는 이뤄질 수 없는 일이었다. 내 돈 한 푼 들이지 않고 이전까지 내가 운영하던 현우산업에 비하면 거대기업인 금풍을 소유하게 됐으니, 참으로 신묘불측한 주님의 이끄심이었다. 건축위원장을 맡기 전 30억 원대 매출이 갑자기 150억 원대 매출로 껑충 뛰었다.

"주께서 내게 복을 주시려거든 나의 지역을 넓히시고 주의 손으로 나를 도우사 나로 환난을 벗어나 내게 근심이 없게 하옵소서 하였더니 하나님이 그가 구하는 것을 허락하셨더라"(대상 4:10).

나의 하나님은 복 주시는 하나님이었다. 미천한 내가 이렇게 크게 쓰임 받을 줄은 꿈에도 생각지 못했다.

그랬다. '여호와 닛시'의 하나님이셨다. 그 분은 친히 대장이 되시고 지휘자가 되셔서 승리의 깃발을 펼쳐 주시는 분이셨다. 모세의 손을 여러 사람들이 붙들어주듯이 우리가 협력할 때 하나님은 역사해주셨다.

# 알짜배기로 일하시는 하나님 _ 안경이 집사

모범이 되는 중등부 교사요, 무지개 편집위원이요, 목자이다. 주님 사랑하는 마음과 맡은 일에 대한 책임감으로 충성하고 있다.

| 시편 71:23 |
내가 주를 찬양 할 때에 내 입술이 기뻐 외치며 주께서 구속하신 내 영혼이 즐거워하리이다

어린 시절 초등학생이었던 나는 앞마당에서 놀다 보면 어김없이 귓가에 은은하게 들려오는 교회 종소리에 마음을 빼앗기곤 하였다. 평화롭고 한적한 시골 풍경을 배경으로 한 종소리는 온 땅 위를 적시고 나의 깊은 속에 정겨움으로 다가오곤 했다. 종소리가 나는 그곳, 교회라는 그곳에 가보고 싶다는 마음을 품고 있던 중 여름성경학교를 계기로 교회에 다니게 되었다. 여름성경학교에서 들은 얘기 중에 시골 쥐와 서울 쥐의 동화 이야기를 얼마나 신기하고 재미있게 들었던지 아직도 생생하게 나의 기억 속을 차지하고 있다.

우리 집은 아버지가 막내인데도 불구하고 부모님을 모시고 있었으며 한 달에 두어 번 꼭 제사를 지냈다. 제삿날이 되면 가마솥에 시루를 올려놓고 시루떡을 했는데 매번 어머니는 나에게 불을 지피라고 하셨다.

“중간에 화장실에 갔다 오면 부정 타니까 미리 갔다 오고 시작해야 한다.”

제사가 있는 날이면 여러 가지 맛있는 것을 많이 하기 때문에 나의 마음은 언제나 들떠 있었다.

교회는 언니와 나만 다녔으며 특별히 부모님의 반대도 없었기에 주일이 되면 즐거운 마음으로 다녔다.

중학교 3학년 때 광주에 있는 기도원으로 중고등부 수련회를 가게 되었다. 여러 교회에서 모여 부흥집회를 하게 되었는데 그때 목사님께서 방언을 달라고 하나님께 기도하라고 하셨다. 기도하는 중에 나의 눈에서는 눈물이 나왔다. 나는 이제까지 깨끗하고 거짓말하지 않고 엄마 아빠 말 잘 듣는 아이로 살아왔다고 생각했는데 자연스럽게 주님께 회개 기도를 하게 되었으며, 그때 방언이 터졌다. 관광버스를 타고 오는 길에 차창 밖으로 높고 길게 뻗어 있는 산맥을 바라보며 인간의 유한성을 느끼게 되었으며, 수만 년 동안 이어온 자연의 오묘함에 삼탄하며 하나님의 영원하심과 위대함을 깨닫게 되었다.

고등학교가 상업계와 인문계 고등학교로 나뉘어있어서 자신의 진로를 결정하는 갈림길에 서게 되었는데 나는 인문고등학교를 선택하였다. 고등학생이 되었는데도 나는 아직 경쟁이라는 단어와 친숙하지 못하였다. 언제나 느긋함과 넉넉한 마음뿐 조급함이란 없었다.

고등학교 2학년 때 3학년이 되면 성적 우수자에 한해서 특수반을 뽑는다는 것을 알고 독하게 공부하여 특수반에 들어갔다. 그러나 당시 시골의 분위기는 고등학교만 졸업하고 취직하는 분위기라 내가 대학교에 들어가게 될지는 미지수였다. 학력고사를 보기 위해 우리 학교 학생들은 남원에서 전주로 가야 했다. 시험 보기 전날 밤, 앞날에 대한 불안감 때문에 마음이 안정되지 않아 어디 기도할 곳이 없을까 찾았는데 마침 수험생을 위해 마련한 십자가가 걸려 있는 기도처가 있었다.

창세기 28장 11절부터 15절에 나오는 하나님과 야곱의 계약이 이루어지는 장면처럼 나는 하나님께 처음으로 서원기도를 하게 되었다.

"하나님 저 대학 들어가게 해주세요. 그러면 하나님을 위해 봉사하며 살겠습니다."

하나님과 나만의 계약이 그 곳에서 은밀하게, 그러나 내 가슴에 확연히 새겨졌다. 시험이 끝난 후 집에 왔는데 어머니께서 점을 보러 갔는데 점쟁이가 대학에 떨어진다고 했단다. 그러나 나는 그 말을 듣고 새벽기도를 나갔으며 경제적으로 어렵기 때문에 장학생으로 대학에 들어가야겠다고 생각했다. 감사하게도 장학생으로 대학에 합격하였으며 부모님이 나의 굳은 의지를 보셨는지 허락하셨다.

대학 때는 주변에 태평양화장품 회사가 있어 퇴근하고 나오는 여공들에게 전도를 하였으며 성실하고 순수한 청년들과 더불어 믿음생활을 하였다.

맛있는 것이 있으면 서로 나누며 정겨운 성도님들과의 사랑 가운데 생활할 수 있었다. 학교에서는 종교단체 CCC에 가입하였으며 북한

산과 삼각산에 올라가 기도하기도 하였다. 방학이 되면 시골 정든 교회에 가서 여름성경학교를 돕기도 하였다.

대학4학년이 되어 취직준비를 위해 학원에 다니게 되었는데 거기서 남편을 만났다. 남편은 당시 학원에서 반장을 하고 있었으며, 첫날이라 나는 책이 없어 책을 같이 보자고 한 것이 만남의 동기가 되었다.

나는 믿음이 좋은 남편감을 찾는 것을 생각하지 않고 내 마음에 드는 사람을 찾아 결혼하여 믿게 만들면 된다고 생각하였다. 더구나 연애기간 동안 한두 번 교회에 나온 적도 있었기에 나는 믿지 않는 남편과 결혼한다는 것에 대하여 그다지 염려하지 않았다. 오랫동안 사귀었는데도 그 사람의 형편을 잘 몰랐으며, 성실하고 착하게 보였기에 나는 내가 모든 것을 잘 할 수 있을 것이라는 자신감만 가지고 결혼하였다.

그러나 아버님은 내가 조선시대 며느리가 되기를 원하셨고, 아무리 남편이 잘못해도 내가 뭐라 애기하면 가정교육을 어떻게 받았느냐고 하면서 나무라곤 하셨다. 부모님이 자녀들을 좌지우지하는 모습들을 보고 세상에 이런 부모님도 계시는구나 생각하였다. 어머님, 아버님이 전혀 의견일치가 안 되고 매일 싸우시는 안타까운 모습을 봐야 했다. 어머님은 석가탄신일이라든지 때가 되면 절에 가셨으며 몇백만 원이나 되는 부적을 사 와서 여기 저기 붙여 놓기도 하고 자식들에게 몸에 지니고 다니라고 주셨다.

그 당시 나는 몇 년 동안 교회도 나가지 않았으며 하루하루 살아가면 갈수록 미궁에 빠져 팔 다리가 묶인 것처럼 무덤 같은 결혼생활을 하고 있었다. 남편 또한 강하신 부모님 앞에서 한 마디 말도 할 수 없었다. 그러기를 여러 해 지나다 보니 만 평의 땅도 빚으로 다 넘어가 버렸다.

그러던 와중에 나는 옆집에 살고 있던 선교사 부부의 권유로 교회에 다시 나가게 되었다. 그동안 하나님을 멀리하였던 나의 생활을 얍복강의 야곱처럼 회개하고, 부모님에게 눌려 있는 불쌍한 남편을 전도하자고 무릎 꿇고 기도하면서 목사님과 사모님과 여러 성도들과 함께 아파트 전도를 다녔다.

1997년, 드디어 남편이 교회에 나오게 되었다. 우리 가정에 희망의 태양이 떠오르고 있었던 것이다. "나의 사랑하는 주님 감사해요."

그 당시 아버님은 성당을 나가고 계셨으며 어머니는 절에 다니셨다. 검단으로 이사오고 난 후에도 여전히 제사는 지내고 있었다. 제사를 끝내고 난 밤에는 악몽을 꾸었다. 창문의 커튼을 젖히면 그곳에서 귀신이 나타나는 똑 같은 꿈을 여러 번 꾸었다. 제사를 지내고 나면 음식을 조금씩 떼서 베란다에 있는 창문 옆에다 두기 때문이라는 것을 나중에야 깨달았다. 내가 영적으로 힘들 때면 검은 물체가 우리 방으로 들어와 남편의 목을 조이는 것을 보고 예수 이름으로 물러가라고 명하면 사라지는 것을 몇 번 경험하였다.

먼저 내가 믿는 자로서 부모님과의 어그러진 관계를 바로잡아야겠다고 생각하였다.

"하나님 나에게 부모님을 사랑할 수 있는 마음을 주세요."

이렇게 기도하기 시작하였는데 어느 날 날마다 근심하시는 부모님이 불쌍하다는 생각이 내 안에서 밀고 올라왔다. 정말 사랑의 감정이 솟아나기 시작하였다. 참 놀라운 일이었다. 인터넷 검색을 통해 우상숭배를 하면 어떻게 되는가를 보게 되었다.

'우상숭배를 하는 집에는 귀신이 역사하고, 불화가 끊이지 않고, 그 집 가운데 악몽과 가위눌림에 시달리게 되고, 알콜중독자 · 정신병자 등이 생기며 착하고 머리 좋은 사람이 어느 날 정신이 돈다'고 한단다.

이 가정에 좋지 않았던 현상들이 이와 같은 결과였음을 깨닫고 나는 적극적으로 이 문제에 대한 심각성을 생각하며 아버님, 어머님에게 「신명기」 28장을 복사해서 드리기도 하며 교회 나가기를 권유하였다.

2002년 새해가 되자 아버님이 선포를 하셨다.

"이제부터 제사는 지내지 않을 것이며 1월부터 교회에 나갈 것이다."

방 안에 있는 성모마리아상을 모두 버리셨다. 할렐루야! 나의 기도가 응답되었다. 어머니도 이제 절에는 가지 않겠다고 하셨다. 그래서 우리는 설날이 되어도 제사를 지내는 대신 하나님께 예배를 드렸다. 명절이 되면 남자들은 술을 마시는 게 행사처럼 되어 있었는데 그러한 모습은 이제 사라졌다. 친정집도 언니의 전도로 부모님 모두 교회에 다니게 되었으며 제사도 지내지 않게 되었다. 주님의 말씀이 이루어졌다.

"주 예수를 믿으라 그리하면 너와 네 집이 구원을 얻으리라"(행 16:31)

하나님은 우리 가정의 묵은 땅에 기경을 시작하셨다. 하나님은 당신의 방법대로 당신이 원하시는 목적을 하나 하나 심어주셨으며, 우리 각자의 쓴 뿌리를 보게 하셨다. 그리하여 서로 으르렁대는 가정이 아니라 하나님의 참 평화가 넘치는 가정으로 만들어 가셨다. 참으로 아브라함의 축복을 이어받은 가정으로 세워주셨다.

# 하나님이 해답이십니다 _ 윤형용 권사

순수하고도 신실한 믿음의 소유자이다. 주와 복음을 위해서 마음껏 헌신하려고 애쓰고 있다. 사업이 번창해질 때 주와 복음을 위해 큰 일을 이루실 분이다.

| 이사야 58:8 |
네 시작은 미약하였으나 네 나중은 심히 창대하리라

최종 부도! 매사에 자신만만하던 내가 한순간에 죽음보다 힘든 고통의 나락으로 떨어지게 되었다. 스물여덟 살이라는 젊은 나이에도 불구하고 하나님의 인도하심만 믿고 사업을 시작한 지 8년 만이었다. 하나님을 의지하지 않고 내 경험과 지혜만 믿고 행한 탓이었다. 사방이 캄캄하기만 했다. 세상 어디에도 내 편은 없는 것 같았고, 교통사고 사망이 그 당시 나의 가장 큰 바람이었다. 이렇게 사는 것보다 죽는 것이 나을 것만 같았다. 운전을 할 때마다 수두 없이 반대 차선의 차가 나를 받아주기를 소원했다.

그러던 어느 날 「욥기」를 읽게 되었다. 그 전에는 그냥 옛날이야기처럼 멀게 느껴졌던 욥의 고난과 고통이 실감나게 와 닿았다. 문득 나의 고통이 욥에 비하면 아무것도 아니라는 생각이 들었다. 그래서 다시 한 번 희망을 갖고 새 출발을 하겠다는 다짐을 하였다.

말씀이 주는 위로를 경험한 나는 더욱 말씀을 붙잡으려고 힘썼다.

"두려워하지 말라. 내가 너와 함께 함이라 놀라지 말라 나는 네 하나님이 됨이라 내가 너를 굳세게 하리라 참으로 너를 도와 주리라 참으로 나의 의로운 오른손으로 너를 붙들리라"(이사야 41:10).

어느 날 「이사야」서의 말씀을 읽던 중 예전에도 그 말씀으로 용기를 얻었던 기억이 가슴에 와닿으며 주저앉아 있던 내 손을 붙잡아 일으키는 것만 같았다.

하나님께서는 아직 나를 버리지 않으셨구나라는 확신이 들었다.

그렇게 전적으로 하나님만 의지하기로 마음먹고 다시 힘을 내었다. 그리고 비로소 철저한 십일조 생활을 하게 되었다. 하나님을 의지한다고 하면서도 온전히 드리지 못했던 내 자신이 부끄러워졌다. 혹시라도 물질이 잠시 내 손에 머물렀다면, 혹시 좀이 먹고 동록이 생길 것만 같아 하나님께 옮겨 놓아야겠다는 마음도 들었다. 그런데 신기한 것은, 부도 이전에는 그렇게도 자주, 아주 밥먹듯이 많은 돈을 떼어 먹혔는데, 이후로는 전혀 그런 일이 없는 것이었다. 게다가 나의 월급은 물론이고 직원들 월급 못 주는 일도 지금까지 한 번도 생기지 않았다. 십일조의 축복을 믿지 않을래야 믿지 않을 수 없다.

그렇게 조금 숨 돌릴 만 해지자 그때까지도 술, 담배도 못 끊은 주일만 지키는 크리스천이었던 나는 내 편리한 대로 하나님의 사랑을 호도해 버렸다. 비전도 '하나님이 주신 비전이니 하나님이 알아서 해 주실 거야.'라는 막연한 믿음으로 흐려 버리고 현실에 안주하는 나날을 보냈다.

경제 상황은 악화되고 많은 손실이 이어졌다.

어려움이 닥쳐야 다시 하나님을 찾게 되는 비겁한 자인 나는 또다시 일어서기 위해 새벽기도의 문을 두드렸다.

회사 경영을 놓고 더욱 기도하는 가운데 하나님이 주시는 통찰력으로 우리 회사의 수준과 업계가 함께 처한 어려움을 보게 되었다. 장래를 준비하려면 투자를 늘리고 좋은 직원을 확보해야 한다는 판단도 내리게 되었다. 결단을 내리고 믿음이 좋으면서 경제적 어려움에 처한 5명을 직원으로 채용하게 되었다. 회사 발전을 이루어 갈 믿음의 사람을 직원으로 보내달라는 간절한 기도가 다 이루어진 것이다. 그들이 있어서 더욱 기도하며 회사를 운영하게 되었다. 그리고 하나님의 계획과 인도하심에 감사를 드렸다.

그러나 세계불황의 극심한 어려움은 예외없이 우리 회사에도 타격을 주었다. 엎친 데 덮친 격으로 갑작스런 원자재값 인상은 예년의 10%에도 못 미치는 수주를 겨우 따낼 수 있었다. 문득문득 나의 믿음은 두려움으로 다가왔다.

'이 난관을 다시 극복해야 한다. 하나님이 이대로 주저앉게 하지는 않으실 거야.'

나는 이 어려움을 이길 방안은 오직 하나라는 생각이 들었다. 그것은 '믿음으로 기도하는 것'이다.

그러나 내 입에서 처음 나온 기도는 믿음이 아니라 하나님을 불신하는 기도였다.

"하나님께서 내게 주셨던 비전이 정말 옳은 것이었습니까?"

미련하고 믿음 없는 기도라는 것은 알지만 나는 그만큼 절실하게 주님의 대답이 필요했다. 이미 실패를 경험했기 때문에 나의 생각과

힘만으로는 아무것도 이룰 수 없다는 것을 누구보다도 잘 알고 있었다. 내 주변의 어느 누구에게도 도움을 청할 상대가 없었다. 내 기도에 응답하지 않으면 하나님이 내게 주셨던 비전은 나의 생각이지 결코 하나님의 비전이 아닐 것이라고 생각하기로 했다.

"하나님, 제게 성경 말씀을 통해 응답해 주세요. 그렇지 않으면 다른 길을 찾을 수밖에 없습니다."

이렇게 기도한 후 성경책을 펼쳤다. 순간 숨이 멎는 듯했다.

"내가 네게 명령한 것이 아니냐 강하고 담대하라 두려워하지 말며 놀라지 말라 네가 어디로 가든지 네 하나님 여호와가 너와 함께 하느니라 하시니라"(여호수아 1장 9절)

마치 하나님께서 기다리셨다는 듯이 약한 모습으로 앉아 있는 나에게 이미 준비하고 계신 말씀처럼 그 부분이 클로즈업되어 내 시야에 다가왔다.


위기는 곧 기회이다!

하나님께 회사를 맡기고 나아가면 회사를 크게 사용하실 것이라는 확신이 생겼다. 잠시나마 흔들렸던 믿음에 얼굴이 달아올랐다. 다시는 답답한 마음도 갖지 않을 것이라 다짐했다.

나는 회사로 돌아가 직원 교육, 의식개혁 운동, 업무 표준화, 기술 표준화, 생산 표준화, 업무의 효율성 제고, 시스템 개혁, 생산성 향상, 연구개발, 해외 비즈니스 강화, 홍보 강화, 기획실 신설, 외부 전문가 컨설팅 등 더욱 투자를 늘려 나갔다. 매출이 예년의 10%에도 못 미치는 부진을 겪으면서도 두렵지 않았다.

어느 목자예배 시간에 담임목사님이 '한힘테크놀로지'는 수정교회 교인이 여럿 근무하는 회사이고 지금 국내 경제의 어려움 속에서 예외없이 같은 어려움에 처해 있으니 우리 온 목자와 같이 힘을 합쳐 기도를 하자고 제안을 하셨다. 모임에 참석한 모든 분들이 함께 뜨겁게 기도했다.

그 다음 주는 기적의 역사가 이루어졌다. 그동안 미루어졌던 계약 건들이 한꺼번에 쏟아져 들어오면서 이전보다 더 많은 계약이 이루어졌다. 할렐루야!


나는 청년시절 가졌던 300억대 매출의 회사, 선교 경영, 하나님 나라 확장, 복음 전파, 어려운 이웃에 대한 사랑 실천, 직원과 사회에 복지증진, 행복한 일터 제공의 비전이 점점 하나씩 이루어져가고 있는 것을 실감한다.

한힘테크놀로지의 사장은 하나님이시다. 나는 그 분을 섬기며 봉사하는 역할을 수행할 것이다.

앞으로 계획 중인 베트남 공장 건설과 북한 공장 건설을 통해서 그 비전을 이루어나갈 것을 확신한다. 또한 향후 3년 이내에 회사를 공개하여 코스닥에 진입시키고, 투명하고 공정한 하나님이 경영하시는 회사를 만들 것이다.

# 네 안에 단을 쌓으라,<br>너는 나의 열매, 나의 딸이라! _ 김영숙 집사

안 믿는 가정에서 교회에 나오심으로 어려움도 많았으며, 백혈병으로 투병생활을 오래했다. 그럼에도 불구하고 믿음 잃지 않으실 뿐 아니라 온 가족을 구원코자 기도하고 애쓰는 좋은 아내요, 어머니이다.

| 로마서 8:6 |
육신의 생각은 사망이요 영의 생각은 생명과 평안이니라

"큰 병원으로 가보시지요. 백혈구 수치가 정상인의 두 배가 넘는데 백혈병일지 모르겠습니다."

눈앞이 캄캄했다. 며칠 전부터 갑자기 머리가 아프고 구토가 나고 기운이 없었다. 약을 먹어도 소용이 없어 찾았던 병원에서 청천벽력과도 같은 소리를 들었다.

내 나이 마흔일곱, 아직 할 일이 많았다.

'하나뿐인 아들 중학교 입학식도 못보고 죽어야 하나? 아직은 엄마 손길이 필요할 텐데 불쌍해서 어떡하나?'

어느덧 눈물이 볼을 타고 흘렀다.

아들하고 둘이서 살아야 할 남편의 모습은 떠올리기만 해도 억장이 무너졌다. 삶의 미련과 가족에 대한 연민이 뒤섞여 가슴이 찢어지는 것만 같았다. 그렇게 날마다 울며 기도하며 투병생활을 시작했다.

수면제 없이는 잘 수조차 없었고, 잠이 들면 끊임없는 악몽에 시달렸다. 손도 떨리고 말을 할 때면 발음도 잘 안 되었다.

"제발, 부탁해요. 교회에 나가 기도해 주면 나을 것 같아요."

울며 남편에게 간청했다.

"당신이 나을 수만 있다면 교회 나가는 것쯤 못하겠어?"

남편이 교회에 등록을 했다. 불현듯 나 한 사람의 희생으로 남편을 구원할 수 있다면 어떤 고통이라도 이길 수 있다는 확신이 생겼다.


모태신앙인 나는 결혼과 함께, 평생 한 번도 해본 적 없는 제사를 1년에 열 번 넘게 지내는 장손집 맏며느리가 되었다. 가족의 화목을 도모한다는 명분으로 모든 것을 나의 십자가로 생각하고 감당했다. 자연히 신앙생활도 소홀해졌다.


그런데 결혼하고 몇 해가 흘러도 아이가 없었다. 시간이 흐를수록 마음은 겹겹이 힘들었고, 곤고한 마음으로 절로 하나님을 다시 찾았다. 주님만이 나의 피난처요 힘인을 고백하게 되었다. 그렇게 한숨 대신에 찬양이 흘러나오기 시작한 어느 날, 주님이 꿈속에 찾아오셔서는 "다 이루었다."고 하시는 것이었다. 그렇게 6년 만에 아들 '용기'를 얻었다. 더욱 열심히 신앙생활을 했다. 다만 여전히 예수님을 구주로 영접하지 못한 남편이 언제나 나의 기도제목이었다.


장손으로서 교회에 나가기가 힘들었을 텐데 남편의 사랑이 너무 고맙고 감사했다. 남편은 한 번 교회에 등록하고 나자, 혼자 교회 다니기가 쉽지 않을 텐데도 한 주도 빠지지 않고 주일성수를 하여 나를 감동시켰다. 긴 간병에 지치고 힘들련만 나에게 희망과 용기를 준 남편, 묵묵히 견뎌 준 아들에게 나는 어떤 말로 감사할지 알 수가 없다.

1차 항암 치료 중 조일래 목사님께서 병실로 면회를 오셨다. 보호자도 면회가 잘 안 되는 무균실에서 목사님을 뵈었다. 병을 보지 말고 치료의 광선을 발하시는 하나님을 바라보라고 하시며 먹고 싶은 거 사 먹으라고 돈을 주고 가셨다. 남편과 아들에게 무엇인가를 보여 주고 싶었던 마음이 있었던 터에 목사님의 방문으로 힘을 얻어 성경 쓰기를 시작했다. 손이 떨려 글씨는 엉망이고 열은 오르락내리락 했지만 계속 써 나갔다.

내가 겪는 물리적 아픔보다 더 참기 힘든 것은, 같은 병실에서 치료 받던 환자가 항암 치료를 못 이겨 중환자실로 가거나 죽었다는 소식을 들을 때였다. 참담할 정도로 절망적이었다.

고통 속에서 기도를 하는데 '두려워하지 말라, 내가 너와 함께함이라 놀라지 말라 나는 네 하나님이 됨이라 내가 너를 굳세게 하리라. 참으로 나의 의로운 오른손으로 너를 붙들리라'(이사야 41장10절)는 말씀이 생각났다. 잠시 후에 머리가 맑아지면서 열이 떨어지기 시작했다.

하나님께서는 나에게 골수 이식을 허락하셨다. 4남매 중 오빠가 나와 100% 골수가 맞았던 것이다. 다른 환자들은 식사도 제대로 못하고 고통스러워하는데 나는 식사 한 번 거르지 않고 찬양 듣고 성경을 쓰고 기도했다. 그러다 보니 마음에 힘이 생기고 옆의 환자들에게 위로까지 해 줄 수 있는 여유가 생겼다. 그러자 환자들은 나를 희망이라고 했고 의사 선생님도 보기 드문 환자라며 칭찬을 아끼지 않으셨다.

다시 교회에 출석했을 때는 모든 것이 새롭고 아름다웠다. 역시 하나님을 믿는 공동체 안에서 서로 사랑하고 중보하며 말씀 안에서 교제를 나눌 때 평안과 기쁨이 넘침을 새삼 느낄 수 있었다. 한 생명을 천하보다 귀하게 여기시는 주님께서 어떠한 고난이 오더라도 피할 길을 예비하시고 축복의 길로 인도하신다. 생명의 소중함과 주님이 주시는 사랑을 깨달아 남은 인생 주 안에서 섬기며 봉사하며 사랑을 전하며 살아갈 것이다. 할렐루야!

# 천국, 혼자 갈 수 없잖아요 _ 설성호 집사

불신 부모님의 핍박 속에서도 굴하지 않고 일편단심으로 주님 섬기시다가 대학 졸업 후엔 선교단체에서 사역하고 있으며, 결국 부모님도 교회로 인도한 전도자요, 승리자이다.

| 마가복음 10:29 |
예수께서 이르시되 내가 진실로 너희에게 이르노니 나와 복음을 위하여 집이나 형제나 자매나 어머니나 아버지나 자식이나 전토를 버린 자는

"머그컵도 준다는데, 한번 가볼까?"

중학교 2학년이었던 나는 이웃초청주일 예배에 갔다. 왜 그 머그컵이 받고 싶었는지, 어떻게 초청한 사람도 없이 혼자 교회에 갈 생각을 했는지 나도 모르겠다.

조일래 목사님의 간증을 듣고 마음이 열렸다. 나와 참 비슷한 가정환경에서 자라셨다는 생각이 들었다. 막연히 나 자신의 구원과 장래에 대해서도 기대가 생겼다.

'그런 환경에서 자란 분이 목사님이 되셨다면, 나도 그렇게 될 수 있지 않을까?'

나는 바로 교회에 등록했다.

우리 집안은 미신적 환경으로 가득한 독실한 불교 집안이었다. 집 안 곳곳에는 부적이 붙어 있었고, 우리 집과 가깝게 지내는 점쟁이가

있어서 무슨 일이라도 있을라치면 어머니는 그곳에 다녀오곤 하셨다.

교회에 나가기 시작한 사실을 나중에 알게 된 집에서는 난리가 났다.

"한 집에서 두 신을 믿으면 안 된다."

어머니께서는 집안에 우환이 생길 것을 두려하시며 내가 교회에 가지 않도록 설득하셨다. 그러나 그런 압박(?)도 나를 멈추지는 못했다. 눈치를 봐가며 어렵게 갈 수밖에 없었건만 이상하게도 교회에 가면 마음이 평안해지는 것이었다.


고등학교 2학년 여름수련회에서 「로마서」 10장 9-10절 말씀을 통해 구원의 확신을 얻게 되었다. 그때부터 본격적으로 가족 구원을 위해 기도하기 시작했다. 내가 구원받았고, 내 이름이 생명책에 기록되었다는 것이 믿어지자, 아직 구원받지 못한 가족들이 안타까웠다.

그러나 가족들에게는 복음을 받아들일 기미조차 보이지 않았고, 갈수록 부모님과의 갈등은 심해지기만 했다. 부모님께 자주 미쳤다는 소리를 들어야 했다. 어느 날은 더 이상 같이 못살겠으니 방 얻어 나가고 인연을 끊자고까지 하셨다.

"어머니도 예수 믿고 같이 천국 가세요."


울며불며 애원하자 어머니도 속이 상하셨는지 함께 우셨다. 하지만 마음을 바꾸지는 않으셨다. 정말 이 길밖에 없다면, 난 죽어도 예수님을 포기할 수 없으니 혼자 살며 가족들을 위해 기도하리라 마음도 먹었었다. 그러나 주위 분들의 권면대로 집을 나가지 않고 버텼다. 갈수록 부모님은 완강해지셨다. 때로는 눈물로 호소하셨고, 언젠가는 부엌칼을 갖고 와서 같이 죽자고 하시기도 했다. 너무 힘들었다. 무엇보다도 힘들었던 것은 "가족도 조상도 모르는 불효자, 너 때문에 질려서 교회엔 절대 안 간다."는 어머니의 말씀이었다.

그때마다 나는 찬송을 부르며 마음을 달래곤 했다.
'주 예수보다 더 귀한 것은 없네 이 세상 부귀와 바꿀 수 없네…'
찬송을 부를 때마다 얼마나 울었는지 모른다. 하지만 그때마다 내 마음을 강하게 붙들었던 말씀이 있었기에 위로를 받았다.

"나와 복음을 위하여 집이나 형제나 자매나 어미나 아비나 자식이나 전토를 버린 자는 금세에 백배나 받되 핍박을 겸하여 받고 내세에 영생을 받지 못할 자가 없다"(마가복음 10장 29절)

첫 열매는 할아버지였다. 수련회 도중에 할아버지가 몸이 안 좋아져서 입원하셨다는 어머니의 전화를 받았다. 수련회 중에도 계속 할아버지의 회복을 위해 기도했다. 다음 날 "할아버지의 몸이 식어가고 있으니 어서 오라."는 전화를 받았다.
"아직은 안 돼요! 할아버지가 예수님을 영접하실 수 있도록 살려주세요!"
나는 병원으로 가면서 계속 기도했다. 나중에야 그날 오후 할아버지의 심장이 3분정도 멎으셨다는 말을 들었다. 병원에 도착했을 때 할아버지는 조금씩 의식을 되찾고 계셨다. 그날 문병에서 돌아와서 다시 하나님께 마치 거래조건을 제시하듯 절박한 기도를 드렸다.

"할아버지가 복음을 받아들일 수 있게 제 생명의 1년을 떼어 주시든지, 1개월이라도 생명을 연장시켜 주세요."

놀랍게도 일주일쯤 지나 할아버지는 회복되셔서 퇴원하셨다. 그리고 그 해 내가 군대 가기 전에 복음을 전하며 영접기도를 하자고 했을 때 할아버지는 "아멘"으로 대답하셨다. 할아버지는 내가 할아버지의 생명을 연장시켜달라고 기도했던 그때로부터 1년 1개월을 더 사셨다.

그 뒤로 우리 가정에 조금씩 변화가 시작되었다.

가족들의 구원을 위해 기도할 때마다 성령님께서 주시는 강한 확신이 들었고, 어머니의 구원을 위해 기도드리기 시작한 지 14년 만에 드디어 교회에 나오기 시작하시더니 어머니는 친척들이 모두 모인 자리에서 공공연히 다들 교회에 나가라고 말씀하시곤 했다. 정말 기뻤다.

그후 1년이 지나자 아버지께서도 교회에 등록하셨으며 꾸준히 신앙생활을 하고 계신다.

이뿐만 아니다. 친척들의 동의 하에 제사를 폐하고 명절 차례와 기일 제사들을 모두 예배로 드리게 되었다. 요즘에는 남동생도 "집사람이 주일이면 교회에 가니 혼자 있기가 심심하다."고 하면서 같이 교회에 다녀온다고 한다. 지난날을 돌아보면 하나님께서 내 삶과 우리 가정에 이루신 역사가 너무나 놀라워서 가슴이 벅차오르곤 한다.

무엇보다 놀라운 변화는 어머니의 기도이다. 어머니는 전도도 열심히 하시고 언제부턴가 새벽기도를 하시는데 새벽기도 때마다 아직 교회를 다니지 않는 가족들의 구원과 나를 위해 기도하신다는 것이다.

"우리 아들, 존경받고 사랑받는 사역자가 되게 해주세요. 말씀 전할 때마다 학생들이 충만한 은혜 받게 해 주세요."

이렇게 말씀하시는 것을 들을 때마다 나는 하나님의 은혜에 눈물이 핑 돈다. 하나님의 약속은 이루지 못할 것이 없다.

"주 예수를 믿으라 그리하면 너와 네 집이 구원을 얻으리라"(행 16:31)

# 하나님은
# 모든 걸 가능하게 하신다

**"아**빠!"

둘째아이가 학교에서 돌아오면서 간절히 나를 찾았다.

"아빠, 저 신발 한 켤레 사 주세요."

불쑥 내 방에 들어온 아이는 자신이 필요한 것을 사달라고 거침없이 요구했다.

"… 너 신발 있잖아."

"운동화 말고요, 털신 말이에요. 신발 안에 털이 들어가서 따뜻하단 말이에요."

그때가 겨울이었다.

"운동화면 됐지. 털신은 무슨 털신이냐?"

"우리 반 애들은 그냥 운동화 말고 털신 신고 다녀요. 발이 하나도 안 시리대요."

"안 돼. 신발은 있으니 꼭 필요한 게 아니지."

그렇게 아이를 돌려 보냈다. 아이가 초등학교 1학년쯤이었던 것으로 기억된다.


다음날이었다.

"아빠, 저 털신 신고 싶어요. 사 주셔요."

"아빠가 안 된다고 했잖아. 아빠는 너만 할 때 고무신도 겨우 신고 다녔다."

같은 말이 오가다 제 말을 들어줄 것 같지가 않은지 그냥 그렇게 나갔다.

그런데 문제는 거기에서 끝난 것이 아니었다. 아들은 그것을 포기하지 않고 다음날도, 그 다음날도 똑같이 나를 찾아와서 털신을 사달라는 것이었다. 단호하게 거절도 했고, 운동화로 충분하다고 타이르기도 했으니 그만했으면 저도 아빠가 결코 털신을 사 줄 마음이 없다고 알았을 터이다. 그런데도 아들은 그렇게 며칠간을 지치지도 않고 찾아와 계속 신발을 사달라고 졸랐다.

"알았어! 알았다구! 알았으니 이제 나가 있어!"

나는 사 주겠다는 말이 아니라 하도 졸라대니 귀찮아서 그 자리를 모면해볼 생각으로 그렇게 대꾸를 했다. 그런데 문제는 그 다음이었다.

"야! 사 주신대. 아빠가 털신 사주시겠대!"

내 입에서 알았다는 한 마디가 떨어지자마자 아들은 손뼉을 치며 좋아라고 펄쩍펄쩍 뛰는 것이었다. 아들이 신발을 사달라고 조르던 첫 날부터 그 날까지 나는 단 한 번도 털신을 사주어야겠다고 생각해본

적이 없었다. 그렇게 안 된다고 하는데도 자꾸 찾아와서 졸라대는 것이 귀찮아서 그저 아이를 쫓아 보낼 양으로 건성으로 알았다고 한 것뿐이었다.

그런데 놀라운 것은 그 아이의 반응이었다.

"야! 우리 아빠는 거짓말 하지 않는 아빠야. 아빠가 알았대. 아빠가 알았다고 하셨어!"

그런데 나는 그 아이에게 "야, 너 왜 그리 말귀를 못 알아듣니?"라고 할 수가 없었다.

아들은 확신에 차 있었다. 아이는 당장 자기 손에 털신을 쥐고 있기나 한 것처럼, 아빠가 신발을 사 줄 것이라고 굳게 믿고 기뻐 날뛰는 것이었다.

꼼짝없이 아들이 사달라는 그 털신을 사 주고 말았다.

문득 "야! 기도도 이런 것이구나!" 하는 깨달음이 왔다.

어떻게 응답 받는 기도를 해야 할까?

## 1. 믿음으로 구하라

기도란 우리의 전능하신 아버지께 우리의 필요를 구하는 것이다. 그러므로 무엇보다 믿음으로 구해야 받는다. 아이가 그렇게 했듯이, 우리도 철석같이 믿고 구해야 한다. 기도하기 전에도 기도하면 주실 것이라는 믿음으로 기도하고, 기도한 다음에는 믿고 구한 것은 받을 줄로 아는 믿음을 가져야 한다. 비록 아직 응답을 받지 못했더라도 믿음으로 계속 구할 때에 그 분의 놀라운 응답을 받게 될 것이다.

아버지를 굳게 믿고 아버지가 주실 것을 기뻐하고 한 점 의혹도 없이 기대하고 있는 아이에게서 아버지는 결코 거절할 수 없음을 그때 나는 경험했다.

하나님은 우리의 아버지이시다. 기본적으로 우리에게 주시고 싶으신 마음을 항상 가지고 계신 분이시다. 그 좋으신 아버지께 내가 원하고 필요로 하는 것을 아뢰는 것이 기도이다. 거창한 수식과 화려한 단어로 미사여구를 만들지 않아도 된다. 마냥 아버지를 신뢰하고 아버지의 응답을 기뻐하는 믿음만 있다면 하늘의 보좌는 움직이게 될 것이다.


## 2. 끈기 있게 구하라

하나님의 응답을 기대한다면, 믿고 구하되 끈기 있게 구해야 한다. 목마른 사슴이 시냇물을 찾듯이 간절하고도 끈질기게 하는 것이 믿음의 기도이다.

요사이 우리 삶이 여유로워지면서 지금보다 못살고 힘들던 시절에 비하여 간절한 기도를 찾아보기가 어렵다. 불의한 재판관을 찾아가 자기의 억울함을 풀어달라고 하는 과부의 이야기를 생각해 보라. 하나님을 두려워하지 않는 무지막지한 재판관 앞에 나아가는 과부의 심정 말이다. 아무 힘도 빽도 없다. 대놓고 귀찮아하고 아예 무시한다. 하지만 그 과부에게는 달리 길이 없다. 그런 간절함, 간절한 기도가 점점 사라지고 있다. 그래서 주님과 그 비유의 마지막을 "인자가 올 때에 세상에서 믿음을 보겠느냐."고 염려스러운 마음을 나타내셨다. 삶이 풍성하려면 물질적인 것과 영적인 것이 함께 풍요로워야 하는데, 조금 배부르고 형편이 나아졌다고 해서 가난한 시절의 그 간절함을 놓쳐버린다면 이는 불행한 일이다. 하나님은 세상에 있는 모든 왕들의 왕이시다. 그런데도 우리가 왕께 간청하면서 아무런 간절함도 없이 그저 생각나는대로 "하나님, 이렇게, 이렇게 해주세요." 할 수 있겠는가? 아무 간절함도 없이, 그저 한 마디만 해놓고 "왜 내가 기도했는데도 하나님이 응답 안 해 주시는 거야? 기도해도 소용없어."라고 생각하는 것은 하나님을 왕이 아니라 자기 종 부리듯 하는 것이 아니고 무엇이겠는가?

하나님은 의로우시고 좋으신 우리의 아버지시다. 그러나 불의한 재판관에게 나아가는 과부 못지 않은 간절함으로 기도하는 믿음을 자녀에게서 보기를 원하신다. 그러므로 기도할 때는 믿음이 머리에만 머물지 않고 가슴으로 내려오게 해야 한다. 금방 응답이 오지 않더라도 절망하지 말고 더욱 간절하게 하나님께 구하라. 반드시 하나님의 응답을 맛보게 될 것이다.


## 3. 겸손하게 구하라


기도의 응답은 선반 위에 있지 않고 선반 아래에 있다는 말이 있다.

겸손한 사람이 응답을 받는다는 뜻이다. 겸손한 사람은 하나님 위에서 조정하려 하거나 명령하듯 억지 부리지 않는다. 응답이 더디다고 낙심하지 않는다. 겸손하고 끈질긴 과부 앞에 두 손 든 불의한 재판관처럼 되고 싶으신 하나님의 심정을 생각해 보라. 하나님은 우리의 공경이 없어도 친히 만왕의 왕이시며 모든 만물에게서 공경 받아 마땅하신 분이시다. 우리의 공경을 짜내시겠다는 것이 아니고, 겸손히 하나님께 구하는 태도가 우리에게 필요하다는 뜻이다. 쉬이 응답이 없더라도 더 낮추고 더 간절하고 더 끈질기게 기도하는 자는 반드시 그 부르짖음에 대한 응답을 경험하게 될 것이다. 하나님은 겸손한 자를 가까이 하시기 때문이다.

마음이 높은 것은 그 마음에 하나님의 보좌가 없는 것이다. 아니, 하나님이 앉으셔야 할 그 자리에 자기 자신이 앉아 있는 것이다. 우리 가운데 누구도 인생 면허를 따고 자기 인생을 운전해 나가는 사람은 없다. 인생은 무면허 운전이다. 마음이 겸손한 사람은 무면허 운전의 위험을 안다. 겸손을 버리면 자기도 망하고 심지어 다른 사람까지 다치게 할 수 있는 무서운 무면허자임을 안다. 그래서 그 자리에 하나님을 모신다 매사를 하나님께 아뢰고 하나님을 의지한다. 인생을 만드신 분이라야 그 사람의 시작과 끝을 아시며 다음 길목에 기다리고 있는 위험을 아신다. 그것을 인정하는 자가 겸손한 사람이다. 자신을 낮추고 하나님을 인정하기 시작할 때, 그 분 앞에서 자신이 죄인임을 깨달을 수 있다. 자기가 죄인인 것을 아는 자라야 조용히 자기 인생의 운전대를 내려놓고, 그 자리에 하나님을 모시려 한다. 그것이 회개요, 그것이 믿음이다. 그런 자의 기도라야 하나님의 손을 기대할 수 있다. 기도하는데도 응답이 없다 해도, 하나님의 손이 짧아 구원치 못함도 아니요, 하나님의 귀가 둔하여 듣지 못함도 아님을 기억해야 한다. 죄가 하나님과 우리 사이를 막고 있지 않은지 살펴보아야 한다.

의인의 간구는 역사하는 힘이 크다고 말씀하신다. 회개할 뿐 아니라 회개한 뒤에도 하나님께 순종하며 사는 자를 하나님은 의롭게 여기신다. 그러므로 죄 많고 허물 많은 인간이 의인이 되어 간구하는 것마다 하나님이 이루시는 놀라운 능력을 소유하게 된다. 겸손한 자는 비로소 의인이 될 수 있고, 겸손한 자라면 하나님께 모든 것을 순종하게 된다. 그 사람의 인생은 만물의 주인이신 하나님의 손에 놓이게 된다. 우리의 삶을 향한 하나님의 놀라운 축복의 길로 이끌리게 된다. 그 길에서 만나는 크고 작은 위험을 다 아뢰고 맡길 때, 하나님이 권고하시고 그를 위해 예비해 놓으신 아름다운 것들을 열어 주신다.

## 4. 기도응답을 실천하라

기도는 약속을 따라 하는 것이기 때문에 우리가 그 약속을 믿고 구할 때 하나님은 허락하신다. 그러나 하나님께서 허락하셨다 해도 그것이 자기 것이 되기 위해서는 구하는 자가 하나님 앞에 순종할 때이다. 나아만 장군이 하나님 앞에 나아왔을 그때에 하나님은 이미 그에게 치료의 기적을 허락해 주셨다. 그러나 만약 나아만 장군이 요단강에 들어가 씻으라는 그 말씀에 순종하지 않았다면 그는 치료받지 못했을 것이다. 하나님께 물질을 달라고 기도하고 응답받은 많은 사람들의 간증을 들어 보면 공통점이 있다. 그가 기도하고 구할 때 하나님께서 그 기도에 이미 응답하셨지만, 그 사람이 신실한 십일조로 순종할 때 비로소 응답을 자신의 것으로 소유하게 되었던 것이다.

사람도 그렇지 않은가. 부모는 누구나 자식에게 주고 싶어 한다. 그러나 평소에도 행실이 올바르지 않고 말마다 부모를 거역한다면 부모라도 그 자식의 말을 기꺼이 들어주기가 어려운 법이다. 부모가 준 것을 올바로 사용하지 못하기 때문이기도 하다. 그래서 매사에 착실하고 순종하는 아들의 요구라면 부모는 그 자식이 원한다는 것만으로도 묻지 않고 들어주려고 할 것이다. 하나님도 그러하시다.


우리 교회는 작은 능력을 가지고도 선교하라는 주님 명령에 순종해왔다. 성전 건축을 위해 따로 돈을 모으거나 준비할 겨를도 없었다. 그러나 대림동 성전도, 교육관도, 불로동 성전도 그 건축과정을 보면 기적적인 기도의 응답으로 이루어진 것을 알 수 있다. 빚으로 시작한 작은 개척교회에서 농어촌 교회에 선교비부터 보내는 것이 쉬웠겠는가? 숱한 반대와 조롱과 선의의 권면에도 불구하고 그 중심을 지켜왔기에 우리의 기두가 하나님께 상달된 것이라고 믿는다. 선교하겠다고 교회 개척하면서 급하고 아쉬운 우리 문제부터 해결하려고 했다면, 월세를 전세로 바꾸고, 그리고 땅 사서 건축하고, 교육관 짓고 하는 동안 우리도 모르는 사이에 높은 담을 쌓고 그 안에만 머무르게 되었을 것이다. 그리고 나중에는 스스로도 그 담을 허물지 못하여 선교는 겨우 체면치레나 하게 되지 않았을까 생각해 본다. 빚이 많아 떠내려간다던 우리 교회에 하나님이 어떻게 역사하셨는지를 통해 순종하는 자에게 주시는 하나님의 역사를 증거하고 싶다.

어떤 점에서는 성전을 건축하게 된 것이 기도응답이라기보다는 힘든 순간순간이 닥쳐와도 포기하지 않고 계속 선교할 수 있었던 것 자체가 기도의 응답이었다.

교회건축을 할 때마다 나는 이렇게 기도했다.

"하나님, 우리는 저축할 틈이 없습니다. 땅 사는 계약금부터 빚인 것 하나님도 다 아시니 땅이라도 싸게 사게 해주세요."

그때마다 대림동 성전도, 불로동 성전도 기가 막힌 시점에 구입하도록 인도해 주셨다.

대림동 성전을 건축할 때의 일이다. 기도할수록 급한 마음을 주시는 바람에 어려운 중에 서둘러 땅을 샀다. 그러나 얼마 안 있어서 땅값이 폭등해서 꿈도 꿀 수 없는 액수가 되었다. 그때 사지 않았더라면 아마도 성전 건축이 10년은 늦어졌을 것이다. 우리는 시세도 잘 몰랐고, 그런 일이 있을 줄도 짐작하지 못했다. 그렇지만 값이 비닥일 때 땅을 살 수 있도록 하나님께서 인도해 주신 것이다.

대림동 성전이 좁아져서 2000년도에 처음 이 불로동 땅을 보았다. 공장터였는데, 정말 아름다웠다. 너무 아까워서 흥정도 해 보았고 별 궁리도 다 해 보았다. 그러나 당회에 정식 안건으로 올리지도 못하고 포기했다. 힘에 너무 부쳤기 때문이다. 해를 넘기고 대림동 성전을 확장하고자 옆의 땅을 사려고 하는데, 주인이 팔지를 않겠다는 것이다.

할 수 없이 다시 불로동 땅이 어찌 되었는지 알아보게 했다. 연락을 받았을 때는 그 땅이 경매에 부쳐져 3차 낙찰기일을 불과 며칠 앞둔 시점이었다. 단 하루만 늦었어도 우리는 그 땅을 구입할 수 없었을 것이다. 당회를 소집하고 낙찰기일에 맞춰 준비할 수 있는 가장 마지막 시점에 그 사실을 알게 되었고 또 두 번이나 유찰된 경매 물건이어서 어렵지 않게 원래 가격의 절반도 안 되는 값에 구입할 수 있게 되었다. 모든 과정은 기적의 연속이었고 자로 잰 듯 정확한 시간에 놀랍게 이루어졌다.

건축하기까지도 모든 과정이 참으로 어려웠지만 그때마다 보이지 않는 하나님의 손이 우리를 이끌어 주었다. 2001년에 그렇게 땅을 사고 설계나 건축허가를 위한 준비기간이 필요했다. 그리고 건축허가를 접수시키러 우리 직원이 구청에 갔다.

구청직원은 대뜸 이렇게 물었다.

"어떻게 알고 왔어요?"

"뭘요?"

"내년부터는 건축허가 접수 자체가 안 됩니다. 며칠 안 남았잖아요."

"왜 안 되죠?"

"글쎄요, 그건 우리도 모릅니다."

자기들도 모른다니 그냥 그런 줄만 알았다. 그 날이 연말을 앞둔 12월 28일이었다.

군사동의나 건축허가 과정은 쉽지 않았다. 주위에서 모두 몇 차례나 기적이라고 말했다. 2005년에 준공허가를 받고 나니 다음해인 2006년에 신도시 발표가 났다. 그제서야 모든 과정이 이해가 되었다. 단 며칠만 늦었어도 이곳에 건물을 지을 수 없었을 것이다. 우리가 목표로 달려 왔던 세계선교를 위한 전진기지가 될 수 있도록 하나님께서 앞서서 모든 것을 이끌어 주셨다.

기도는 기적을 일으킨다.
인간으로서는 불가능한 일을 하나님은 가능하게 하신다.
나를 내려놓고 그 분의 뜻을 구하는 자를 지금 하나님은 찾고 계시며, 몇 배의 축복을 허락하실 것이다.

이제 나와 함께 주님을 섬기는 성도들 몇 명이 주님을 섬기면서 체험한 일들(간증)을 무작위로 소개한 후 계속 하겠다.

# 기적의 임신 _ 김혜형 집사

처녀 때는 수정교회에서 사무간사로 봉사했다. 주님과 교회를 향한 사랑과 열정이 있는 귀한 집사이다.

| 시편 127:3 |
보라 자식들은 여호와의 기업이요 태의 열매는 그의 상급이로다

"축하드립니다. 임신입니다."

축하의 분위기가 채 가시기도 전에 명절을 앞두고 하혈이 계속되었다. 예감이 좋지 않았다. 간신히 명절이 지나고 병원을 찾았을 때에 아이의 심장은 더 이상 뛰지 않았다. 8년 만에 가진 둘째 아이가 유산이 된 것이다.

허탈하고 비참한 마음을 이루 말로 표현을 할 수가 없었다. 온 성도들은 기도에 열심이었다. 나도 병원을 오가는 내내 성령님을 의지하고 찬양을 계속했다. 그러던 와중에 그런 어려움을 당했음에도 하나님을 향한 믿음과 신뢰로 슬픔과 아픔을 뛰어넘을 수 있었다.

그러나 아이를 다시 갖고 싶은 마음을 버릴 수가 없었다. 그래서 모임에서 둘째 아이를 갖게 해달라는 기도제목을 내놓았다. 나의 사정과 아픔을 아는지라 모두들 한마음으로 기도해주었다.

내가 둘째 아이를 갖고 싶어 했던 가장 큰 이유는 남편에게 하나님이 살아 계시다는 것을 꼭 보여주고 싶었기 때문이다. 남편은 고압전기에 감전이 됐던 적이 있었다. 그래서 아이가 생기지 않는 것이 혹시 자기 때문일지도 모른다는 막연한 생각을 늘 하고 있었다. 나는 8년이라는 시간 동안 불임검사를 받지 않았다. 임신이란 하나님께서 허락하지 않으시면 사람의 힘으로 할 수 없는 일이라 생각했다. 그래서 성도들에게 간절히 기도해달라고 부탁하곤 하였다.

심야기도회가 있어서 기도회에 참석했다. 하나님의 기쁨이 되고 싶은 나의 마음을 아뢰며 부르짖어 뜨겁게 기도하고 선포하며 기도하게 되었다. 목사님의 안수기도를 받으며 하나님과 교회에 힘 있게 쓰임 받았으면 하는 나를 향한 목사님의 안타까운 마음과 사랑을 느낄 수 있었다. 중고등부 교사모임에서도 나를 위한 간절한 기도가 있었다.

나는 요로결석이 있다.

결석은 물을 많이 먹고 줄넘기를 하면 가장 좋다. 그런데 나는 임신일 가능성이 있기 때문에 뛸 수가 없어서 운동을 할 수가 없었다. 불안한 마음을 다스리며 담담하게 생활하던 중 수요일에 다행히 결석이 밖으로 빠져나왔다. 할렐루야!

뿐만 아니라 산부인과 의사로부터 확실하게 임신진단을 받게 되었다. 병원진료를 통해 아이의 심장소리도 듣게 되었다. 나를 위해 기도해주셨던 모든 분들을 향해 너무나 감사한 마음을 전하고 싶다. 그리고 이 모든 영광을 그들의 기도를 들어주신 하나님께 올려드린다.

# 여호와 라파의 하나님! _ 이인순 집사

장녀가 생후 6개월 되었을 때와 4살 때 심장수술을 받게 됨으로써 주님을 깊이 만나 신앙생활 잘 하고 있는 일꾼이다.

| 출애굽기 15:26 |

이르시되 너희가 너희 하나님 나 여호와의 말을 들어 순종하고 내가 보기에 의를 행하며 내 계명에 귀를 기울이며 내 모든 규례를 지키면 내가 애굽 사람에게 내린 모든 질병 중 하나도 너희에게 내리지 아니하리니 나는 너희를 치료하는 여호와임이라

"네? 뭐라구요? 그게 무슨 말씀이세요? 그럴 리가 없어요? 대체 무슨 이유죠?"

"선천성 기형입니다. 원인은 밝혀져 있지 않습니다. "

귀하디 귀한 첫 아이, 아이는 심장복합성 기형아로 태어났다. 입술과 손톱이 파란 저체중 아이, 인큐베이터에 있어야만 하는 아이… 도저히 내 힘으로는 감당하기 힘들었다.

젊은시절부터 나는 늘 서울을 동경했다. 간절한 마음을 품은 탓인지 졸업하면서 서울에서 직장생활을 하게 되었다. 나의 신앙생활은 친정어머니의 권유로 시작되었다. 그때까지도 나는 "각자 자기한테 맞는 종교를 믿으면 되지 왜 꼭 예수님을 믿어야 하나? 착하게 열심히 살면 되지." 하는 주의였다. 교회는 나가면서도 기도가 무엇인지도 몰랐다. 그저 "하나님이 계시면 저의 갈 길을 인도해 주세요."라며 생떼 부리듯

무조건적인 기도를 했다.

그래도 해가 거듭될수록 말씀이 내 마음에 스며들었다. 찬양 중에 감동되어 눈물을 흘리기도 했다. 무엇보다도 세상이 줄 수 없는 참 평안과 기쁨을 맛보게 되었다. 그러는 가운데 지금의 남편을 만나게 되었다.

"하나님 믿으세요?"

"청소년 때 잠깐 교회에 다닌 적이 있습니다."

아직 신앙이 확고하지는 않은 사람이었지만, 그래도 말은 잘 통했다. 그래서 결혼하게 되었고 그렇게 첫아이를 얻은 것이었다.

"생사화복을 주관하시는 하나님! 이 딸을 저에게 맡기셨는데 이 땅에 태어난 뜻이 분명히 있는 줄 믿습니다. 제발 정상 아이들처럼 자라게 해 주세요."

담당 의사는 아이의 심장을 수술해야 한다고 말하였다.

그런데 놀랍게도 딸아이는 수술을 기다리는 동안 정상 아이와 다를 바 없이 자라났다. 덕분에 1차 수술은 예정했던 것보다 더 늦춰진 6개월 후에 이루어졌다. 그리고 2차 수술은 5살에 할 수 있었다.

그런데 작년 여름 정기검진을 하러 갔다가 상태가 좋지 않아서 심도자 시술을 했다.

"심장인공혈관이 좁아져 큰 혈관으로 바꾸는 수술을 해야 합니다. 이런 경우 99%가 수술을 합니다. 수술할 마음의 준비를 해야겠습니다."

청천벽력 같은 소리였다. 마음이 울렁거리며 어찌 할 바를 몰랐다.

“여름에는 너무 덥고 수술 후 조리하기도 힘듭니다. 차라리 조금 더 기다려서 겨울방학 때 하겠습니다.”

어느 새 시간이 흘러 12월 초가 되어 더 이상 수술을 미룰 핑계도 없는 겨울방학이 다가오고 있었다. 나는 아픈 마음을 안고 찬양을 드렸다.

“왜 나만 겪는 아픔이냐고 원망하지 마세요. 주님이 주신 축복 미리 보면서 감사하세요….” 찬양이 나의 현실을 그대로 말해주는 것 같아 주체할 수 없는 눈물이 강을 이루었다. 터질 것 같은 마음을 달래며 주님께 의지하며 찬양을 드리고 기도를 하는데 주님께서 위로의 음성을 들려주시며 나를 만나 주셨다.

“딸아! 너의 눈물을 내가 보았노라. 너의 아픔을 내가 아노라.”

“마음을 감찰하시는 하나님 아버지! 감사합니다. 감사합니다. 할렐루야!”

한없는 감사의 눈물이 흐르고 또 흘러내렸다. 아프고 갈등되는 마음에 평화가 찾아오는 것 같았다.

수술 전날 목사님께 안수 기도를 요청했다.

수술을 하기 위해 병원을 가려는데 딸아이는 겁이 났던지 뜻밖의 말을 하는 것이었다.

“엄마, 나 수술 안 해.”

수술을 거부하는 딸을 바라보며 나는 또다시 갈등이 있었다.

“중학교에 가려면 혈관이 작아서 숨쉬기가 힘들기 때문에 큰 것으로 바꿔줘야 돼. 주님이 너와 함께 하신단다."

"엄마, 나 수술 안 해도 되는데 엄마가 데리고 가는 거야."

딸아이의 거부에도 불구하고 어쩔 수 없이 무거운 마음으로 입원을 시켰다.

모든 검사는 여름에 이미 끝났기 때문에 10일 오후 심혈관 촬영시술을 하고 흉부외과에서 수술에 대한 설명을 듣고 있었다. 그런데 소아과에서 급한 연락이 왔다.

"놀라운 일이 일어났습니다. 좁아진 혈관이 수술 안 해도 될 만큼 좋아졌습니다."

"할렐루야! 날마다 우리 짐을 지시는 주님! 곧 우리의 구원이신 하나님을 찬송합니다."

의사선생님도 놀라시며 기쁨을 함께 나누어 주셨다.

"약을 잘 먹어서 좋아졌니?"

솔직히 딸은 잊어버리고 약을 안 먹는 날도 많았다. 곧이어 의사선생님은 흥분된 어조로 다시 한 번 강조하시는 것이었다.

"인공혈관은 약을 먹는다고 넓어지지 않습니다. 딸과 같은 질병의 아이들은 대부분 치환수술을 했답니다."

그 후 딸에게 "너, 그때 왜 수술 안 한다고 했니?" 하고 물었다. "응, 엄마. 나도 모르게 '수술 안해!'라는 말이 저절로 나왔어." 분명히 하나님께서 딸을 통해 역사하셨고 응답하셨다고 믿는다.

딸에게 역사하신 주님! 우리의 모든 생사화복을 주관하시는 주님께 맡기므로 응답하신 주님, 모든 영광 주님께 올립니다.

# 내 작은 정성에도
# 응답하시는 하나님 _ 노경희 권사

오랫동안 봉사위원장으로 묵묵히 주방에서 봉사해 오고 있다. 그 열심과 봉사로 남편을 장로로 세웠고, 자녀들을 교회의 일꾼으로 세워가고 있다.

| 로마서 5:1 |
그러므로 우리가 믿음으로 의롭다 하심을 얻었은즉 우리 주 예수 그리스도로 말미암아 하나님으로 더불어 화평을 누리자

어느 날 백옥자 권사님 댁에 심방을 가게 되었다. 심방예배를 마치고 권사님 댁을 둘러보다가 함께 사시는 남자 권사님이 쓰고 계시는 거실 한 켠에 있는 책상 앞에 서 있게 되었다. 책상 위에 반듯하게 놓인 성경책과 성경말씀이 적혀져 가고 있는 노트를 보게 되었다. 권사님께서 성경 옮겨 쓰기를 하고 계셨던 것이다.

당시 나는 "날 구원해 주신 하나님 은혜에 무엇으로 보답할까?"라는 고민을 하고 있었다. 그래서 집에 돌아와서 당장 성경 쓰기를 시작하려고 했지만 그건 마음뿐, 오랜 시간이 흐르는 동안 실천에 옮기지 못한 채 그렇게 세월이 흘러갔다.

그후 나에게는 너무도 절실한 기도 제목이 있었고 복잡하고 안타

까운 마음에 밤잠을 설칠 때가 많았다. 때로는 하나님 앞에 떼를 쓰기도 하며, 때로는 하소연조의 기도로 하나님께 매달리곤 했다. 그러다 1996년 7월 8일 밤에 나는 성경 옮겨 쓰기를 시작하게 되었다.

시작이 반이라고 했던가, 아무튼 그날 밤 나는 기도했다.

"하나님 이제 시작하려고 합니다. 마치는 날이 언제가 될지는 모르지만 저의 정성을 보시고 끝까지 함께 해주세요. 중간에 포기하는 일 없도록 저를 붙잡아 주시고 저의 기도에 응답해 주실 줄 믿습니다."

말씀을 옮겨 써 가면서 이렇게 시작하게 된 것이 내 간절한 기도에 응답하시려는 하나님의 뜻임을 알게 되었고 가슴 벅찬 감동을 느낄 수 있었다.

언제쯤 어떤 방법으로 응답해 주시려는지 기대가 되기도 했다. 말씀 옮겨 쓰기를 계속하면서 나는 깨달았다. 하나님께서는 나의 정성을 보시기를 원하신다는 것을. 그래서 세상에서 힘든 일도 눈물만 흘리기보다는 하나님 말씀을 내 마음으로 내 머리로 또 내 손으로 대하면서 하나님과 더 가까이 있기를 원하셨다는 것을 깨달았다.

소나기가 무섭게 쏟아지는 그 여름밤에도, 하얀 달빛이 가슴 시리도록 차가웠던 가을밤에도, 함박눈이 소리 없이 내려서 더 서글펐던 그 겨울밤에도, 새날을 알리는 참새들의 합창이 시끄러웠던 봄날 그 새벽에도 나는 책상 앞에 앉아 대문 밖 인기척에 귀를 기울였다. 하나님의 응답하심이 대문 밖에서 나를 부를 것만 같아서…. 자다가 잠이 깨면 새벽기도 시간이 되기까지 나는 책상 앞에 앉아 있었다. 기다리는 지루함 때문에 어느 때는 포기하고 싶은 때도 여러 번 있었다. 그렇게 1년이 지나고 있었다.

가슴이 너무나 답답해서 "아버지" 하고 부르면 내 한숨 섞인 그 한마디에 담겨진 그 많은 사연을 아버지는 아시고 응답하신다. "아버지" 하고 한 번 불렀을 뿐인데 내 마음에 평안함 주시는 하늘에 계신 내 아버지는 내 모든 것을 알고 계신다.

말씀 쓰기가 끝나려면 아직도 많은 시간이 필요했던 어느 날 밤, 하나님은 나를 찾아와 주셨다. 내 작은 정성을 보시고 내 기도에 응답해 주신 것이다. 대문 밖에서 들리는 작은 목소리는 분명히 내 아들의 목소리였다. 정말 놀라우신 하나님의 사랑하심에 나는 그저 "감사합니다. 아버지 정말 감사합니다. 감사합니다, 아버지."를 반복했다.

1997년 11월 30일, 성경 옮겨 쓰기를 마치는 날 나는 하나님 앞에 눈물의 감사기도를 드렸다. 하나님 아버지 도우심 안에서 나는 성경 옮겨 쓰기를 마칠 수 있었다. 크게 자랑할 일이 아님에도 내가 이 글을 쓴 것은, 하나님은 우리의 정성을 보시는 하나님이시라는 것과 하나님은 우리의 열심을 보시고 눈물을 보시고 우리이 기도에 응답하신다는 것을 확신하게 되었기 때문이다.

그 크신 하나님의 사랑하심에 무한 감사할 뿐이다. 정말로 좋으신 하나님께 죽도록 충성할 것이다.

하나님, 내 아버지 감사합니다. 사랑합니다.

# 은혜로 사는 삶 _ 이국화 권사

최초의 수정교회 성도요, 수정교회의 산 증인이다. 처음부터 하나님께 드리기를 좋아하고 애쓰시더니 하나님께 많이 드릴 수 있도록 많은 복도 받았다.

| 시편 5:3 |

여호와여 아침에 주께서 나의 소리를 들으시리니 아침에 내가 주께 기도하고 바라리이다

"내게 있는 모든 것을 아낌없이 바치네…

개척 시절 부흥회에서 찬송하던 중에 문득 마음에 와 박힌 가사다. 그 순간 "나도 내게 있는 모든 것을 바치고 싶다!"는 간절한 마음이 들었다. 그리고 찬송을 부르면서 '내게 있는 모든 것'을 헤아려 보았다. 만기가 되어가는 적금 30만 원, 5년 남짓 다닌 회사의 퇴직금 40여만 원이 전부였다. 30만 원은 이미 건축헌금으로 작정해 놓고 있어서 남은 것은 40만 원이었다.

'이게 전부인데…. 더 열심히 모아서 결혼도 해야 하는데….'

별별 생각이 다 들었다. 그러나 하나님을 의지하자 퇴직과 더불어 퇴직금 40만 원과 적금 30만 원을 몽땅 털어 드릴 용기를 주셨다. 내가 가진 모든 것을 드렸다는 것과 하나님과의 약속인 건축 헌금을 빨리 드렸다는 생각에 후련하고 좋았다. 가난하지만 마음만은 부자인 성도가 모인 수정교회였고, 그 속에서 나도 하나님의 은혜로 배부르고 부요한 시절이었다.

내 나이 5살 때, 아버지를 여읜 나와 남동생의 손을 꼭 잡고 어머니

는 고아원을 찾았다. 그곳에서 어머니는 우리 남매의 장래를 위해서 말할 수 없는 중노동을 무보수로 감당하셨다. 나와 남동생은 그렇게 고아원에서 자랐다. 힘들고 고달팠다. 그래도 나는 반듯하게 살고자 노력했다. 적당히 살지 않고 주님을 향한 일편단심으로 생활했고 예민한 사춘기인 중ㆍ고등학교 시절을 주님께 기도하며 극복해 나갔다.

대입 예비고사에 합격하였지만 대학 진학은 꿈도 꿀 수 없는 일. 상경하여 사회인으로서 첫발을 내디딘 곳이 대림동이었다. 대림동! 이곳이 내 인생에서 어떤 의미가 있을 줄, 그때는 짐작조차 하지 못했다. 간신히 취직을 했고, 친구와 방을 얻어 자취생활을 시작했지만 여전히 삶은 힘들고 고달팠다. 그럴수록 말씀을 꼭 붙들었다.

"내가 너와 함께 있어 네가 어디로 가든지 너를 지키며"(창 28:15)

얼마 뒤 남동생이 전문학교에 입학하자 엄마도 고아원 생활을 청산하고 서울로 올라오셔서 나와 함께 살게 되었다. 하나님만 바라보는 것, 그것이 힘든 생활 속에서 찾은 유일한 소망이었다. 교회를 정하기 위해 성결교회를 찾았다. 어릴 적부터 다니던 교회가 성결교회였기 때문이다. 그렇게 해서 나가게 된 대림성결교회에서 조일래 목사님을 만났고, 또 한 번 내 인생의 전기가 되는 수정성결교회로 연결되었다.

주일이면 이웃집을 돌아다니며 아이들을 교회로 데려왔고, 처음 온 아이들이 있으면 손을 잡고 심방도 다녔다. 그러면서 수정교회에서 만난 고영만 장로와 결혼하게 되었다.

시어머님, 시동생 둘, 시누이 이렇게 네 식구가 단칸방에 살고 있던 시댁은 경제적 어려움으로 우리와 살림을 합쳐야 했다. 정신적 · 육체적으로 힘든 생활이 시작되었다. 몸과 마음이 지칠대로 지치면 목사님께 모든 것을 털어놓고 특별 기도를 부탁하곤 했다. 기도를 받고 나면 후련해지고 심신의 통증이 사라졌다. 조일래 목사님과의 만남은 하나님이 내게 베풀어 주신 큰 복 중의 하나였다.


교회는 땅을 사고 건축을 하게 되었다. 이렇게 중요한 시기에 남편의 경제력은 나아질 기미가 보이지 않았다. 단칸방을 면하지 못하고 있었던 때였지만 300만 원짜리 전셋집에 살면서 건축헌금 100만 원을 드렸다. 아이들이 자라 큰아이가 초등학교 3학년, 작은아이가 2학년인데도, 단칸방이 조금 넓어졌을 뿐이었다.

어느 날 남편이 말했다.

"우리가 뭔가 잘못한 것 같아. 제대로 하나님을 믿으면 이럴 수가 없어."

그러나 나는 남편을 위로했다.

"월세방도 없이 시작했는데, 이제 700만 원짜리 전세도 있고 두 아들도 있으니 축복받은 거라고 생각해요."

목사님의 권유로 사업을 시작하게 되어 수원으로 이사를 갔다. 주일이면 별을 보고 집을 나와 별을 보고 집에 들어가는 생활을 3년 반 동안 했다. 다시 대림동으로 와서 현대 2차 32평형 아파트로 들어왔다. 남편은 감격에 겨워 목사님께 말했다.

"이제 자신을 위해서는 더 이상 구하지 않겠습니다."

유방암 검사와 초음파 검사를 했다. 95% 아무것도 아니라고 했다. 그런데 인턴이 와서 유방암 3기라고 말했다. 이상하리만큼 두렵지가 않았다.

"하나님, 두 아이 젖 먹이고 다 키워 할 일을 다 했으니 제거해도 괜찮아요."

오히려 감사한 마음까지 들었다. 심방 오신 목사님께서는 내 모습을 보고, "걱정 많이 했는데 그럴 필요가 없네요." 하셨다.

무사히 수술이 끝나고, 방사선 치료 35회와 항암제 6회 처방을 받고 퇴원했다. 항암제 맞고 퇴원하는데 "머리카락이 많이 빠질 겁니다."는 말을 듣고서 비로소 불안한 마음이 들었다. 사모님께서 나를 데리고 영등포 지하상가에 가서 적당한 가발을 사주셨다. 어느 정도 불안이 가시고 밥도 잘 먹었지만 머리가 언제 빠질까 신경이 쓰였다.

어느 날 아침, 머리를 빗는데 드디어 머리가 빠지는 것이었다. 한 달 후 방사선 치료가 시작되었다.

끔찍했던 방사선 치료가 간신히 끝나자 이제는 항암제가 기다리고 있었다. 조금만 비위가 상해도 다 토했다. 어떻게 해도 주체할 수 없는 날들이 계속되었다.

너무 힘들어 차라리 죽음이 달콤해 보였다. 그러면서 죽은 뒤 하나님 앞에 선 자신을 상상해 보았다.

"어서 오너라. 그동안 힘들었지? 그런데 너 세상에서 무얼 하다 왔지?"

그 부분에서 나는 말문이 막혔다. 성가대, 주일학교 교사 그것은 하나님께 자랑스럽게 내놓을 일이 못 되었다. 하나님께는 고사하고 내스스로 생각해도 부족한 것뿐이었기 때문이다. 곰곰이 생각하니 하나님을 기쁘시게 하고 자랑할 만한 것이 전도밖에 없는 듯했다.

"하나님, 나 유방암 낫고 건강해지면 열심히 전도할게요."


몸이 회복되지 않았지만 교회에서 봉사하시던 집사님을 따라 집집마다 돌아다니며 주보 돌리는 일을 했다. 1층만 올라가도 숨이 차오르고 진땀이 났다. 호스피스 교육도 받았다.

"저도 암환자지만 하나님의 은혜로 구원을 받았으니 두려울 것 없답니다."

그렇게 다른 사람들을 돕고 전도하려고 했던 건데, 오히려 봄이 되어 나뭇가지에 물이 오르듯 내가 다시 살아나는 것을 느꼈다. 죽어 있던 감정들이 다시 살아나고 무의미하게만 느껴지던 것이 다시 빛을 발하기 시작했다.

'그래! 하나님이 삶을 허락하시는 동안 열심히 살자. 모든 일에 나를 필요로 하는 모든 곳에서 후회힘 없이….'


생활이 힘들고 어려울 때 아이들 교육비가 걱정되어 교육보험 든 게 있었다. 어느 날 기도 중에 '아이들도 하나님이 책임져 주실 텐데 무엇을 걱정하고 있나?'는 생각이 들었다. 4년간 넣었던 보험을 깨서 하나님께 전부 바쳤다. 지금까지 우리 아이들은 교육비가 적지 않은데도 전혀 부족함을 느끼지 못하고 살고 있다. 나는 이것을 어려운 상황에서도 귀한 것을 하나님께 드린 정성에 대한 하나님의 축복이라고 생각한다. 빈 손 들고 올라온 서울. 하나님만 의지하며 신뢰하고 다 맡겼더니 오늘의 내가 있는 것이 아닌가!

2004년 봄 부활절 칸타타 연습 중에 목이 간질거리고 기침이 났다. 제발 찬양 도중 기침이 나오지 않기를 기도할 정도였다. 병원에 갔다. 갖가지 검사를 하더니 겨우 결과가 나왔다. 수술했던 유방암이 폐로 전이가 되었단다. 8년 만이었다. 나는 모든 치료를 거부했다. 죽었으면 죽었지 다시 반복하고 싶지 않은 항암치료였다. 주일날 복귀를 약속하고 금요일 저녁 임시 외출을 허락받았다

그때 남편은 불로동 성전의 건축위원장직을 맡고 있었다. 짧은 2박 3일 동안 참 많은 일들이 이루어졌다. 병원을 옮기는 일, 성전 건축과 환우들을 위한 특별 삼일기도회, 부흥회…. 그 많은 중보기도와 믿음의 기도 속에서 난 다시 치료를 결심할 수 있었다. 나 때문에 건축에 차질이 생겨서는 안 되는 일이라 판단하고 용기를 내었다.

남편과 건축현장을 돌아볼 때는 속으로 '내가 이 성전이 완공된 것을 볼 수 있을까?' 하는 생각이 들었다. 의사는 "길어야 6개월에서 1년"이라고 했다는 것을 몇 년이 지나서야 알게 되었다.

이듬해 연말, 지금의 불로동 성전에서 임직예식을 가졌다. 그러고는 그 다음해 봄 초청주일 준비위원장직을 맡게 되었다. 임명 전 남편에게 살짝 귀띔으로 듣고, '하나님 이게 말이 되나요? 내가 어떻게?' 하며 두렵고 떨리는 마음을 주체할 수 없었다. 하나님은 "네가라고? 그건 내가 하는 일이지."라고 말씀하셨다.

“그러네요. 그럼, 좋아요! 하나님이 하세요. 저는 그냥 순종할게요!”

그러자 두렵지가 않았다. 최선을 다했고 하나님의 은혜로 무사히 직분을 감당할 수 있었다.


그 해에 중국, 베트남, 사이판을 여행했고, 이듬해에는 이집트, 요르단, 예루살렘으로 성지순례를 다녀왔다. 백두산과 옌볜을 다녀오고 그 다음해에도 바울여정 터키여행과 유럽여행을 다녀왔다. 의사가 마음의 준비를 하라던 그 해로부터 벌써 4년이 지나갔다. 지금도 항암제는 맞고 있다. 지난 9월엔 보름씩이나 입원도 했다. 육체적으로도, 심적으로도 참으로 힘들었다. 문득 문득 ‘하나님께 버림받은 게 아닐까?’ 하는 생각이 들 때도 있었다.


2007년 10월부터 일천번제 예물을 드리기로 작정했다.
“일천 번이면 거의 3년인데….”
인간적인 생각이 앞서기에 직정하기까지 쉽지 않았다. 남편 말대로 ‘하루를 주시는 것에도 감사하는 마음으로, 그리고 일천 번이면 그 날들을 허락해 주실 것을 바라는 믿음으로’ 일천번제 예물을 드리고 있다.


새벽에 잠이 깨면 늘 첫 마디로 외친다.
“하나님! 사랑합니다. 예수님! 감사합니다. 성령님! 사모합니다. 당신의 은혜로 내 잔이 내게 넘치나이다.”

# 9회말 투아웃 _ 한옥련 집사

늘 밝고 긍정적이며, 담임목사 중심적인 신앙의 소유자이다. 남편을 좋은 믿음의
일꾼으로 만들었고, 불신 친정의 구원을 위해 늘 기도하고 있다.

| 고린도전서 3:16 |
너희는 너희가 하나님의 성전인 것과 하나님의 성령이 너희 안에 계시는 것을 알지 못하
느냐

창가에 햇살이 가득한 어느 날,
아픈 마음으로 시들시들 말라가고 있던 선인장을 들여다보는데 이게
웬일인가. 새 잎이 돋아 있는 것이었다. 신기한 것은 그것으로 그치지
않았다. 하루가 다르게 잎이 무성하게 나더니 말라붙은 몸체에 살이
통통하게 오르기 시작했다. 지금은 이전보다 더 잘 자라고 있다. 예사
롭지가 않아 매일 물을 줄 때마다 눈여겨본다. 부활의 감동을 주는 선
인장이다.

나의 삶에도 이 선인장처럼 기적 같은 회생, 야구의 9회말 역전 대
홈런 같은 반전이 있었다. 주님을 만났기에 가능한 일이었다.

온 나라에 넘실대던 88올림픽의 기쁨과 감격이 시들해가던 가을이
었다. 이은자 사모님의 간곡한 전도 초청으로 나와 수정교회의 인연은
시작되었다. 시작은 순수한 마음이었지만 훈련되지 못한 연약한 믿음

에 불과했다. 말씀으로 은혜를 받으면서 "때를 얻든지 못 얻든지", "이웃에 복음을! 농어촌에 선교비를! 온 세계에 선교사를!"을 외치는 가운데 어느덧 나는 선교사 파송을 꿈꾸고 있었다.

"너희는 먼저 그의 나라와 의를 구하라 그리하면 이 모든 것을 너희에게 더하시리라"는 말씀에 나의 다짐과 각오는 더욱 분명해졌다.


위기는 갑자기 다가왔다. 우리 가정도 그 대열에 합류하였다. 5년후, 아니면 10년 후 다시 이 땅을 밟을 꿈을 아름답게만 그리며 태평양을 건넜다. 지금 돌아보면 어쩌면 현실도피였는지 모르겠다.

미국에서 조그만 사업을 운영하며 선교하겠다는 하나님과의 약속이 다시 떠올랐다. 모든 것이 안정되고 순풍에 돛단 듯 순조로워 보였다. 항해 속에서 뜻하지 않은 암초를 만날 때까지는…. 결국 활시위도 당겨보지 못하고 화살을 내려놓듯 다 포기하고 다시 짐을 꾸려야만 했다. 짐을 정리하고 넋나간 듯 바라보고 있을 때, "집사님, 무슨 일 있으세요?" 한국에서 전도사님이 전화를 주셨다. 참았던 눈물이 솟구쳤다. 미국 시간 서녁 11시 50분쯤이었다. 다음 날 우리는 한국으로 돌아왔다.


죽음을 생각할 만큼 고통스러웠던 경제적 어려움이 시작되었다. 돌아왔을 때 우리에게 있는 것이라고는 가까운 친구들과 고마운 이웃들에게 갚아야 할 빚뿐이었다. 하루하루가 두려운 가운데 나의 입술에서 가늘게 찬송이 떨림으로 흘러나왔다. 나의 등 뒤에서 나를 도우시는 주님께서 떨리는 매순간 내 곁에서 항상 길을 비추어 주셨다. 캄캄하다가도 빛이 보이고, 절벽에서도 길이 보이고…. 그때 알았다. 하나님께서 나를 얼마나 사랑하시는지.

고난 뒤에 오는 축복이었는지 이듬해 뜻하지 않게 사업을 시작하면서 하나님의 기적을 날마다 경험하게 됐다. 남편의 새 사업장은 낡고 허름한 100평 정도의 허물어져 가는 비닐하우스였다.

조 목사님과 사모님, 그리고 그 외 몇 분과, 가족으로는 고모님 한 분 모시고 개업예배를 드렸다.

세 가지 축복받는 비결을 말씀하셨다.
첫째, 주의 종 선대
둘째, 온전한 십일조
셋째, 주일성수
성경책 위에 손을 올리고 다짐했다. 그러자 하나님의 기적이 우리에게 일어났다. 황무지가 옥토로 바뀌어 가는 과정들은 말 그대로 감사, 감사뿐이었다.

백지장도 맞들면 낫다고 남편의 도움 요청에 따라 나도 사업장에 나가 돕기 시작했다. 사업은 조금씩 자리잡혀 가고 그 추운 벌판에서 겨울을 보내고 이듬해 봄이 되었을 때, '임대불법용도변경'이라는 철거장을 받고 쫓겨나는 신세가 되고 말았다.

"하나님! 하나님, 지금은 아무것도 할 수 없어요. 도와주세요! 비바람, 홍수에도 염려치 않는 피난처로 인도해 주세요."

절규할 수밖에 없었다. 낙심치 않고 인도하심을 믿었다. 삶 가운데 감당하기 힘든 고통과 절망의 그림자가 엄습해 올지라도 고난 뒤에는 축복의 만나가 있음을 믿었다.

9회말 투아웃 역전 안타. 정말 기적이었다. 기도의 응답이 그렇게 적시에 이루어질 수 있단 말인가? 할렐루야. 많은 일들이 끊어질 듯 말 듯한 순간 속에서도 일사천리로 진행되고 해결되는 것이었다. 왜 내가 수정의 성도인지를 알게 되었다. 반신반의하던 남편도 자녀를 통해, 사업을 통해, 일일이 주관하시고 역사하시는 하나님을 신실하게 믿게 되었다. 자신에게 건널 수 없었던 크나 큰 강을 이제 건너가고 있다.

역전의 명수이신 주님!
우리를 결코 포기하시지 않는 주님!
약한 나를 강하게 세우시는 주님!

# 이제 내가 주를 위해 죽을 차례입니다 _ 윤월용 집사

1년 전에 수정가족이 되었고, 신유의 체험을 가지고 있으며, 남편의 구원을 위해 기도하면서 열심히 살아가고 있다.

| 마태복음 5:9 |

화평하게 하는 자는 복이 있나니 그들이 하나님의 아들이라 일컬음을 받을 것임이요

나는 믿지 않는 가정에서 축복받지 못한 딸로 태어났다. 결혼과 함께 행복을 맛보고 있던 대전에서의 신혼생활 때였다. 임신 9개월째에 양수과다증으로 긴급 입원을 하였다. 손에 넣은 것 같던 행복이 깨어질 것만 같은 위기 속에 어쩔 줄 몰라 하고 있는 내게 미국인 선교사 부부가 찾아왔다. "예수님만 영접하면 당신들의 어려운 부분을 도와줄 수 있다."고 전도를 했다. 다급했던 나는 그들의 제안을 받아들였다.

많은 고통 끝에 아들을 출산했지만 곧바로 잃었다. 믿겠다고 약속한 것 때문에 마지못해 소 끌려 다니듯 교회를 다녔다. 마음이 힘들었고 모든 것이 짜증스럽기만 했다. 직장 관계로 서울로 이사를 오게 되었을 때, 교회를 벗어나게 된 것이 너무 좋았을 정도였다.

교회를 떠난 후로도 한동안은 평탄했다. 두 딸을 낳고 그런대로 살

만했고, 교회도 하나님도 아예 잊어버리고 지냈다. 언제부터인가 갑자기 허리가 아프기 시작하더니 1년을 넘게 꼼짝도 못하고 누워 있어야 할 정도로 악화되었다. 낫기 위해 무척이나 노력했지만 고통의 연속일 뿐, 의사는 현대 의학으로는 치료가 불가능하다고 했다. 그 말에 비로소 예수님 생각이 났다.

"예수님은 병도 고치신다던데…."

그렇게도 지긋지긋했던 교회를 내 발로 찾아가서 하나님께 기도했다.

"하나님이 계시다면 이제 교회 안 나간다고 고집 부리지 않을 테니 나 좀 제발 고쳐주세요. 한번만 도와주세요. 우리 애들 불쌍해서 못 죽습니다."

기도라기에는 너무 일방적인 애끓는 울음이었다. 죽기 살기로 기도에 매달리는 기간이 6개월 이상 갔다. 그러던 어느 날, "내가 너를 고쳐주리라."는 음성을 들었고, 정말 기적처럼 아주 건강해졌다.

그러니 여러 가지 은사도 받았고 열심히 주의 일도 했지만 다시 나태해지기 시작했다. 어느새 가까스로 기본만 유지하는 답답한 신앙생활을 하게 되었다. 그렇게 조금씩 영혼이 병들어 가고 있던 중, 재건축 아파트를 사고팔며 돈 맛을 알게 되었다. 전국을 누비며 돈 버는 것으로 낙을 삼고 중독 상태에까지 갔다. 급기야 평수 큰 단독을 속아서 구입해 너무 힘든 상황에 처하게 되었다. 고통 속에서 버티다 못해 두 손 들고 고백하며 더 이상 투기에는 손을 떼게 되었다.

"주시는 이도 여호와. 가져가시는 이도 여호와. 난 이제 세상 욕심

내려놓습니다."

그러나 한 번 침체에 빠진 신앙을 회복하기란 생각처럼 쉬운 일이 아니었다. 주일이면 의무적으로 교회는 갔지만, 마음의 갈급함이 채워지지 못했다. 그러다 김포로 이사를 오면서 방황의 나날 끝에 수정교회를 알게 되었고 나는 다시 한 번 뒤집어지게 되었다.

사랑이 메마른 이 시대에 교역자들에게는 넘치는 사랑이 보인다. 밝은 모습, 목사님의 순수하신 모습, 능력의 말씀이 있는 수정교회는 이렇게 녹슬어 있던 내 마음을 새롭게 만들어 주었다.

# 모든 것이 하나님 은혜입니다

**19** 85년 11월 14일 해질 무렵 원양어선 광명 87호가 조업을 마치고 남지나해를 지나 부산항으로 귀항하고 있던 중 목선 한 척이 3~4m의 높은 파도 속에서 가랑잎처럼 표류하고 있는 것을 발견하였다. 가까이 가 보니, 기관고장으로 방향조차 가누지 못하는 그 배는 언제 부서질지 모를 만큼 낡았다. 한 열 명쯤 타고 있을 것 같은 작은 배였다. 그런데 배 안에는 쌀 한 톨, 물 한 방울 남아 있지 않았다. 기름이나 의약품, 식품 등을 조금 나눠주는 것으로 해결될 문제가 아니었다. 본사에 연락해 구조를 위한 조치를 주문했지만 놀랍게도 대답은 "그냥 무시하고 지나가라."는 것이었다. 그들은 월남 패망 후 공산화된 베트남을 탈출한 보트 피플이었기 때문이다.

외교, 이념, 사회적으로 너무나 민감한 문제여서인지 공해상을 떠도는 그들을 어느 나라 선박도 선뜻 구조하려 하지 않았다.

강제송환이나 상륙거부로 '바다의 아우슈비츠'로 불릴 정도였다.

1시간가량 항해를 계속하며 선장은 고민했다. 마침내 지나친 항해 길을 되돌아가 그들을 구조했다. 열 명 남짓인 줄만 알았는데, 그렇게 많은 사람이 타고 있는 게 신기할 정도로 배 밑바닥에서 차례차례 모두 96명의 난민들이 쏟아져 나왔다. 보름간의 항해 끝에 무사히 부산 항에 입항한 그들은 1년 6개월여간 난민 캠프에서 지낸 뒤 미국, 캐나다 등지로 뿔뿔이 흩어졌다.

그러나 맨손으로 낯설고 물설은 땅에서 고군분투하면서도 그들은 이 일을 잊지 못하였다. 난민들의 리더격이었던 베트남군 통역장교 출신 피터 누엔 씨는 LA의 한 병원에서 근무하게 되었고 자신들을 구출해 준 선장을 찾기 위해 백방으로 수소문하기를 그치지 않았다. 끝내 한국 사람이라는 것만으로 같은 병원에 근무하던 한인 간호사에게 간청하여 이들은 극적 해후의 기쁨을 누리게 되었다.


지어낸 이야기가 아니다. 그 선장이 제4회 올해의 인권상을 수상하였던 전제용 씨이다. 20년도 더 지나 그의 명예는 회복되었지만, 이 일로 인하여 그가 겪어야 했던 고초는 결코 작지 않은 것이었다. 안보와 사상관련 배후의혹으로 숱한 조사를 받았으며, 회사에서도 해고되었었다. 요주의 인물로 주목되어 조업면허를 정지당하고 다른 직장도 구할 수 없었다. 그 동안 그가 겪은 경제적, 정신적 어려움과 아픔은 어쩌면 96명의 소중한 생명을 살려내기 위한 대가였는지 모른다.


아무런 대가도 바라지 않고 소중한 생명을 구출해준 분이 치러야 했던 값비싼 대가와, 생명의 은인을 찾아내어 그에게 감사를 전하기 위해 노력했던 한 난민의 수고!

나는 이 기사를 읽으며 우리를 구원하기 위해 피 흘리신 예수 그리스도의 한없는 희생과 공로를 힘입은 우리가 무엇을 해야 할지를 생각하지 않을 수 없었다. 은혜는 값없이 받은 하나님의 선물이다. 그러나 우리가 아무 공로 없이 공짜로 구원을 받았다고 해서 그 구원이 값싼 것은 결코 아니다. 우리는 그 값을 지불할 능력이 없으니까 하나님의 아들 예수 그리스도께서 우리를 대신해서 엄청난 대가를 치르셨기 때문이다. 하나님은 자기 외아들의 목숨을 내놓으셨고, 예수님은 아버지께 순종하며 죽기까지 피와 물을 다 쏟으셨다. 베트남 난민을 위해 치른 그 선장의 희생과는 비교조차 할 수 없다. 온 우주보다 더한 값을 지불하고 하나님은 우리에게 영원한 생명을 주셨다. 우리는 다 이렇게 하나님의 은혜와 예수님의 한없는 사랑을 체험한 사람들이다.

나는 우상과 미신에 찌든 종갓집 종손으로 태어났다. 내가 중학교 2학년 때 친구 따라 교회에 나가자 얼마 못 가서 아버지의 무서운 반대가 시작되었다. 제사 드릴 종손이 교회에 나가는 것을 용납하지 않으셨다. 교문 앞에서 지키고도 계셨고 책이란 책은 모조리 아궁이로 들어가기도 했다. 퇴학시키겠다고 협박 아닌 협박도 하셨다. 어린 나로서는 어쩔 도리가 없었다. 처음 교회에 나가지 못했을 때는 마음이 괴롭더니 한 주, 두 주가 지나자 아무런 느낌도 들지 않았다. 어느덧 나는 그렇게 하나님도 예수도 교회도 까맣게 잊고 살아가고 있었다.

어느 날부터인가 고민이 찾아왔다. 남들처럼 성공을 향해 달려갈 수는 있겠지만 언젠가는 나도 죽을 텐데 죽음 앞에서 후회하지 않을 참된 길은 어디에 있을까? 찾고 찾아도 답은 없고, 고민과 허무와 절망만 더욱 깊어져 갔다. 그러던 어느 날, 수업 중에 옆구리가 결려 찾아간 병원에서 결핵성 늑막염이라는 진단을 받았다. 겨우 시험을 보고 대학에 합격은 했지만 그 와중에 병이 깊어져 폐결핵이 되어 버렸다. 고민과 방황에서 헤어날 길은 보이지 않고, 자살도 생각하고, 머리 깎고 중이 될 생각도 했다. 그렇게 막다른 골목 같은 곳에서 문득 하나님이 생각났다. 이미 방황의 늪에서 허우적대던 때라 하나님이 안 계신다 하더라도 손해 볼 것이 없을 것 같았다. 스스로 교회를 찾아갔고, 마침내 나는 그곳에서 하나님을 만났다.

하나님도 예수님도 교회도 다 잊어버리고 그저 잃어버린 양처럼 헤매고 있던 나를 하나님은 그때까지 두 팔 벌리고 날마다 기다리고 계셨다. 그 사랑이 깨달아지면서 감격에 벅차 몇 날 며칠을 울고 또 울었다. 그때도 사람들은 나를 모범생이나 효자, 전도유망한 청년으로 불렀다. 그러나 하나님 앞에 서서 바라보니 그 밝고 찬란한 빛 앞에서 나는 그저 부끄럽고 초라한 죄인에 불과하였다. 그토록 하잘 것 없이 비천한 죄인을 구원하시려고 피 값을 치르신 예수님의 은혜가 고맙고 감사하여 또 한없이 울었다. 신기하게도 병도, 환경도 하나도 변하지 않고 그대로인데 방황과 좌절, 고통으로 가득하던 내 마음은 기쁨과 평안과 소망으로 가득 채워지는 것이었다. 그야말로 새 사람이 된 것이다.

그 이후부터 무서운 핍박이 시작되었다. 그렇게 사람 좋던 아버지께서는 자주 약주를 드시고 세간도 때려 부수시면서 집안을 온통 살벌한 분위기로 몰고 가셨다. 당시 우리 집을 자주 드나들던 승려가 "당신 아들은 액이 씌어 절에 이름을 올려놓고 불공을 드려야지 교회 나가면 죽을 것이다"라고 한 말을 철석같이 믿으셨기 때문이다. 태풍이 몰아치듯, 온 동네가 떠들썩하도록 교회에 나가는 것을 가로막으셨다. 나는 언제 술에 취한 아버지께서 들이닥칠지, 밥 먹는 상을 언제 뒤엎을지 몰라 전전긍긍했다. 밥을 먹을 때도 한 쪽 문고리를 잡고 도망 갈 태세를 취하고 먹었다. 욕 먹고, 매 맞고, 쫓겨나고, 울고, 굶으면서 교회에 다녔다. "주님은 저를 위해 목숨을 내어 놓으셨는데 세상 그 무엇과 주님을 바꿀 수 있겠습니까? 주님 사랑합니다." 하면 눈물이 흘러내리며 마음이 평안해졌다.

사람은 누구나 살아가면서 이런저런 시련을 만나고 풍파를 겪는다. 죽음이 차라리 달콤해 보일 만큼 가시밭길을 외롭게 걸어야 할 순간을 그리스도인이라고 해서 피해갈 수 있는 것은 아니다. 사도 중의 사도요 위대한 하나님의 종 바울도 「고린도후서」에서 힘에 겹도록 심한 고난을 당하여 살 소망까지 끊어지는 것을 경험하였다고 고백하였다.(고후 1:8 참조)

그렇다. 예수 믿는 사람들은 이 모든 시련을 이겨낼 힘을 가진 자들이다. 능력의 비결은 바로 우리가 받은 말할 수 없는 은혜를 기억하는 데 있다. 그 은혜와 사랑이 우리의 마음과 전 생애를 사로잡을 때, 죽음 앞에서도 무너지지 않는 힘으로 일어설 수 있다.

"그가 모든 사람을 대신하여 죽으심은 살아 있는 자들로 하여금 다시는 그들 자신을 위하여 살지 않고 오직 그들을 대신하여 죽었다가 다시 살아나신 이를 위하여 살게 하려 함이라"(고후 5:15)

몸이 병든 채로 처음 하나님을 만났다. 말로 다 할 수 없이 은혜는 받았지만 병이 나을 기미는 보이지 않았다. 기도하고 부르짖어도 육신의 질병은 떠나갈 줄을 몰랐다. 언제 죽을지 모르니 그 불안과 고통과 노심초사는 이루 말로 할 수 없었다. 어느 날인가, 이미 예수 믿고 구원을 받았으니 지금 죽어도 하늘나라에 가리라는 생각이 들었다. 무엇을 그리 염려하겠나 하는 생각으로, 죽든지 살든지 하나님께 다 맡겨 버렸다. 목숨을 위해 염려한 것을 회개하고 그냥 기도하며 말씀 보고 성령만 의지하고 하나님께 순종할 것만 생각하며 힘써 나아가고자 했다. 그러는 동안 나도 모르는 사이에 병이 떠나가고 치유 받은 것을 알게 되었다. 죽음도 두려워하지 않는 믿음을 그때 하나님께서 내게 주셨다.

예수 믿어도 병으로 죽는 사람이 부지기수다. 기도하고 다 맡기면 고침 받을 수도 있지만 그렇지 않을 수도 있다. 사나 죽으나 우리가 주의 것임을 믿고 다 내려놓는다면, 설사 육신은 병으로 무너질 수 있지만 영혼은 하나님 품에서 영원한 천국을 누리는 것이니 두려워할 것이 없다.

목회의 길도 뚫고 나가야 할 난관이 많았다. 하나님이 목회의 길로 나를 부르셨을 때 다시 한 번 그 분의 은혜에만 모든 것을 맡기고 나아갔다. 나는 아내와 아들을 데리고 이불보따리, 책보따리 하나씩 들고 신학교 가겠다고 서울로 올라왔다. 그러고는 뜻밖에 교회 개척부터 하게 된 것은 지금 생각해도 전적으로 하나님의 은혜였다. 교회 나간 지한 달도 안 된 초신자 때부터 하나님은 나에게 목사님이 퇴임하신 교회를 이끌어 가시던 장로님을 대신하여 새벽기도를 인도하게 하셨다. 장로님이 출타하시거나 와병 중이시면 수요예배, 주일예배 인도도 하였고, 군대에 가서도 군목을 대신했다. 이런 경험들이 바탕이 되어 신학교 입학도 하기 전에 집사 신분으로 개척을 하게 된 것이다.

빚으로 시작한 개척교회가 지금 이 자리에 오기까지는 말 그대로 시련의 연속이었다. 그 속에서도 처음 개척 때 주셨던 비전과 목표를 향하여 중단 없이 나아갈 수 있었던 것은 전적으로 하나님의 은혜였다.

나는 삼중으로 은혜를 입은 자이다. 나를 모태에서 지으신 분이 하나님이시니 날 때부터 나는 온전히 하나님의 은혜로 이 세상에 태어났다. 그런 내가 하나님을 알지도 못하고 죄 가운데 방황하다 죽을 수밖에 없었을 때 하나님은 예수 보혈로 구속하셔서 영원한 천국을 유업으로 받게 하셨다. 은혜 위에 은혜를 입은 것이 아닐 수 없다. 육신의 병으로 다시 한 번 죽음의 자리에 앉았을 때 나를 건져서 고쳐 주셨으니 삼중으로 은혜 받은 것이 아니고 무엇이겠는가? 그러므로 평생을 빚진 자의 심정으로, "나 같은 죄인 살리셨으니 이제는 내가 주와 복음을 위해 죽을 차례입니다."라는 심정으로 살아갈 것이다.

나의 남은 소망이 있다면, 사랑하는 우리 수정 가족 모두가 사도 바울의 고백처럼 되기를 원한다.

"그러나 내가 나 된 것은 하나님의 은혜로 된 것이니 내게 주신 그의 은혜가 헛되지 아니하여 내가 모든 사도보다 더 많이 수고하였으나 내가 한 것이 아니요 오직 나와 함께 하신 하나님의 은혜로라"(고전 15:10)

죽으면 하늘나라 가고, 하늘나라 가면 모든 좋은 것이 다 있는데 이 땅에서 무엇을 더 바랄 것이 있겠는가? 혹 이 땅에서 바라는 것이 있어 더 누린다고 한들, 천년만년을 사는 것도 아니고 죽을 때 지고 가는 것이 아니지 않는가! 흔들림 없이 진실되게, 늦더라도 이 걸음으로 끝까지 우리는 세계 선교라는 푯대를 향해 쉼 없이 달려갈 것이다. 그리하여 내 생이 끝났을 때 묘비명에 "하나님의 영광을 위하여 자신의 모든 것을 활활 불태워 드린 하나님의 종, 여기 잠들다."고 새겨질 수만 있다면, 내 개인으로서도 더 이상 바랄 것이 없다.

이제 나와 함께 주님을 섬기는 성도들 몇 명이 주님을 섬기면서 체험한 일들(간증)을 무작위로 소개하고 싶다.

# 생각보다 가까이 계시는 하나님! _안용환 집사

맡은 일은 제때에 어김없이 감당하는 책임감 넘치는 신실한 제자이다. 만학으로 명지대에서 박사학위를 받았고, 아이디어도 많고 교제의 폭도 넓다. 신동북아역사연구소의 설립자요, 소장으로서 건전한 남북관계 회복을 위해서도 노력하고 있다.

| 욥기 23:10 |

그러나 내가 가는 길을 그가 아시나니 그가 나를 단련하신 후에는 내가 순금 같이 되어 나오리라

2008년 겨울이 막바지에 이를 즈음, 나는 박성현 장로님 사무실을 찾았다. 담소를 끝냈을 때는 밤 9시 30분쯤, 눈이 펑펑 쏟아졌다. "승용차는 상가 지하주차장에 두고 대중교통을 이용하라."는 권면을 뿌리치고 객기를 부려 차를 몰고 나갔다. 집까지는 겨우 30km인네 20여 분쯤 지나자 "장로님 말씀을 들을 걸⋯." 하고 후회했지만 차를 되돌릴 수는 없었다. 겁나고 두려워도 강행하는 수밖에 없었다.

영남아파트 삼거리를 지나 얼마쯤 갔을까? 40여 미터 전방 인도 옆에 차를 세워두고 40대 초반의 장년 두 명이 차에 기댄 채 무언가 애기하는 모습이 시야에 들어왔다. 인도로 붙어가는 것이 안전하겠다 싶어 방향을 바꾸는 순간 갑자기 차가 통제불능이 되더니 핸들도 브레이크

도 무용지물, 일순간 빠른 속도로 미끄러져 앞의 두 사람을 들이받았다. 무언가 "퍽!" 하는 소리와 함께 요동을 치면서 차는 멈췄다. 순간 "나는 이제 망했구나." 싶어 참담한 심정으로 눈을 감아버렸다.

불과 몇 초지만 거의 시공간을 넘은 듯 모든 것이 정지된 시간이 지나 겨우 눈을 떴다. 더욱 아찔한 장면이 보였다. 눈 깜짝할 사이에 벌어진 일이라 두 사람은 피할 겨를도 없이 참혹하게 양쪽 차 사이에 끼여 있었다. 생과 사의 갈림길, 양 차에 끼인 두 사람은 숨을 가쁘게 몰아쉬며 사색이 되어 비명을 질러댔다. 나는 혼비백산하여 후진을 시도하였으나 수북이 쌓인 눈 밑 얼음 때문에 차는 오히려 앞으로 미끄러져 두 사람을 더 짓누르고 조이는 결과가 되었다. 어찌할 바를 몰라 "아이쿠, 하나님!" 소리만 연발했다.


교통경찰 두 명이 운전석으로 다가왔다. 상황을 보더니 그들도 당황한 얼굴빛으로 나를 내리게 하고 연방 고개를 갸우뚱하면서 후진을 시도하였다. 얼음 빙판 위 수북이 쌓인 눈 위에서는 기술도 소용이 없어 보였다. 끼인 두 사람의 비명은 계속되었다. 교통경찰의 표정은 위급한 상황에 겁먹은 얼굴이었다.

최고조의 긴장감 속에 다시 한 번 후진을 시도하더니 드디어 성공했다. 두 사람도 고통스런 표정에서 벗어나 "휴~, 이제 살았다."는 안도의 한숨을 쉬며 빠져나왔다.

불행 중 다행인 것은 두 사람 중 한 명은 체격이 왜소하여 체격이 큰 사람에게 바짝 붙어 있었나 보다. 충격이 훨씬 덜한지 심한 욕설만 퍼붓고 그냥 돌아갔고, 우람한 체구의 남자는 상당히 많이 다친 것 같았고, 매우 화가 나 있었다. 나는 그 사람을 겨우 부축하여 승용차에 태우고 병원으로 가는 동안 다리가 후들후들 떨려 제 정신이 아니었다.

눈은 여전히 펑펑 쏟아지고 있었다. 빙판 위를 운전하며 몇 차례의 위험한 고비를 넘기면서 천신만고 끝에 병원에 도착했다. 입원 수속을 밟고 있는 동안, 그는 이미 무서운 폭군처럼 나를 몰아부쳤다. 입원은 다음 문제이고 막무가내로 우리 집으로 가자는 것이었다. 퇴원 후에 그 휴유증까지 책임진다는 각서를 쓰고, 일정금액을 보험 업무와 상관없이 우리 가족이 연대서명하여 보증을 서도록 하기 위해서란다. 그렇게는 못한다고 현관에서 버텼지만 그럴수록 그는 더욱 세차게 나를 몰아붙였다. 거친 시비 끝에 심신이 너무 피곤하여 내가 물러서기로 했다. 집으로 가는 도중 "이 사람을 집까지 데려갈 경우 밤새도록 식구들을 괴롭히고 불안하게 할 것이다."는 생각이 들었다. 아파트 정문에서 차를 세워놓고 화장실 가는 척하고 집에 들러 집사람 손을 잡아끌고 나왔다. 이미 밤 12시가 훨씬 지난 시간이라 문 열린 집이 거의 없었다. 간신히 영업하고 있는 족발집을 하나 찾아 세 명이 들어갔다.

한태연 씨는 사고 당시에 이미 약간의 음주를 한 터라 앉자마자 족발 중간치 한 쟁반과 소주 한 병을 시키더니 글라스에 통째로 붓고 물 먹듯이 단숨에 잔을 들이켰다. 그러고는 주인을 불러 종이와 볼펜을 청하더니 아까 말한 조건대로 각서를 쓰고 집사람이 보증을 서라고 과격하게 다그쳤다. 집사람은 겁에 질려 입술이 새파래져 떨고 있었다. 우리 내외가 못쓴다고 버틸수록 더 험하게 위협을 해왔다. 그는 걷잡을 수 없이 술에 취해 갔고 몇 차례 폭언이 오가는 가운데 12시 40분쯤 되었는데, 누군가로부터 그 남자에게 전화가 왔다.

"목사님, 나는 예수 같은 것은 안 믿는다고 그렇게 말씀드렸는데 이 밤중에 또 전화입니까?"

전화를 받은 그 남자는 다짜고짜 역정을 내뱉더니 통화가 계속 이어졌다.

"갑자기 웬 목사님…?"

우리 내외는 어리둥절했지만 약간의 긴장은 늦출 수 있었다.


"족발집, 대포집이에요."

"목사님이야말로 이 시간에 웬 전합니까? 교통사고를 당해 가해자와 협상하고 있습니다."

"그럴 순 없습니다."

무슨 대화인지는 알 수 없지만, 몇 마디 대화가 오간 뒤 전화를 끊더니 다시 화를 내며 하던 요구를 계속했다. 그렇지만 전화를 받고 나서는 다소 느슨하게 다그쳐서 우리 내외도 불안이 가라앉는 중이었다. 그때 또다시 그 남자에게 전화가 걸려왔다.

"알았시오."

다소 귀찮은 듯 갑자기 그는 나에게 휴대폰을 넘겨주었다.

"나는 검단 오류동에 있는 영광교회 담임목사 고영희입니다."

"저는 불로동 수정교회 안용환 집사입니다."

나는 한편으로는 당황되었지만, 목사님이시라는 말에 안도의 한숨을 쉬었다.

"아, 그래요. 수정교회 조일래 목사님과 인사는 없지만 존경하고 있습니다. 꼭 한 번 뵙고 싶습니다."

"그런데 이분하고는 어떻게 아는 사이십니까?"

"5, 6년 전에 교회 앞에서 노상(路上)전도를 할 때부터 알고 지냈습니다. 그때부터 예수님 영접하게 해달라고 그의 이름을 놓고 계속 기도하고 있는 중입니다. 이상하게도 오늘은 밤 12시가 지났는데도 잠이 안 와 이리 뒤척 저리 뒤척 하는 가운데 빨리 전화해 보라는 하나님의 음성이 또렷이 들렸지요. 그래서 밤은 깊었지만 실례를 무릅쓰고 전화를 건 것입니다. 다시 좀 바꿔주십시오."

전화를 다시 건네주자 꽤 오랫동안 대화를 하더니 전화를 끊으려는 모양이었다.

"알았시오. 이번만은 목사님 말씀 듣고 화해도 하고 풀어드리지요. 그렇지만 난 예수는 안 믿으니까 전도 문제로 다시는 나에게 전화하지 마쇼."


굶주린 사자 같던 그는 전화를 끊더니 순한 어린 양으로 돌변하였다. 오히려 사과를 하고 나를 위로하였다. 보험처리하면 내게 손해가 될 터이니 보험사에 연락하지 말라면서 치료도 자기 비용으로 하겠다고 한다. 혹시 후유증이 있더라도 귀찮게 안 할테니 걱정 말라며 술값도 자기가 계산하겠다는 것이었다. 참으로 살아계신 하나님을 느낀 순간이었다. 우리는 언제 시비가 있었나 싶게 의좋은 형제처럼 손잡고 족발집을 나왔다.

이튿날 오전에 영광교회 고 목사님께 감사의 전화를 드렸다. 목사님은 "그 분이 보기에는 딱딱하게 보여도 마음은 착한 분이니 전도하여 수정교회로 모셔가라."는 당부까지 하셨다.

결국 그는 그 많은 병원비를 보험처리도 안 하고 자기가 다 치르고 끝냈다. 너무나 놀라운 일이었다.

한 달쯤 지나 에서를 만나는 야곱의 심정으로 재회를 했다. 참으로 반가웠다. 약간의 후유증이 있어 보였지만 애써 태연한 척하며 오히려 나를 위로하고 격려했다. 그러면서 더 놀라운 제안을 하는 것이었다.

"안 집사님, 집이 없어 어려움을 겪는다고 했는데 제가 사놓은 집이 또 하나 있으니 거기 와서 사세요."

나는 속으로 내심 반갑기도 했지만, 아내와 진지하게 의논한 후 사양하는 것이 인간의 도리라고 결론을 내렸다.

나는 이 사건을 통하여 하나님께 속한 사람은 어떤 어려운 순간에도 피할 길을 주시며, 오히려 더 큰 은혜를 경험하게 하신다는 것을 깨달았다. 그러므로 내가 비록 힘없고 초라할지라도 나와 함께 하시는 분이 만유보다 크시니 두려움 없이 나아갈 수 있다는 믿음이 더욱 확고해졌다.

# 주님의 부스러기만한 은혜 _ 박순옥 집사

늘 평안함을 주는 밝은 표정과 아름다운 믿음을 가졌다. 집사님에게서 천사의 모습을 느끼곤 한다.


| 시편 27:14 |
너는 여호와를 기다릴지어다 강하고 담대하며 여호와를 기다릴지어다


"하나님, 잘못했어요. 다시는 하나님 떠나지 않을게요. 제발 남편을 살려 주세요."

당시 담당의사는 뇌를 이 정도로 다쳤으면 열에 아홉은 그 자리에서 죽는다고 했다. 남편은 다행히도 뇌가 깨지면서 나온 모든 피가 코, 입, 귀 등 구멍이 있는 곳을 통해 다 쏟아져 나와 살 수 있었다고 한다. 내가 가장 사랑하는 남편을 통해 하나님은 나를 하나님 품으로 돌아오게 하셨다는 것을 몇 년이 지난 후에야 깨달았다.

결혼 전에 나는 고등학생이었던 남동생을 따라 처음 교회를 다니기 시작했다. 믿음이 자라지 않은 상태에서 믿지 않는 남편과 연애를 하게 되니 자연 신앙과 거리가 멀어지게 되었다.

결혼 후 교회 사람들에게 걸려오는 전화도 받기 싫었다. 매주 교회에서 보내는 전도편지도 남편이 볼까봐 얼른 찢어버리고 심방을 와도 문을 열어주지 않았다. 첫 아이를 낳고 8개월쯤 되었을 때 남편 직장을

따라 서울로 이사를 왔다. 교회 가자고 괴롭히는 사람들로부터 해방되었다고 좋아했다. 그런데 서울로 이사 오자, 또다시 전도하는 사람들이 자주 찾아왔다. 교회 다니게 되면 절에 나가시는 시어머니의 눈 밖에 날까봐 싫었고, 전도하는 사람들이 자꾸 벌 주시는 하나님만 강조하는 것 같아 마음을 열지 않았다.

그렇게 서울로 이사 온 지 두 달 후 귀가하던 남편이 달리는 차에서 떨어지는 교통사고를 당한 것이었다. 뇌를 크게 다쳐 온통 피범벅이 된 남편은 응급실 세 군데를 헤매다가 위생병원에서 CT 촬영을 하고 있었다. 병원 복도에서 아이를 업고 무릎을 꿇고 울던 내 입술은 나도 모르게 하나님 아버지를 부르고 있었다.

남편이 회복되고 모든 생활이 안정되었을 때, 교회에 나가고 싶은 마음이 들었지만 선뜻 발을 들여놓지 못했다. 귀찮고 짜증나게 전도하러 오던 사람들을 이젠 내가 기다리고 그리워하였고, 집에서 라디오 채널을 돌리다가 설교나 찬송가가 흘러나오면 그 채널을 고정하고 듣기 시작했다. 나중에야 그때 은혜를 받았던 방송이 극동방송인 줄 알게 되었다.

사고 후 6개월이 지났을 무렵 갑작스런 사정으로 이사를 하였고, 둘째 아이를 낳고 백일이 지나면서 드디어 교회에 출석하게 되었다. 연년생 두 딸을 데리고 주일과 구역예배를 참석한 지 1년쯤 되었을 때 허리 디스크가 발병했다. 당장 수술할 정도는 아니었지만 매일 꾸준히 병원 물리치료를 받고 평소 생활에서 치료에 도움이 되는 바른 자세를 취해야 한다는 주의사항을 듣게 되었는데 디스크 치료에 도움이 되는 바른 자세 그림을 보면서 무릎 꿇은 그림에 갑자기 내 눈이 멈췄다. '이건 기도하는 자세네. 하나님께 기도하면 되지 않을까?'

물리치료를 3일 만에 포기하고 다음 날부터 구역장을 따라 새벽예배를 다녔다. 새벽예배 30분 앉아 있는 시간이 너무나도 길고 고통스러웠다. 10일 동안 매일 빠지지 않고 나와서 안수 받으라는 목사님의 말씀에 순종했지만 온 몸의 통증은 가라앉지 않았고 부흥회를 준비하는 40일 연속 새벽예배도 꼬박 참석했지만 나아진 것은 아무것도 없었다.


그런데 부흥회 마지막 날 저녁 집회 때였다. 할렐루야! 목사님의 안수를 받는 순간 주님께서 나를 어루만져 주셨다. 육신의 고통이 깨끗이 제거되도록 치료해 주셨다. 도마처럼 의심 많은 나에게 허리 디스크를 통하여 치유하시는 하나님의 살아계심을 보여 주셨고, 이 일로 남편도 태어나 처음으로 교회에 출석하고 세례도 받게 되었다.


그러나 직장과 함께 시작했던 남편의 사업은 하는 것마다 실패의 연속이었고 그로 인해 남편의 교회 출석도 뜸하게 되었다. 서울의 작은 연립도, 신도시에 분양받은 넓은 아파트도 팔고 거처가 없어서 친정 언니의 아파트에 잠시 살게 되었다. 다니던 교회가 멀어지는 바람에 봉사도 못하고 있을 때, 때마침 극동방송에서 방송국 자원봉사원 모집 광고를 듣게 되었다. 조금도 망설이지 않고 바로 지원했다.

극동방송 자원봉사를 시작하면서 세 가지 기도제목이 있었다.

1. 좋은 교회로 옮기는 것

2. 남편이 주일 출석 잘하는 것

3. 자원봉사하면서 돈도 벌 수 있는 일을 달라는 것이었다.


"구하라 그러면 너희에게 주실 것이요 찾으라 그러면 찾을 것이요 문을 두드리라 그러면 너희에게 열릴 것이니."


누가복음 11장 9절 말씀을 붙들고 기도하며 자원봉사를 하던 중에 하나님의 은혜로 2002년 1월 온 가족이 수정교회에 등록을 하며 세 가지 기도제목이 모두 이루어졌다.


수요예배 드보라 찬양대 봉사를 시작한 지 몇 개월이 지났을 때였다. 갑자기 귀에 들리는 모든 소리가 모기소리만 하고, 내가 내는 소리도 들리지 않았다. 언제부터인지 모르지만 나는 오른쪽 고막이 뻥 뚫리고 왼쪽 고막만 있는 상태로 간신히 정상수치 청력을 유지하고 있었는데 급히 이비인후과에 가 보니 왼쪽 고막마저도 뚫어져 소리가 들리지 않는다는 것이다.


이제 나는 귀머거리가 되어 수화를 배워 손으로 대화를 해야 하나 두렵고 무서운 생각이 들었다. 다음 날 드보라 찬양대에 서서 눈물만 흘리고 하나님께 찬양은커녕 따라 부르는 것조차도 제대로 못했다. 치료방법은 인공 고막을 넣는 수술뿐이라 했다. 수술을 결정하지 못한 채 주일이 되었다. 설교 후 목사님께서 봉헌과 축복의 기도시간에 아픈 곳에 자기 손을 얹고 간절함으로 기도를 받으라고 하셨다. 나는 내 귀에 양손을 대고 마가복음 7장 28절 말씀 "여자가 대답하여 가로되 주여 옳소이다마는 상 아래 개들도 아이들의 먹던 부스러기를 먹나이다."를 기억하며 주의 피 묻은 손이라 생각하고 목사님의 대중을 위한 기도를 눈물로 받았다. "하나님, 소리만이라도 듣게 해 주세요. 상에서 떨어지는 부스러기 은혜를 제가 구합니다."

목사님의 기도가 끝나자 신기하게도 소리가 들렸다. 답답함이 사라진 시원함을 오래 전 허리 디스크가 낫던 그때처럼 온몸으로 느낄 수 있었다.


수술을 하지 않아 지금도 양쪽 고막 없이 살고 있지만 정상적인 생활에는 아무 지장이 없다. 다만 찬바람이 불 때면 감기에 잘 걸리고 수영을 할 수 없고, 이어폰을 사용할 때 조심스러울 뿐이다.

# 여호와 이레, 에벤에셀의 하나님 _ 신순화 집사

찬양대에서 열심히 봉사하며, 가정에서도 좋은 아내와 어머니 역할을 잘 감당해 가고 있는 좋은 집사이다.

| 이사야 40:29 |
피곤한 자에게는 능력을 주시며 무능한 자에게는 힘을 더하시니

작은아이가 초등학교 3학년 때였다. 아이가 밤마다 악몽에 시달렸다. 살이 빠지고 열이 나며 머리가 아파 시름시름 앓기 시작하더니 학교도 제대로 다니질 못했다. 밤이면 소리를 지르며 벌벌 떨기에 왜 그러느냐고 물으면 손이 썩어가고 있다며 손을 보며 소리치고 식은땀이 범벅이 되어 정신을 차리지 못한 채 울었다. 두려워하는 아이를 끌어안고 우리 부부는 기도했지만 악몽은 점점 심해져 갔다. 눈이 없어졌다고, 목이 잘렸다고 방을 뒤지면서 돌아다녔다. 아이는 점점 밤을 두려워했다. 병원에서 종합검사를 받아 보아도 이상이 없었다. 한 집사님의 권유로 목사님께 안수기도를 부탁해야 하는데 두렵고 떨려 한참을 기도한 후 용기를 내서 부탁드렸다. 목사님께서는 "주 예수 이름으로 명하노니 물러가라."고 세 번을 외치며 아이에게도 따라하게 한 후 기도해 주셨다. 놀랍게도 그날 밤부터 작은아이는 평안하게 잠이 들었다. 가끔 밤에 가위가 심하게 눌리게 되면 주님의 이름으로 이겨내는 방법을 터득했다며 두렵지 않다고 했다. 그렇게 주님은 작은아이를 만나고 또 만져주셨다.

큰아이는 비전을 품고 미국에 교환학생으로 가기를 소원했다. 두려움도 많았고 걱정도 많았다. 그때 하나님께서는 모세의 갈대상자를 보여주시며 나일 강에서 모세를 떠나보낸 어머니 심정으로 주님의 도움을 간절히 기도하게 했지만, 마음은 걱정이었다. 용기를 내어 목사님께 안수를 부탁하였다. 목사님께서는 하늘에 지혜를 주시어 언어에 탁월함과 좋은 만남을 예비하시며 수정성도답게 세계를 품을 수 있는 실력자로 자라게 해달라고 축복하셨다. 또한 머리털 하나도 상하지 않게 보호하시는 하나님의 은혜를 구하며 정말이지 뜨겁게 안수하셨다.

하나님께서는 모세의 갈대상자처럼 내가 상상도 못할 정도의 좋은 환경의 가정으로 아이를 인도하셨다. 매일 성경을 읽고 기도하는 가정이었다. 우리 아이를 위해 일 년 계획을 미리 짜놓고 미국의 각 주마다 데리고 다니며 많은 것을 보고 느끼게 해주었다. 학교생활을 하는 데에도 온 지구가 우리 큰아이에게 집중된 것처럼 만나는 선생님이나 사람들마다 아이를 도와주고 싶어 했다. 교환학생 프로그램이 끝나 돌아올 시점에 아이는 더 있고 싶다고 떼를 썼다. 하지만 난 가정형편상 감당할 수 없다고 단호하게 말했다. 아이는 매일 기도하며 간구하였다. 더 좋은 홈스테이가 준비되었다. 공립학교로 옮겨 경제적 부담을 덜 수 있었다. 학교 교장선생님은 아이를 기억하고서 언제든지 받아주겠다고 했다.

유학비자 문제로 한국에 들어왔을 때 다시 목사님의 안수기도를 받았다. 목사님께서는 선교하는 수정성도답게 교회를 빛낼 수 있는 탁월함을 나타내게 해달라고 간절히 기도해주셨다. 미국에 다시 들어간

지 얼마 안 되어, 아이에게 연락이 왔다. 기적이 일어났다며 자기가 빌 게이츠 장학생이 되었다고 했다. 그런데 다음날 유학생에겐 해당이 안 된다며 섭섭해 했다. 하지만 학교에서 그 사실을 안타깝게 여겨 아이를 행정실 비서로 쓰면서 경력 쌓을 기회를 주었다. UNLV대학에서는 아이에게 면접을 요청했다. 아이는 미국에 간 지 일 년 반 만에, 다니던 고등학교에서 제일 먼저 대학이 결정되는 학생이 되었다. 아이는 하나님이 아니었으면, 기도가 아니었으면 있을 수 없는 일이었다고 고백하며 예비하시고 인도하시는 하나님께 의지하며 대학생활을 준비하고 있다.

수정교회에서 신앙생활을 한 지 16년. 우리 아이들은 최선의 것으로 예비하시고 보호하시며 공급해 주셨던 여호와 이레를 체험하며 마음속에 선교에 대한 열정을 가지고 자라났다. 매사에 기도하는 법을 배웠고, 하루하루 하나님께 의지하며 살고 있다.

삶의 순간 순간 모든 환경을 다듬어주시고 인도하신 우리의 도움 되신 에벤에셀의 하나님. 우리 가정의 삶이 주님께 드려지는 하루 하루가 되게 하시며, 하나님이 만져 주셨던 아이들이 믿음의 분량이 장성하여 주님께 큰 영광을 돌리며 살기를 간절히 소망합니다. 하나님 감사합니다. 아멘.

# 하나님은 중심을 보시고<br>사람은 행동을 본다 _ 정선영 집사

수정교회와 오랫동안 함께 해오시고 하나님의 영광을 위하여 교육 사업에 닻을 두시고 학원과 출판사도 운영하고 있으시며 시집도 낸 꿈 많고, 의욕적이고, 다재다능한 집사님이다.

| 에베소서 2:14 |
그는 우리의 화평이신지라 둘로 하나를 만드사 원수 된 것 곧 중간에 막힌 담을 자기 육체로 허시고

"주일은 그 무엇과도 타협해서는 안 됩니다."

어느 주일 목사님의 설교에 마음을 집중하고 많은 깨달음으로 은혜를 누리고 난 후 헌금시간이 되었다.

"…"

남편과 나는 말 없는 시선을 교환하면서 남편이 양복 주머니를 드러내 보인 것이다. 나는 눈이 휘둥그래졌다.

'정말?'

'응'

무언의 대화는 놀람으로 잠시 지속되었다. 그 사이 우리 앞에 봉헌함이 도착했다. 그런데 준비해 간 헌금 봉투가 없었다. 예배를 마치고 부랴부랴 차를 주차해 둔 곳으로 달려갔다. 차 안을 샅샅이 뒤지고 차 주변을 혹시나 하는 마음에 둘러보았지만 있을 리 만무했다.

시댁인 군포에서 명절 아침을 보내고 교회 출석을 위해 서두르느라 빠뜨렸나 싶어서 다시 가서 살펴보았지만 돌아오는 길은 허탈했다. 남편은 내가 받아온 강의료 봉투를 어딘가에 빠뜨린 것이다. 시험에 들었다 빠져 나왔다 하기를 여러 차례 하였다.

더욱이 주일을 성수하기 위해 애초부터 주일을 포함하여 강의를 해달라는 것을 추석 당일은 주일인 관계로 어렵다고 강의를 거절했고, 주선하신 분도 독실한 기독교인이시라 주일날은 안 된다고 막아서 결국 명절이 임박해져 주일날은 빼고 강의를 하게 된 것이었다. 그 대가로 고생도 더 하였는데 마음 한 쪽에서 하나님께 서운한 맘이 모락모락 피어올랐던 것이다. 우리는 그렇게 서로를 위로하고 격려하며 놀란 마음을 달래며 서울로 돌아오고 있었다.


설왕설래하면서 대림동까지 왔다.

"신고는 해야겠지?"

파출소에 신고를 하러 들어갔다.

남편이 파출소에 들어가고 1~2분 지났을까? 남편은 두 손을 머리 위로 올려 동그라미 모양을 만들며 뛰어나오는 것이었다.

"정말?"

"응, 어떤 청년이 맡기고 갔다 하네"

"청년? 혹시 의열이 아닌가?"

"그건 몰라."


차에서 기다리던 나는 내려서 남편과 파출소 안으로 들어갔다.

"혹시 맡긴 사람 이름을 알려주실 수 있나요?"

"이름이…"

서류를 뒤적이더니 "홍의열" 하는 것이었다.

정말 소스라치게 놀랄 수밖에 없었다.

의열이는 큰딸아이하고 동창인지라 나는 재빨리 큰딸에게 전화를 걸어서 자초지종을 말하고 의열이를 수소문하라고 했다.

"엄마, 의열이는 교환 학생으로 나간다고 했는데 국내에 없을 것 같은데요."

"응, 아니야. 엄마가 좀 전에 예배드리는 거 봤어."

"아, 그래요?"

약 10여 분이 지난 후 딸에게서 연락이 왔다.

"엄마 맞대요. 의열이가 근처에 있다고 그곳으로 바로 간다고 했어요."


파출소에서 의열이와 우리는 수정교회에 같이 다니는 교인이고 또 우리 딸아이하고는 어려서부터 동창이라는 관계를 흥분하면서 설명하였다. 파출소는 술렁거렸다.

"요즘에도 이런 일이 있군."

"169만 원이면 적은 돈이 아닌데 누가 그런 걸 가져다 맡기겠어요?"

"분실신고 하러 오시는 분도 대단하네요. 요즘에는 서로 믿지 못해서 분실신고 같은 거 하러 오지도 않아요."

경찰들은 여기저기서 돈을 맡긴 의열이의 행동에 감탄을 자아냈다.

경찰들은 서로 이런 착한 일을 한 청년이 교회에 다닌다는 말에 수긍을 하면서 이렇게 말하는 것이었다.

"그래도 교회 다니는 애들이 착해."

"그렇지? 교회 다니니까 이렇게 행동하지. 그렇지 않으면 어림도 없지."

나는 내 안에 깊이 들어오는 벅찬 메시지를 마음으로 되뇌었다.

'교회 다니는 애들이 착해' '교회 다니는 애들이 착해' '교회 다니는 애들이 착해'

그렇게 되뇌는데 한 경찰이 묻는다.

"수정교회 오래 다녔나요?"

"아, 그럼요. 의열이도 그렇고 모두 정말 오래 다녔죠."

"그렇군요. 수정교인들이 신앙은 참 제대로 인 것 같아."

"그러니까 수정교회에 협조들 잘해. 도울 일 있음 돕고 하하하하."

경찰들끼리 주고받는 대화에 너무나 감사할 즈음 의열이가 왔다.

"교환 학생으로 나간다며?"

"네. 내일 출국합니다."

"어디서 주웠니?"

" 예. 식당 앞에서요."


우리는 그렇게 대로 한복판에 빠뜨린 봉투를 대소동을 벌이고 나서야 다시 찾을 수 있었다.

하나님께서는 우리의 중심을 보시고 사람들은 우리의 행동을 보는 것이 분명하다.

# 감사한 마음만 가지고 _ 서형남 안수집사

이런 저런 모양으로 아름답게 봉사하며, 열심히 품고 주님을 섬기는 귀한 일꾼이다.

| 시편 119:10 |
내가 전심으로 주를 찾았사오니 주의 계명에서 떠나지 말게 하소서

"하나님, 죄송합니다. 용서하여 주옵소서. 우리의 목숨까지도 주관하시는 주님, 제발 아버지 목숨만 살려주시옵소서. 효도 한 번 할 수 있게 기회를 주시옵소서."

군대에서 한참 훈련받고 있던 중이었다. 어느 날 갑자기 집에서 날아온 급한 소식에 하늘이 무너지는 것 같았다. 아버지께서 대형 교통사고로 중태라는 소식에 나도 모르게 간절히 하나님께 기도를 드렸다.

하나님께서는 나의 기도를 외면하지 않으셨다. 아버지는 그 후로 일곱 번의 대수술을 받으며 3년간의 병원생활을 하셨다. 지금은 비록 장애 3급이시지만 건강하게 주님만 바라보며 원로장로님으로 봉사하고 계신다.

나는 신앙의 가정에서 태어나고 자랐다. 부모님의 기도가 늘 뒤에 있었고 그 기도 뒤에는 부모님의 크신 기대도 있었다. 그런 것들을 잘 알면서도 나는 자꾸 반항하며 샛길로 빠지고 감사할 일에 감사할 줄 모르고, 사랑받은 만큼 사랑할 줄 모르며, 받은 만큼 베풀 줄도 모르며

자랐다. 그런 아들을 위해 어머니는 기도를 쉬지 않으셨다. 자나 깨나 엉뚱한 길로 가려는 나를 바른 길로 인도해 달라고 늘 중보하며 애쓰셨다.

내가 수정교회에 등록한 지 10년을 훌쩍 넘어 어느덧 20년이 다가온다. 그러나 신앙생활을 해 온 기간에 비하면 나의 믿음은 뜨겁지 못했다. 근근이 주일만 성수하던 나에게 어느 장로님께서 교육부서 차량 봉사를 권유하셨다. 별 생각 없이 그냥 순종하는 마음으로 시작했다. 비록 작은 일이지만 내게 주어진 은사를 활용하여 사명감을 가지고 열심히 하고 있다.

처음 차에 태웠던 아이들이 현재 청년들로 훌쩍 자라나 하나님을 열심히 섬기는 모습을 보면 참 기쁘고 뿌듯하다. 그러나 지금은 승차하는 아이가 많지 않아 안타깝기 그지없다. 모두가 기도하며 어린 천사들을 열심히 전도해야 할 때인 것 같다.

사회적으로 노령화가 되듯이 교회 안에서도 노령화 현상이 현실인 것 같다. 한 영혼 한 영혼을 주님의 자녀로 전도할 때 우리의 하나님께서는 얼마나 기뻐하실까?

참으로 깊이 반성해 본다. 한 영혼이 천하보다 귀하듯이 선생님과 아이들이 마음의 문을 활짝 열고 사랑으로 따뜻한 마음을 서로 전할 때 내가 운전하는 버스의 빈자리들이 꽉 채워지리라 믿는다.

목장을 리드하며 목원들을 이끌어 나가려 하였지만 역시나 쉽지 않았다. 목원들에게 연락해도 아무 응답이 없으면 얼마나 마음을 졸이게 되는지 모른다. 또 "답장이 곤란하니 전화 삼가해 주십시오."라는 메시지라도 오게 되면 마음이 온통 무너지기를 여러 번 했다. 그래도 끝까지 포기하지 않고 노력한 결과 지금은 많은 변화로 주님께 예배드리고 있다. 이제 조금은 자신도 생기고 하고자 하는 의욕도 많이 생기곤 한다. 지금은 미약하지만 많은 인원을 주시리라 믿고 자신을 하나님께 내려놓고 사명을 감당하려 한다.

이렇게 내가 걸어왔던 인생길은 순탄하지만은 않았다. 많이 어려웠고 힘들었다. 하지만 그 어느 때나 내 곁에는 주님이 계셔서 나의 손을 잡아주셨고, 위로해 주셨으며, 따뜻하게 격려해 주셨다. 또한 주변에 아무도 없고 외로울 때에도 언제나 주님이 계셨다. 그 당시 주님께 많은 위로를 받을 때는 너무나 감사했지만, 다시 그 감사함을 잊어버리곤 한다.

이제는 주님께 다짐과 약속만 하는 내가 아니라 항상 실천하며 감사하고 겸손한 사람이 되겠다. 앞으로도 이 모든 과정 속에서 기도를 통하여 응답해 주시고 역사해 주시는 하나님의 도우심을 체험하며 기쁨과 감사함으로 살아갈 것이다.

# 잡사에서 집사로 _ 이재귀 집사

수정교회와 약 30년간 함께 해 왔다. 주님도 사랑하지만 아내와 외동딸을 무척
사랑하는 좋은 남편, 좋은 아버지이다.

| 시편 116:8 |
주께서 내 영혼을 사망에서 내 눈을 눈물에서 내 발을 넘어짐에서 건지셨나이다

뒤돌아본 나의 신앙은 걸음마다
자욱마다 죄인이었음을 고백하지 않을 수 없다.

내 나이 23세 때 수정교회에 등록하였다. 당시 수정교회는 약 20평
정도 되는 개척교회였는데 30대 초반의 젊고 패기 넘치는 주님의 신실
하신 종 조일래 전도사님(현 수정교회 당회장 목사님)이 시무하고 계
셨다.

매 주일이면 생명의 양식인 조일래 전도사님의 설교말씀을 들으며
청년회에서 활동도 하면서 나의 신앙은 조금씩이나마 자라기 시작했
다. 81년 9월경 청년회 예배가 있던 토요일, 예배를 마치고 청년들과
친교시간 게임을 하게 되었다. 그런데 게임 중 뒷걸음질을 하다 발에
무엇이 걸려 뒤로 벌렁 넘어져 의식을 잃게 되었다. 눈을 떠보니 병원
이었고, 청년들과 함께 조일래 전도사님이 주님께 간구하시며 간절한
마음으로 나에게 안수기도를 하고 계셨다. 안수기도 후 나는 정상으로
회복되었으며 전도사님의 그때 모습이 얼마나 가슴에 와 닿았는지 모

른다.

82년 6월 4일 수정교회 두 번째 성전에서 당시 조일래 전도사님의 주례로 이영순 집사와 결혼식을 올리게 되었다(수정교회 성도 중 교회 안에서 처음으로 결혼식을 올렸고, 담임목사님이신 조일래 목사님의 수정 성도 중 첫 주례였을 것이다). 아무것도 가진 것 없이 믿음 하나로 아내와 나는 교회 근처인 대림동 월세 단칸방에서 연로하신 어머니를 모시고 신혼 살림을 시작했다. 85년 11월경 찬바람이 부는 어느 날, 어머니는 중풍으로 쓰러지셨는데 대소변도 혼자의 힘으로는 힘든 어머니를 모시고 아내와 나는 기도원으로 옮겨 주님 앞에 무릎 꿇고 간절히 기도했다.

앉아 있기도 힘들어 하시던 어머니가 일어나 조금씩 걷기도 하셨다. 할렐루야! 이후 병든 어머니와 단칸방에서 생활하기가 힘들어지자, 86년 2월경 적금을 해약하고 약간의 사채를 빌려 시흥시 매화동 약 20평 정도 되는 연립(당시 전세 400만 원)으로 이사했다. 이사 후에도 아내는 병든 시어머니의 영혼 구원을 위해 집과 가까운 곳에 있는 교회 목사님을 초빙하여 예배를 자주 드렸고, 어머니가 소천하시기 약 한 달 전에 세례까지 받게 하였다.

그러나 걸음마 수준이었던 내 믿음은 교회가 멀어지면서 주일이면 교회가 멀다는 이유로, 회사 출근을 핑계로 교회를 자주 빠졌다. 그러나 아내는 버스를 세 번씩이나 갈아타고, 약 두 시간 정도 걸리는 수정교회에 출석했다. 아내는 성가대원이면서 지휘자로 봉사하는 사명감 때문인지 다혜(첫 딸)를 임신하여 입덧을 심하게 하고 만삭임에도 주일 성수뿐 아니라 수요예배까지 기쁜 마음으로 단 한 번도 거른 적이 없었다. 믿음이 연약했던 나로서는 그 모습이 매우 못마땅했고 교회를 가지 못하게 자주 화를 냈다.

88년 올림픽이 열리던 해, 첫딸 다혜가 세상에 태어났고 얼마 지나지 않아 그 해 10월 2일 어머니는 소천하셨다.

89년 봄, 교회가 있는 대림동으로 다시 이사왔지만 나는 그동안 술과 담배에 찌들고 재미 붙인 경마(경마는 매주 토요일과 일요일 오전 11시부터 시작)와 고스톱, 포카에 가끔은 까만 밤 하얗게 지새우는 날이 많았다. 하루 한 갑 피우던 담배는 세 갑 정도로 늘어났고, 교회는 여전히 자주 빠졌으며 지각이 비일비재했다. 하루는 퇴근길에 직장 동료들과 과음하고 밤늦게 귀가하여 곯아떨어져 태어난 지 며칠 되지 않은 다혜를 베고 깜빡 잠이 들었나 보다. 그런데 누군가의 "지금 몇신데 아직까지 자고 있느냐!"는 호통소리에 깜짝 놀라 깨어보니 내가 다혜를 베고 잠들어 있었고, 그런 나를 아내는 심하게 밀쳐냈다. (아마도 성령님께서 우리 다혜를 지켜주셨나 보다.)

지금도 그때 생각만 하면 아찔해진다. 그렇지만 나는 그런 깨달음도 잠시뿐이었고, 주님의 은혜가 한없이 많았음에도 불구하고 주일 교회에 있는 시간이면 '예배는 언제 끝나나' 늘 지루한 생각뿐이었다. 수정교회에서 처음으로 신앙생활을 하였고 세례까지 받으며 주의 일에 충성 봉사하라는 뜻으로 '집사' 직분도 주셨는데 그동안 나는 집사가 아닌 탕자처럼 세상적으로만 살아가는 '잡사'였다.

언제나 주님 앞에 부끄럽고 죄스러워 지금 이 순간부터라도 변화되어 그동안 끊지 못했던 담배도 끊게 하시며 믿음 좋은 남들처럼 주님 앞에 충성스럽고 주님 보시기에 합당한 자녀 되게 해달라고 날마다 간절한 마음으로 기도하였다. 그러다 2006년 10월 수정교회 「무지개」 특집 50호(3개월에 한 번씩 발간)에 예수님을 사랑하며 사모하는 시를 게제하게 되었다. 주님을 사랑하며 사모하는 내 마음을 한 편의 시로 쓰면서 주님 앞에 엎드려 눈물로 회개하기 시작했다.

"주님 그동안 탕자처럼 세상적으로만 살아온 이 죄인 용서하소서.
이 후 성령님이 개입하셔서 그동안 끊지 못했던 담배도 끊게 하신 주님,
주님 앞에 충성 봉사하며 살겠노라고 굳게굳게 다짐해봅니다.
죽어서나 끊어질 줄 알았던 담배도 끊게 하신 주님.
아내가 교회 가는 것이 불만스러워 자주 화를 내던 제가 변화되어 주님 앞에 열심히 노력하는 저를 보면 입가에 미소가 절로 번집니다.
저를 끝까지 포기하지 않으시고 오랜 세월 묵묵히 인내하시며 인도해주신 주님 감사와 찬양을 드립니다."

# 순종이 축복입니다

"**비**결은 없습니다. 나는 그저 내 아들에게 늘 하나님께 순종하라고만 가르쳤습니다."

　자녀 교육에 관심이 많은 부모라면 누구라도 궁금해 할 만한 인물, 메리 보울 여사의 대답이다. 그녀의 아들은 조지 워싱턴, '건국의 아버지'로 추앙받는 인물이다. 미국 사람들은 수도를 정하면서 그의 이름을 따서 워싱턴 디시라고 불렀다. 1달러짜리 지폐 도안에는 그의 초상을 그려 넣었다. 그가 얼마나 존경받는 미국의 지도자인지 짐작하게 하는 것들이다. 그녀의 유명세도 대단하다. 아들이 미합중국 초대 대통령에 취임하던 날, 앞치마를 두르고 손수 과자를 구웠던 유명한 일화의 주인공이다. 부지런하고 검소하며 신앙심이 깊어 평소에도 "대통령보다 더 훌륭한 어머니"로 불렸다. 대통령을 길러 낸 훌륭한 어머니, 그녀의 자녀 양육 비결이 담긴 한 마디이다.

맹모삼천지교는 기본이다. 요즘같이 치열한 경쟁 사회에서 자녀의 장래를 위해 부모가 기울이는 노력은 눈물겹다 못해 경이롭다. 영어 발음을 좋게 하려고 어릴 때 혀 수술까지 해 주는 부모도 많다고 하니 말이다. 부모들이 제 자식에게 이리 해라 저리 해라 하는 것도 다 자식 잘 되라고 하는 것이다. 자식의 앞길을 가로막기 위하여 자녀에게 일부러 간섭하려 드는 부모는 없다. 오늘날 우리가 하나님께 순종한 결과와 불순종한 결과를 깨달아야 할 이유도 여기에 있다.

하나님께 순종할 때 의와 축복이 있고, 불순종한 대가는 화와 저주임을 올바로 깨닫기만 한다면, 아마도 모든 부모들이 자기 자녀를 메리 보울 여사와 같이 하나님께 순종하는 사람으로 기르려 할 것이다. 자식을 향한 부모 마음이 아무리 애끓는다 해도, 이미 연약하고 죄악된 자신의 경험과 지식 안에서 나오는 것은 제한적이고 불완전할 수밖에 없다. 하나님만이 헤아릴 수 없는 지혜와 능력으로 오직 자녀의 생명과 유익을 위하여 진리에 속한 것을 가르치고 명하신다. 우리가 하나님께 순종을 한다고 해서, 그것 때문에 하나님이 대단한 유익을 우리로부터 착취하시는 것은 아니다. 하늘이 땅보다 높음같이 하나님의 길과 생각은 우리의 길과 생각보다 높다. 하나님의 생각은 우리의 생각과 달라 우리의 유익과 복을 위하여 순종을 당부하시는 것이다.

사람은 누구나 이기적이다. 자기가 기준이 되고 자기가 중심이 되어 자신의 소견대로만 하고 싶어 한다. 달리다 보면 서고 싶고, 서 있으면 앉고 싶고, 앉으면 눕고 싶은, 그저 편하고만 싶은 존재이기도 하다.

그러니 당장 눈앞에서 이해관계가 왔다갔다 하는 현실 속에서, 보이지도 않는 하나님의 말씀에 순종하기란 결코 쉬운 일이 아니다. 선악과 사건 이후 모든 인간은 불순종의 영에 이끌리게 되어, 하나님의 말씀을 마음에 두지 않고, 스스로 자기 인생의 주인이 되고 싶은 죄가 마음에 뿌리를 내렸다.

그럼에도 불구하고 하나님은 굳이 우리를 우리 뜻과 우리 생각대로 우리의 길을 가려는 데서 불러내셨다. 하나님의 뜻을 받들고 하나님의 생각을 이해하여 하나님이 인도하시는 순종의 자리로 이끌기 위해서이다. 순종하는 것이 비록 어렵고 고달프지만 하나님의 의를 이루고 우리를 위하여 축복의 문을 여는 것이기 때문이다. 반대로 불순종은 모든 죄의 근원으로서 화와 저주의 문을 여는 것이다. 아담과 하와가 하나님께 불순종하였을 때를 우리 인간의 눈으로 보면 그들은 대단히 끔찍한 죄를 저지른 것이 아니었다. 그들이 한 일은 요즘 신문 지상에 오르내리는 연쇄 살인이나 강간 같은 엽기적인 범죄와는 거리가 멀었다. 도적질, 사기, 도박 등 파렴치한 짓거리를 한 것도 아니다. 그냥, 나무열매 하나 따먹었을 뿐이다. 그런데 그 열매가 하나님이 금하신 선악과였다는 것이 문제다. 하고 많은 동산의 열매를 다 마음대로 먹으라고 했는데, 하필이면 먹지 말라고 했기 때문에 더 맛있고 좋아 보였다는 것이 타락의 시작이었다. 결국 하나님의 말씀을 거역하게 되었을 때, 그 불순종이 가지고 온 결과가 무엇이었나? 마음과 영이 혼미하여 더 이상 하나님의 임재를 누릴 수 없게 되었다. 어두움의 문을 그들의 손으로 직접 열었던 것이다. 불순종이 뿌리가 되어서 그들의 마음에는 더 큰 죄가 자리잡게 되었다. 사망이 깃들고 이마에 땀을 흘리며 산고의 고통을 겪을 수밖에 없는 존재가 되었다.

또한 하나님은 할 수도 없는 일을 명하지 않으시고, 얼마든지 순종할 수 있도록 환경을 다 만들어 놓고 순종하라고 하신다. 동산 나무의 모든 실과는 임의대로 먹되 선악을 알게 하는 나무의 열매만은 먹지 말라고 하신 것은, 우리를 억압하고 좌절시키려는 것이 아니다. 참되고 자발적인 순종을 통하여 하나님의 축복을 누리게 하려는 것이 하나님의 계획이다. 의심과 이간이 들어오자 그 달콤한 유혹에 아담과 하와가 넘어가 버리고 만 것이다.

그러므로 순종도 거역도 우리는 자유롭게 택할 수 있지만, 그 선택과 결정의 결과와 책임 역시 우리가 감당해야 하는 것이다. 실제로 성경은 우리가 순종할 때 하나님이 역사하셔서 그 순종을 통하여 하나님의 계획을 이루어 주시고 그 사람은 복을 받는 것과, 또 정반대의 선택으로 정반대의 운명을 맞는 것을 무수히 기록하고 있다.

백세에 얻은 독자 이삭을 번제로 드리라는 하나님의 명령이 과연 아브라함에게 이해가 될 수 있었겠는가?

"아들을 주시겠다고 하나님이 약속하셨잖아요?"

"자손을 하늘의 별처럼, 바다의 모래처럼 하시겠다고 약속하셨는데 말이 틀리지 않습니까?"

"수소의 번제라면 몰라도 사람도 하나님이 잡수시나요?"

"그런 것 다 놔두더라도 이삭을 내가 혼자 낳았나요? 사라와 의논해야 되지 않겠습니까?"

얼마든지 거역할 명분들이 있었다. 그러나 아브라함은 이른 새벽에 일어나 사라와 한 마디도 의논하지 않고 순종의 길을 떠났다. 그런 아브라함을 하나님은 사흘 길을 가는 동안 내내 지켜만 보셨지 이후의 전개될 일과 하나님의 계획에 대하여 한 말씀도 하지 않으셨다. 어쩌면 그는 마음속으로 온갖 번민과 갈등을 겪었을지도 모른다. 하나님은 그의 순종이 완성될 순간에 비로소 개입하셔서 이삭이 다치지 않도록 하셨다. 또한 그 고통스러웠을 순종의 여정이 헛수고가 되지 않도록 수양을 예비해 주셨다. 무엇보다도 마침내 그를 믿음의 조상으로 세우셨다.


모세는 또 어떤가? 도망자, 수배자에다가 처가에 얹혀 지내는 양치기에 불과한 80세 노인이 무엇을 할 수 있었겠는가? 애굽에 가서 이스라엘 백성을 이끌고 나온다는 것은 모세 스스로 생각해도 될 일이 아니었다. 능력이 있고 없고는 차치하고 애굽에 가면 당장 잡혀 죽을 처지였다. 설령 죽이지는 않는다 하더라도 바로가 순순히 이스라엘 백성을 보내 줄 리가 없었다. 이스라엘 사람들이 기다렸다는 듯이 따라 나설 리도 만무했다. 설사 그들이 따라 나왔던들 어린아이, 노인네, 여자들까지 데리고 광야 길을 어떻게 통과할 수 있었겠는가? 광야에서 다 죽을 것이 분명한 이야기이다. 그러니 못한다고 한 것이다. 거절하고 거부하다가 하나님이 노를 발하시자 그제야 억지로 순종한 것이다. 그러나 막상 한 번 순종한 이후로 그는 120살이 되는 40년간 단 한 번도 물러서지 않고 죽기까지 순종했다. 그가 순종하자 나머지 모든 역사는 하나님이 하시는 것을 그는 보았다. 능력의 지팡이를 주셔서 당당하게 바로 앞에 서게 하시고, 열 가지 재앙을 내려서 마침내 이스라엘을 이끌어 내셨다.

왜 열 번이나 재앙을 내렸을까? 단번에 끝장을 냈다면 바로는 허락할지라도 신하들이 들고 일어났을 것이다. 신하들이 꼼짝 못했더라도 이스라엘 백성들이 다 나오려 하지 않았을 것이다. 해방이 되고 나서 일본에 끌려갔던 조선인도 모두 못 나오지 않았는가? 60만 재일교포가 조국이 해방되고 난 지금까지도 차별을 받는다고 서러워하면서도 남아 있다. 몇십 년 눌러 산 곳도 떠나기란 쉽지 않다. 온 이스라엘이 마음을 모아 다 함께 애굽에서 나올 수 있도록 하나님이 바로의 마음도 강퍅케 하신 것이다. 그뿐인가? 길도 없는 사막에서 구름기둥, 불기둥으로 인도하셨다. 미숫가루도 누룽지도 육포도 없이 나온 그들에게 물과 만나와 메추라기를 하루 이틀도 아닌 40년을 공급해 주셨다. 끝없이 이어지는 그 놀라운 하나님의 역사를 보고, 가장 놀란 사람은 아마 억지 순종의 발을 내디뎠던 모세였을 것이다. 처음 모세를 부르셨을 때 하나님은 이미 모든 것을 계획하셨지만, 거꾸로 모세는 자기 머리로 아무리 헤아렸어도 이 모든 기적의 연속 가운데 단 하나도 상상하지 못했을 것이다.

다윗을 보라. 그는 하나님 마음에 합한 자였고 전쟁 영웅이자 이스라엘의 성군이었다. 그러나 남의 아내를 탐한 한 번의 불순종으로 인하여 그의 삶은 무서운 죄와 저주의 소용돌이에 빠지고 말았다. 덮으면 덮으려고 할수록 더욱 깊은 죄의 수렁으로 이끌려 들어가, 마침내 칼이 그의 집에서 떠나지 않는 무서운 저주의 문이 활짝 열리고 말았다. 간절히 회개하였을 때 하나님은 그의 죄를 용서하셨지만, 열린 문 틈을 비집고 들어온 사탄은 이미 그의 삶을 유린할 기회를 얻었던 것이다. 순종이 아무리 어렵다고 한들, 불순종의 대가에 비할 수는 없다. 다윗은 나단 선지자의 경고를 통하여 자신이 불순종의 대가를 치러야 함을 알 수 있었다. 사울에게 쫓길 때는 죄없이 고난당한 것이었지만, 자기 아들 압살롬을 피하여 다닐 때는 자기의 무서운 불순종 때문에 도망가야 한다는 것을 알고 가슴을 치고 회개했을 것이다.

우리의 문제는 불순종의 결과를 잘 깨닫지 못한다는 데 있다. 불순종이 초래한 고통은 눈에 잘 안 보이고 순종의 멍에를 피한 작은 유익만 눈에 보인다. 그래서 순종을 어렵게 생각한다. 불순종의 저주가 우리를 덮고 있어도, 그것이 불순종 때문에 온 것임도 알지 못하고 점점 더 유혹에 빠지고 고통 속에 들어가는 것이다. 모든 시련이 반드시 죄로 말미암는 것은 아니지만 우리가 불순종을 선택한 나머지 고난을 겪는 수도 있다. 쉽게 불순종을 선택하고 죄를 결정할 일이 아니다. 하와의 불순종과 그 결과를 기억해 보라. 순종은 희생이 아니다. 예수 그리스도께서 죽도록 순종하셔서 모든 인류가 구원받고 하늘나라의 복을 받게 된 것을 본받아야 한다. 아무리 어려워도 죽기를 각오하고 순종을 선택해야 한다. 우리가 순종하면 하나님이 역사하셔서 그 분의 아름다운 계획을 이루시고 교회를 크게 유익하게 할 것이다. 그뿐 아니라 하나님은 잘 보지 못하고 사람만 겨우 볼 줄 아는 믿음이 연약한 자들에게 귀한 본이 될 것이다.

하나님께 순종하되 그 분의 말씀에 순종하고, 그 중에서 가장 큰 명령인 선교의 명령에 순종해야 한다. 또한 교회에 순종하고 교회의 리더인 담임목사에게 순종하는 것도 포함된다. 모세에게 사명을 주셔서 그를 통하여 이스라엘을 붙드셨듯이 목원은 목자에게, 목자는 목사에게, 그리고 목사도 또한 자기 뜻, 자기 생각을 버리고 주님 뜻을 기쁨으로 따라야 한다. 그렇게 할 때 하나님을 향한 순종이 차례로 흘러 들어가서 하나님께는 영광이 되고 교회는 아름답게 성장하며 헌신, 봉사, 충성을 특권으로 아는 그 사람은 넘치는 축복을 경험하게 될 것이다. 그리고 가정과 사회 안에서 세우신 모든 권위에 순종할 때 비로소 순종이 온전해지는 것이다.

또 나와 함께 주님을 섬기는 성도들 몇 명이 주님을 섬기면서 체험한 일들(간증)을 무작위로 소개하겠다.

# 십자가를 지는 삶 _ 박영구 권사

좋은 직장에서 퇴직한 후에 열심히 살아가며, 암으로 투병 중에도 주님을 의지함으로 승리해 가고 있다.

| 이사야 40:31 |
오직 여호와를 앙망하는 자는 새 힘을 얻으리니 독수리가 날개치며 올라감 같을 것이요 달음박질하여도 곤비하지 아니하겠고 걸어가도 피곤하지 아니하리로다

하나님 믿어 부자 되고, 죽을 병에서 낫고, 자녀들이 잘 자라 성공했다는 스토리가 간증이라면 나는 아직도 간증거리가 없는 평범한 사람이다. 그럼에도 불구하고 하나님께서 그동안 내 삶에 남기신 너무나도 많은 은혜의 흔적을 증거하고 싶다.

약 2년 전 나는 급성 혈액암에 걸렸다. 건강 하나는 자신이 있었지만 치명적인 병이 내게 찾아올 것을 예감은 하고 있었다. 병이 오기 전 하나님께서 누누이 경고하셨음에도 불구하고 나는 못들은 체했다. 이렇게 사느니 죽는 게 낫다고 생각했기 때문이다. 그러나 입 안에 생긴 혹 때문에 말도 못하게 되고 입 안이 썩어 구멍이 뚫리는 급성 혈액암까지 걸릴 줄은 꿈에도 생각하지 못했다.

음식장사를 시작할 때 우리 부부는 기쁜 마음으로 그 일에 임했다. 음식은 생명을 유지하는 데 절대적인 것이므로 음식을 만들어 이웃에게 제공한다는 것은 즐겁고 보람된 일임에 틀림 없기 때문이다. 지금

도 그 생각에는 변함이 없다.

　설렁탕 전문점을 할 때에도 한우사골과 한우고기만으로 운영하려고 무던히도 애썼다. 그러나 노력하면 할수록 돌아오는 비웃음과 질타는 견디기 어려웠다.

　주변의 한우 취급 전문가들은 운영이 어렵다며 전부 말렸다. 사람들은 장사란 좋은 물건을 싸게 사서 비싸게 파는 것이지, 비싼 물건을 싸게 파는 게 아니라고 하는데 우리 부부는 그렇게 할 수 없었다. 좋은 재료, 좋은 음식, 정직한 밥상을 고집했다. 매순간 말씀만큼 정직하게 살지는 못하더라도 '정직하게 살라'는 말씀의 가르침이 매순간 양심을 찔렀기 때문이다.

　조언하는 사람들은 예수 믿는 것과 장사는 다르니 하나님은 교회에서 만나고, 만난 후에는 잊어버리라고 한다. 그래서 서래옥에도 하나님은 못 들어오시게 문을 꽁꽁 잠그고, 장사할 때는 수단방법을 가리지 말고 이윤을 남기라고 말한다. 장사를 잘 하려면 술을 잘 먹고 유흥도 즐길 줄 알고 지역의 각종 경조사에 얼굴을 내밀고 각종 지역행사도 빠짐없이 챙겨야 한단다. 그게 장사의 비결인데 그런 걸 하나도 못하고 그런 사람들과 어울리지도 못하니, 나를 장사가 뭔지 모르는 사람이라며 우습다고도 한다.

　그때마다 나는 한결같이 대답했다.

　"술과 유흥은 하나님을 믿는 사람으로서 할 일이 아니며 교회 관련 단체라면 가입해서 활동하겠지만 아니라면 제가 관심도 없는 유관단체에 가입하는 것은 어렵습니다."

그러면 사람들은 내가 아직 뭘 모른다는 반응만 보일 뿐이었다. 내가 장사하며 살고자 하는 목적이 예수를 믿는 목적과 다르지 않고, 내가 기도하고 예배드리는 목적이 살아가는 모습과 같기를 바라는데, 예수를 믿는 것과 장사를 하는 것은 다르고, 달라야 한다니 갈등이 끊이지 않았다.


나는 이러한 상황을 참고 견디는 것이 힘들어 죽고 싶은 마음이 들 때가 많았다. 예수쟁이가 매순간마다 자기를 부인하고 자기 십자가를 지며 예수님을 따라 산다는 것. 성령님의 인도하심이 없다면 이것은 죽기보다 더한 고통이며 미친 짓임을 바울의 눈물어린 고백이 아니라도 왜 모르겠는가. 사랑한다 하시면서 도대체 왜 이렇게 끊임없이 힘들게 하시냐는 우문에 하나님은 이렇게 응답하셨다.

"네가 힘들지 않으면 새벽마다 날 찾고 내 앞에 엎어져 간구하겠느냐. 너는 지금도 이 시련이 멈추고 문제가 해결되면 언제 그랬냐는 듯이 네가 좋아하는 장난감을 즐길 것이고, 네가 좋아하는 꽃밭으로 달음질하지 않겠느냐. 내가 널 쳐서라도 붙들리라."

"아, 그랬군요. 맞습니다."

고백하는 내게 하나님께서는 한 번 더 확고한 말씀을 하신다.

"내가 너의 모든 일을 지켜보는 CCTV임을 믿는다면 네가 감히 나의 명령을 거역하겠느냐. 네가 경찰관이 눈앞에 있는데도 도둑질을 할 것이며, 교통순경이 코앞에 있는데도 교통위반을 할 것이냐. 넌 아직도 날 경찰관이나 CCTV만큼도 무서워하지 않고 두려워하지 않음을 내가 슬퍼한다. 알겠느냐? 그리고 네가 새벽기도 드리고 싶다 하지 아니하였느냐? 해서, 새벽에 깨우는 건데 무슨 불평이 그리 많은가? 네가 돈이 안 생기는 일이라면 새벽에 일어나겠느냐? 돈이 생기는 일이라 하니 마지못해 일어나는 것이 아니냐? 이렇게 해서라도 네가 새벽에 일어나게 하고 또 네게 기도하려는 마음을 주었거늘…. 네가 묻지 않았느냐, 날 사랑하냐고 사랑하신다면 은사를 달라고. 그래, 이미 네가 구한대로 얻었음에도 아직도 네가 믿지를 못하느냐?"

"아뇨, 난 분명 하나님이 주신 기도의 은사를 받았습니다. 주신 은사로 매일 매일 내가 기도의 빚을 진 모든 분들을 위해, 또 주변에서 나의 기도를 필요로 하는 모든 분들을 위해 기도합니다."

제자의 길을 걷는 것이 너무 힘들어 때로 소리치며 그냥 옛 모습대로 살게 내버려 달라고 외치기도 했다. 그런데 하나님은 "내가 너를 얼마나 사랑하는데 너를 다시 사망의 골짜기로 밀어 넣겠느냐. 옛사람은 이미 예수와 함께 십자가에 못 박혔으니 죄의 몸이 죽어 다시는 죄에게 종노릇 하지 않게 된 것을 모르느냐."고 하셨다. 그래서 이번에는 확증을 달라고 기도했다. 아브라함에게, 야곱에게, 모세에게 보여주신 증표를 내게도 달라고 했다. 그러나 금방 그렇게 큰 것을 달라기엔 부끄러운 마음이 들었다. 그래서 그동안 기도의 빚을 갚게 기도의 은사를 주셔서 나를 위해 기도해주신 분들을 위해 기도할 때 다리가 저리지 않고 허리가 아프지 않고 기도하는 시간이 지루하거나 졸리지 않게 해 달라고 떼를 썼다.

어느 날 새벽, 하나님은 나의 기도를 들어 주셨다. 평소 10분만 앉아 있어도 다리가 저리고 허리가 아프던 몸이 장장 2시간 30분을 기도 했음에도 몸이 날아갈듯 가벼웠으며 기분이 상쾌했다. 기도도 중언부 언하지 않았다. 기도의 범위도 나와 내 가정 위주에서 주변의 아프고 슬프고 서러운 사람들을 위해 기도했다. 내가 한 것이 아니라 성령님 이 인도하신 것이다. 이 땅의 성직자들을 위해서도 강권적으로 기도하 게 하셨다. 기도하면서 기뻤다. 그러면서 기도가 끊어질까 두려웠다. 하나님이 주시는 은사가 진짜인지 허상인지, 그리고 이 순간이 지나면 멈추지는 않을까 두려웠다. 이 밤이 새도록 기도하고 싶었다.

앞으로도 더 많은 사람들을 위해 더 많은 기도를 뜨겁게 할 수 있기 를 소원하며 성령의 기름부으심으로 성령의 열매를 주렁주렁 맺어 아 픈 자와 가난한 자, 슬픈 자들과 나눌 수 있기를 간절히 소망했다.

그날 이후 내가 기도하고자 원할 때마다 기도의 문을 열어주셨다. 그때마다 하나님께 감사와 찬송을 드리며 그 자리에서 회개했다. 하나 님의 크신 사랑을 알면서도 확증을 달라 하고 떼를 쓴 내 믿음이 부끄 러웠기 때문이다. 그래도 또 물었다. 하나님은 날 사랑하시면서 왜 죽 을 병에 걸려 지금노 아프게 하시며 물질적으로나 가정적으로 힘들게 하시느냐고.

하나님께서는 잠잠하셨다.


병상에서 많은 생각을 했다. 아프게 해 달라 하니 아프게 하시고, 이 럴 바엔 차라리 죽는 게 낫겠다 하니 죽을 병을 주셨으니 하나님은 내 가 원하는 대로 해 주신 것이었다. 그래서 이번에는 남은 생을 하나님 위해 살다 가게 해 달라고 기도했다. 그러자 성경을 열어 주셨다. 전에는 어쩌다 들춰 보았고 필요할 때 필요한 구절만 대충 보곤 했는데, 이제는 살아 있는, 나의 이야기로 꽉 들어차 있음을 깨닫게 하셔서 아무리 재미있는 드라마도 성경 읽는 기쁨과는 비교할 수 없게 되었다. 지난날 나의 지식은 쓰레기요, 재미있던 모든 일은 부서진 장난감에 불과해 보였다. 나름대로 잘난 체하던 모든 것이 그리스도를 아는 지식에 비하면 배설물만도 못함을 알게 된 것이다.

내게 주신 기쁨은 기도와 말씀으로 채워주시는 하나님의 은혜이다.
원칙대로 살려고만 했고, 주님 안에서 참 기쁨과 자유를 누릴 줄 몰랐던 나에게 하나님은 어느 새 내 중심에 다가오셔서 나에게 새로운 눈과 마음을 열게 해 주셨다.

# 목장 부흥을 통한 나의 신앙성숙 _ 현상철 권사

초등부와 목장에서 봉사하고 있다. 무엇보다도 특별한 열심 · 기도 · 아이디어 · 희생으로 목장을 잘 인도해 가고 있는 모범 목자이다.

| 잠언 8:17 |
나를 사랑하는 자들이 나의 사랑을 입으며 나를 간절히 찾는 자가 나를 만날 것이니라

얼마나 심하게 아팠던지 밤새도록 끙끙 앓고 있었다. 비몽사몽 잠깐 잠이 들었던 걸까? 새벽녘이었는데, 내 머리에 손을 얹고 눈물로 기도하는 어머니의 모습을 보게 되었다. 내가 자취생활을 하던 대학교 1학년 시절의 이야기이다.

어머니가 돌아가신 지도 일 년이 넘었지만 그날의 감동은 지금도 너무나 생생하다. 잠결에 어머니의 기도 소리를 들으면서, 못난 이 자식을 위해 기도하시기를 내가 태어난 후 20년 동안 거의 한 번도 거르지 않으셨다는 것을 알게 되었다. 그날부터 지금까지 어머니의 주님을 나의 구세주로 모시고 하루하루를 살고 있다.

원래 성격이 전형적인 O형 기질에 사교형인 나는 사람들 만나는 것 좋아하고, 때로는 많은 사람들을 선동하며, 급한 성격 탓에 실수를 연발하고, 칭찬과 인정받는 것을 매우 좋아하는 열정적인 성격의 소유자이다. 그래서 당시 교회 학생부의 큰 행사였던 문학의 밤에도 단골 손님으로 출연하며 친구 사귀는 재미로 교회에 다녔다. 그러나 주님을

믿고 따르는 참된 신앙생활과는 거리가 멀었다. 오히려 나는 주님을 따르는 자들에게 걸림돌이 되었다. 어머니, 형, 누나, 동생은 열심히 신앙생활을 하였으나 나는 불신앙의 동지인 아버지와 함께 그들을 조롱하기만 하였다.

어머니의 기도가 늘 내 길을 이끌어 준 탓일까? 그렇게 하나님께로 마음을 돌이킨 후로 열심히 신앙생활을 하게 되면서 모든 일이 순조로웠다. 졸업 후에도 대기업에 다니며 안정적인 직장생활을 할 수 있었다. 그러던 중 경영컨설팅회사에서 스카웃 제의가 들어왔다. 여러 회사에 다니면서 경영자문을 해주는 업무였다. 그 무렵 내가 받고 있던 월급의 2배를 보장 받고, 현장도 주 3회만 나가면 되는 조건이니 당시로서는 파격적이었다. 무엇보다도 나의 성격과 적성에 딱 맞는 일이었다. 신앙생활도 직장생활도 신바람이 났었던 나의 황금시절이었다. 그런 나에게 크나큰 시련이 닥쳐왔다.

하는 일마다 족족 어긋나는 것이었다. 특허 공부를 하려고 특허사무소에 다녔지만, 적성에 맞지 않아 곧 그만두게 되었다. 골프 사업에 뛰어들었으나 준비부족과 경험부족으로 그나마 남은 자산까지 모두 잃게 되었다. 그리하여 결국에는 불로동으로 이사를 오게 되었다. 집사람, 자식과 주위 사람들 보기에 정말 민망하였다. 그 외중에 수정교회에 등록하게 되었다. 2006년 3월 이야기다.

지난 시절의 교훈을 기억하며, 무조건 교역자와 신앙 선배들을 깍

듯이 대하며 새롭게 신앙생활을 잘 해보려고 마음먹었다. 등록하면서 찬양대와 교회학교 교사를 맡아 봉사를 시작하였다. 나의 속에 잠재되어 있던 신앙의 작은 불꽃이 활짝 피어나게 되었다. 드디어 116목장의 목자로 임명되었다. 너무나 감개가 무량하였다.

처음 세 명이 모여 감격스런 첫 목장 모임을 가졌다.
"주님! 116목장이 새롭게 인원을 구성하여 비록 지금은 초라하게 출발합니다. 저희 모임에 주님이 친히 함께 하시여 모일 때마다 세상에서 느낄 수 없는 기쁨을 맛보게 하시고, 주님의 제자로서 주님의 인도함을 받게 하여 주시고, 가장으로서 가정을 행복한 곳으로 만들게 하시고, 무엇보다 직장에서 인정받고, 사업의 번창을 통하여 선교와 봉사의 사명을 감당할 수 있도록 하시고, 수정교회에서 가장 모범이 되는 목장으로 주님! 인도하여 주시옵소서."

# 전성시대 _ 박혜경 집사

재주도 많고, 능력도 많고, 일도 많아서 가정, 교회, 회사 일로 늘 분주하다. 그 능력으로 하나님 나라 확장에도 크게 쓰임 받을 일꾼이다.

| 로마서 8:14 |
무릇 하나님의 영으로 인도함을 받는 사람은 곧 하나님의 아들이라

무려 2년에 걸친 순례였다. 우리 가족이 신앙생활을 잘 할 수 있는 교회를 찾기 위해서라면 그 정도 시간을 들여도 좋다고 생각했다. 교회의 리더인 목회자에 비중을 크게 두고 목회 철학과 신학, 영성, 성품을 두루 갖추신 분을 만나게 되기를 소원했다. 성도간에 사랑과 은혜가 넘치며 영적으로 건강한 교회를 찾고 싶었다. 그렇게 기도하며 김포로, 서울로 유명하다고 좋다고하는 교회를 찾아다녔다. 그렇게 수정교회에 나오게 되었다.

뜨거운 찬양으로 시작하는 열린 예배에 마음이 열렸지만, 교회 안내책자 등 필요한 정보만 수집했다. 조심스러운 마음에 9개월간 등록도 안 한 상태로 교회 탐색전에 들어갔던 것이다. 지금 생각해 보니 9개월 동안 사모님의 레이더 망에 걸리지 않고 온 가족이 예배를 드리면서 무사히 다닐 수 있었던 것이 기적 같다.

서울 대림동에 교회가 있는데 또 교회를 건축해서 왔다고 하니, 여기에 이르기까지 목사님 이하 임직과 성도들의 보이지 않는 기도와 수

고와 헌신, 희생이 절로 짐작되었다.

등록 후 교회에 점차 적응해 나갔지만 많은 갈등과 염려가 있었다. 목자로 헌신하자니 지금만으로도 바쁘고 분주하고 쫓기는 삶인데 회사 일에 소홀해지고 전념하지 못할 것 같아 사업이 염려되었다. 그렇다고 목자를 내려놓자니 주님의 마음을 아프게 하는 것이라 고민이 많았다. 조용히 나 자신에게 반문해 보았다.

"꿈과 비전을 그리며 그토록 좋은 교회와 영적인 리더를 찾았던 이유가 무엇이었나? 편안하게 신앙생활하고 좋은 말씀 듣고 머리만 커지고 내 귀만 고상해지려던 것이었단 말인가?"

어불성설이란 생각과 여전히 나뉘는 두 마음으로 괴로웠다.

마음을 다잡으려고 디모데전후서를 읽었다. 자신에게 순교의 시간이 다가오고 있음을 느낀 바울은 자신의 사역이 마무리 단계임을 직감한다. 그래서 에베소에서 목회하고 있는 디모데를 위로하며 새로운 힘과 용기를 준다. 디모데의 소심한 성격과 연약한 육체를 걱정하면서 맡겨진 사명을 인내로써 감당할 것을 간곡하게 촉구한다. 바울은 디모데를 '예수의 좋은 군사'라고 부름으로써 사역 자체가 하나의 영적 전투임을 상기시키고 전투에서 승리하라고 한다. 이렇게 디모데의 형편과 사도 바울의 심정을 속속들이 느끼며 읽어 나갔다. 마치 내가 그 바울의 심장 속으로 들어가기라도 한 듯 한 구절 한 구절이 심금을 울렸다. 가슴을 파고드는 말씀으로 인하여 성경책 앞에서 눈물 콧물이 범벅이 되고 눈이 퉁퉁 붓도록 울었다.

특별히 "이제 내가 사람들에게 좋게 하랴 하나님께 좋게 하랴 사람들에게 기쁨을 구하랴 내가 지금까지 사람들의 기쁨을 구하였다면 그리스도의 종이 아니니라"는 갈라디아서 1장 10절 말씀이 마음에 깊이 새겨졌다. 단호하게 사역의 의지를 고백하는 사도 바울의 말씀을 통하여 성령께서 내 마음을 감동케 하셨다. 주님 일은 내가 해야 하는 것이기에 성령님이 강권적으로 하신다는 것을 깨닫고 묵묵히 순종하며 최선을 다하리라 결심했다.

순종하기로 결단하자 하나님께서 나에게 말씀을 주셨다.

스바냐 3장 17절이었다.

"너의 하나님 여호와가 너의 가운데에 계시니 그는 구원을 베푸실 전능자이시라 그가 너로 말미암아 기쁨을 이기지 못하시며 너를 잠잠히 사랑하시며 너로 말미암아 즐거이 부르며 기뻐하시리라 하리라"

나의 멘토가 되어주신 영적인 엄마요, 리더인 사모님은 나의 연약한 부분과 부족한 부분을 정확히 지적하여 주시고 멘토링해 주시며 지도해 주셨다. 영혼 사랑하는 마음과 전도의 뜨거운 열정을 보고 배울 수 있게 해주셔서 감사드린다. 나에게 눈물이 날 때는 많이 울라고 말씀하셨는데, 이젠 예수님 생각만 해도, 사도 바울의 말씀만 읽고 찬양만 해도, 은혜와 감동을 주시어 엉엉 우는 울보가 되어 버리고 말았다.

연초에 목원 6명으로 시작한 목장이 10개월 만에 지금은 24명의 목원이 되게끔 배가의 배가를 시켜주신 하나님께 감사드린다. 올해 연말이면 목원이 목자가 되어 독립 분가하는 목장이 될 것으로 기대하고 있다.

해가 갈수록 넘치는 은혜를 나는 뭐라 말로 표현할 길이 없다. 내 평생을 다해도 주신 은혜를 갚을 길이 없지만, 주신 일에 순종하며 최선을 다하리라 다짐해 본다.

# 젊은 피 _ 문예순 권사

수정교회 개척시절부터 30여 년을 한결같이 교회를 사랑하고, 주님을 사랑하며 열심과 희생으로 봉사해 오신 권사이다.

| 이사야 25:1 |
여호와여 주는 나의 하나님이시라 내가 주를 높이고 주의 이름을 찬송하오리니 주는 기사를 옛적에 정하신 뜻대로 성실함과 진실함으로 행하셨음이라

'아깝다!'

수양회 둘째 시간. 목사님 강의가 끝나고 모두 기도하고 있는데 내 귓전에 들려 온 음성이었다. 나는 마음속으로 반문했다.

"아까워? 하나님 뭐가 아까워요?"

"…"

"뭐가 아까운데요? 나이가 아까운가요?"

뜻을 알 수 없는 음성에 계속 물음을 던지며 기도를 했다. 어느 새 내 눈에서는 눈물이 흐르기 시작했다. 그저 한없이 울며 기도했다. 내 마음에 있는 나도 모르는 찌꺼기들이 씻겨나가는 것 같아 다 씻기기를 바라는 마음으로 기도를 멈추지 않았다.

"아이가 입에 물었던 사탕을 잘못하여 땅에 떨어뜨려 놓고서는 아까워서 얼른 물에 씻어서 다시 입에다 넣는 것…."

"그래, 아이의 입 속에 있는 맛있는 사탕처럼 하나님이 나를 아까워

하시는구나…."

　나를 아까워하시는 주님! 그런 생각이 드는 순간 정말 벅차오르는 기쁨이 밀려왔다. 주체할 수 없는 감사와 기쁨이 나를 흥분시켰다. 그리고 다시 내 마음과 입술과 귀는 성령으로 무장되었다.

　구원에 대한 확신이 없는 것도 아니고 순종을 하지 않는 것도 아니었다. 그러나 나에게 성령의 임재로 인한 거룩한 기쁨이 넘치고 있지 않았던 것이다. 어느 날 불현듯 목사님과 심방 다닐 때가 떠올랐다. 목사님은 늘 가정마다 다니시며 "매일 예배를 드려서 집안 공기를 성령의 공기로 바꾸세요." 라고 권면하시던 것이 생각났다. 마음을 새롭게 해야겠다는 생각에 다음 날부터 아침마다 커피를 타서 거실로 나와 예배를 드리기 시작했다.


　주님께서는 내게 다시 성경을 읽히시고 기도하게 하시고 은혜 가운데 임하시어 '젊은 피'를 수혈해 주셨다. 순간 순간 나의 육신은 한없이 작아지고 가벼워졌고 내 입에서는 감사가, 내 눈에서는 뜨거운 눈물이 마구 쏟아져 나왔다. 나는 변화되었다. 기도에 힘이 생기고 모든 일에 너무 행복했다.

　나이가 들어 뒤로 물러서려는 내 안일함을 주님께서 아시고 섬세하게 마음을 만져 주신 것이리라. 젊을 때 주의 종을 따라다니며 나도 모르게 내 골수까지 박혔던 말씀들이 모두 다시 일어나 나를 '젊은 피'로 되돌려 놓으신 것만 같다. 요즘 나는 얼굴에서 빛이 난다는 말을 들을 정도로 너무 행복하고 기쁘다. 하나님께서는 나를 아이의 입 속에 있는 사탕처럼 아까워하시니까….

# 귀환의 기쁨과 나눔의 기쁨 _ 남경현 집사

신학을 공부하고 교역자로 사역하다가 우리 교회에 와서는 모든 것 내려놓고서
겸손과 열정과 섬김으로 남편을 세우고 교회를 세우는 신실한 제자이다.

| 요한복음 14:27 |
평안을 너희에게 끼치노니 곧 나의 평안을 너희에게 주노라 내가 너희에게 주는 것은 세
상이 주는 것과 같지 아니하니라 너희는 마음에 근심하지도 말고 두려워하지도 말라

조심스럽게 나는 맨 뒤로 갔다. 남편과 함께 기도하기 시작했다. 한참을 기도하다가 앞을 봤는데 유난히 눈에 띄는 사람이 있었다. 어떤 한 청년이 몸부림을 치며 간절하고 뜨겁게 기도를 하고 있었다.

"대체, 어떤 사람이길래, 저렇게 충만하게 기도하는 걸까?"

궁금증이 생겼다. 그 청년의 앞쪽으로 가서 얼굴을 쳐다보았다. 그 순간! 나는 그 자리에서 얼어붙어 움직일 수도, 숨을 쉴 수도 없을 만큼 강한 전율을 느꼈다. 어느덧 내 눈에서는 하염없이 눈물이 흘러내리고 있었다.

여호와여 주의 행사로 나를 기쁘게 하셨으니 주의 손의 행사로 인하여

내가 높이 부르리이다.(시편 92:4)

그 청년은 바로 내 동생이었다. 수정교회에 등록하라고 권면하던

내 말을 전혀 듣지 않던 동생이었다. 그날 나와 남편은 성령수양회에 있었고 내 남동생은 금요철야 예배를 드렸다.

그 주에 동생은 수정교회에 등록하게 되었다. 새벽마다 동생을 위해 눈물로 기도했는데 동생은 12년 만에 다시 교회에 나오게 된 것이었다. 이제는 교회에서 찬양단도 하고 목장예배도 드린다. 주님께서는 나의 온전한 귀환을 요구하시며 12년 동안 동생의 발목을 붙들고 계셨을지도 모른다. 주님은 영혼들에 대한 간절한 나의 중보를 원하셨으리라…. 구원의 은혜를 더 많은 이에게 나누기를 소망하신 주님은, 내 마음을 속속들이 아시는 주님은 그렇게 나의 중보의 무릎을 만들어 주신 것이다.

남편과의 관계가 좋지 않아 많이 힘들어하던 분들의 입을 통하여 "아직 남편을 다 이해할 수는 없지만 전보다 남편을 이해하고 사랑하도록 노력해보겠습니다."는 고백이 나왔다. 또 다른 분은 "정말 좋고 착한 남편을 하나님께서 서에게 수셨는데 저는 나쁘고 부족한 아내였습니다." 하면서 "저로 인한 남편의 상처를 어찌 다 위로해야 할지 모르겠습니다. 주님께서 저의 남편을 위로하고 치유하시길 기도합니다." 라며 눈물을 쏟기도 했다.

이들은 한결같이 "부부 갈등의 원인제공자는 남편이야."라고만 생각했다고 한다. 그래서 "남편이 먼저 내가 원하는 대로 해주면 나도 좋은 아내가 될 수 있다."고 고집하며 사사건건 자기 위주로만 생각하고 행동하게 되었던 것이다. 그러다 보니 서로 팽팽한 신경전을 통해 부부관계는 점점 악화되어 갔던 것이다. 그런 분들이 주님을 만나고 내가 죄인임을 고백하고 다른 사람을 용서하는 가운데 회복된 것이다. 마음에 먼저 기쁨과 평안이 찾아왔고, 덩달아 가정이 천국으로 변화되어 가고 있다는 고백들이 나왔다.

건강 문제로 어려움이 있던 분들을 위해 다 같이 합심하여 기도할 때에는 치유의 역사가 나타났다. 또한 임신을 원하여 기도 제목으로 내놓고 계속 기도하던 중에 아기를 선물 받은 분도 계셨다.

팀 사역에서 팀원을 섬기면서 내가 받은 은혜 또한 놀라웠다. 하나님께서는 예배의 자리에, 새벽 기도의 자리에, 말씀의 자리에 나를 세워 주셨다. 부족한 나를 통해 한 분 한 분을 위해 기도할 수 있도록 도우셨다. 치밀하신 하나님께서는 나에게 행동하게 하신 그 이상의 결과를 예비하고 계셨다. 부족한 나의 입술을 열어 많은 분들이 구원의 확신과 성령 체험을 통해 헌신된 주님의 제자로 성장하기를 소원한다.

내 안에 있는 무엇과도 바꿀 수 없는 기쁨은 주님께로의 온전한 귀환의 선물이었다. 오늘도 나는 기도한다.

"신실하게 언약을 지키시는 주님, 눈물의 기도를 들으시는 주님, 곤고한 자들을 구원하기 위하여 무릎 꿇을 때 그들도 온전히 하나님께 돌아오게 하소서. 그리하여 큰 기쁨을 더 크게 나눌 수 있는 복을 오늘도 허락하소서."

# 주께서 인도하시니 따라가겠나이다 _ 여미정 집사

큰 믿음과 섬김의 열정과 사랑의 수고가 넘치는 좋은 전도자요, 좋은 목자이다.
12제자 사역의 정착에 크게 기여하리라 기대한다.

| 로마서 5:1 |
그러므로 우리가 믿음으로 의롭다 하심을 받았으니 우리 주 예수 그리스도로 말미암아 하나님과 화평을 누리자

"한 민족을 품고 기도하며 그 민족을 향해 나아가는 선한 한 분의 선교사의 선교비를 전액 후원하는 목장", 이것이 우리 목장에 대한 나의 비전이었다.

그런 목장을 만들기 위해서, 나의 부족한 영성을 충전받기 위해서 목자 모임을 늘 사모했다.

목자 모임에서는 제자의 발을 씻겨주신 주님을 닮은 아름다운 사랑을 많이 만날 수 있었다.

몸살을 앓아 입술이 부르튼 사모님의 헌신, 메마른 목원들을 위하여 기도로 울부짖는 목자들, 믿음으로 의롭다 함을 입고 주님께 나와 고하는 목원들, 주 중에도 날아드는 목장 리더의 문자 내용 등등… 그 모든 것이 마치 어딘가에서 CCTV로 나의 삶을 지켜보고 있다가 결정적인 순간에 나를 일깨우는 듯하였다. 힘든 자신을 뒤로 하고 자기보

다 더욱 힘든 이들에게 사랑을 전하는 모습은 나를 감동시키기에 충분
했다. 그러한 곳이 바로 목자 모임이었다. 이렇듯 목자 모임을 통해 나
를 만들며 내 삶을 다듬어가게 되었다.

나는 목자 모임에서 받은 하나님의 은혜를 우리 목원들에게 전해
주기 위해 기도와 말씀으로 무장하며 최선을 다했다. 그러나 나의 기
대와는 달리 한 달 반이 지나도록 목원들에게는 아무런 변화가 없었
다. 주일 예배에 불참하는 목원, 주일 성수는 하지만 목장 모임에는 안
나오는 목원, 막상 목장 모임에 나왔지만 각자의 삶을 나누고자 하면
두 마디 이상을 하지 않고 묵묵부답으로 바라만 보는 목원…

나의 능력과 자격에 대한 회의와 좌절, 목원에 대한 원망과 섭섭함
이 가슴을 가득 메우며 밀물처럼 밀려왔다. 그렇게 마음이 정리되지
않은 뒤숭숭한 상태로 우리 집에서 목장 모임을 하기로 정해져 있던
어느 날이었다. 가는 날이 장날이라더니 그동안 잘 나오셨던 권사님
한 분마저 안 오셨다. 온 몸에서 힘이 모두 빠져나가는 것 같았다. 그래
도 힘을 내서 예배를 드려야겠다는 생각에 참석한 다른 권사님께 찬양
을 하자고 했다.

권사님은 "오늘은 나 혼자뿐이니까 찬양을 두 곡만 합시다."라고
하셨다.

그래도 나는 주저하지 않았다.

"한 명이 모이든 열 명이 모이든 원칙대로 찬양 다섯 곡, 기도 이십
분은 지켜요."

어떻게 찬양 다섯 곡을 했는지 모르겠다. 가까스로 그 시간이 지나고 말씀을 읽고 삶을 나누는 차례가 되었다.

"내 인생에서 가장 슬펐을 때를 나눠보세요."

지금까지 목장 모임에서 두 마디 이상 얘기를 하지 않던 권사님이 입을 여셨다.

"내가 어렸을 때…"

매우 조심스럽게 말문을 여시는 것이다.

이게 어찌된 일인가? 한 시간 이상 마음의 문을 활짝 열고 슬펐던 어린 시절 이야기를 하시는데 그 순간 나도 권사님과 같은 아픔과 슬픔이 느껴졌다. 결국 우리 둘은 함께 울면서 기도하게 되었다. 그때부터 권사님의 태도는 적극적으로 변화되었다. 그 후에는 다른 한 분의 권사님도 목장 모임 때마다 자신의 부끄러운 과거사라면서 그동안의 신앙생활과 살아오신 얘기들을 나누어 주셨다. 지금은 우리 목장의 어머니 역할을 톡톡히 감당하고 계신다.

이 경험이 내게는 무척 소중한 경험이었다. 그 후로는 어쩌다 목장 모임에 아무도 참석하지 않을 때조차도 실망스러워하지 않게 되었다. 그저 "하나님께서 오늘은 나 혼자에게 주실 은혜가 있으신가 보다."라고 생각한다. 그러고는 기쁨과 감사의 예배는 드려야 한다는 깨달음이 왔다. 그것 또한 참으로 은혜로운 시간이었다. 그렇게 해서 나는 목장 모임에 나오지 않는 목원을 보게 되더라도 주일 예배에는 꼭 나오라는 말을 전하며 사랑으로 다가설 수 있었다. 나온다 나온다 하면서 주일에도 교회에 오지 않는 목원이 있어도 노하기를 더디하시는 하나님을 따라 사랑으로 기다릴 줄 알게 되었다. 내 전화를 받지 않는 목원에게 문자라도 보낼 수 있어서 참 기쁜 일이라고 생각하게 되었다.

목장 모임을 통해서 가장 많이 변화된 것은 나 자신이라는 사실에 놀라지 않을 수 없었다. 목장 생활 6개월 만에 몰라보게 성격 개조가 된 셈이다. 물론 아직도 회복하고 치유하여야 할 곳이 너무 많지만 말이다.

주님께서는 내 혈기로 리더 역할을 감당하려고 한 나의 교만을 용서하셨다. 인내와 사랑으로 처음부터 지금까지 목장을 이끌어 오셨다. 그러면서 먼저 나를 훈련시키신 것이다. 주님께서는 나를 훈련시키기 위해 작은 예수를 내 앞에 세우셨다.

'헌신'이 무엇인지 삶으로 보여 주신 조일래 목사님과 사모님께 존경과 감사를 드린다. 더불어 너무나 보잘 것 없고 부족한 목자이지만 나의 삶이 그리스도의 향기를 전하는 삶이 되어서, 목원들에게 비춰지는 내 모습이 십자가 아래 무릎 꿇은 청지기의 모습이기를 바란다.

'네 시작은 미약하였으나 후일 창대하리라'
주님의 음성을 가슴에 품고 소망을 끌어안는다.

# 이웃에 복음을!
# 농어촌에 선교비를!
# 온 세계에 선교사를!

**언**젠가 교도소에서 복역중이던 죄수가 쇠톱으로 창살을 절단하고 감쪽같이 탈옥한 적이 있었다. 나중에는 다시 붙잡혔지만 꽤 오랫동안 경찰의 추적을 따돌리면서 온 나라를 떠들썩하게 했던 것으로 기억한다. 감옥생활, 탈옥, 도주, 그리고 도피로 이어지는 행적들은 보통사람들이 흔히 겪는 뻔한 스토리가 아니다. 그래서 자주 영화의 소재로 등장한다. 「쇼생크 탈출」, 「빠삐용」, 「올드 보이」 등이 그런 일상과는 동떨어져 있지만 스릴과 긴장감 때문에 감옥과 탈출을 소재로 쓰고 있다. 이런 이야기를 보면 실화이든 지어낸 이야기이든, 주인공이 정말 죄를 지었건 아니면 억울하게 누명을 썼건 한결 같은 특징이 있다. 갇힌 사람들이 보이는 반응이다. 감옥생활이 너무 끔찍해서 마치 지옥에라도 온 것 같은 것이다. 어떻게 해서든지 풀려나려고 몸부림을 친다. 무서운 집념으로 탈출을 꿈꾼다.

성경에도 감옥에 갇혀 처형되거나 풀려나는 이야기들이 많이 등장한다. 그 가운데는 예수님의 제자들도 있다. 그들이 투옥되는 이유는 한결같다. 모두 예수를 구주라고 전파하고 사람들을 가르친 것이 죄목이다. 이들도 간혹 무사히 풀려 나오고 많은 경우 끝내 살아서 돌아오지 못했다. 그런데 흥미로운 것은 이들의 옥중생활이다. 우리가 영화를 통해 알고 있는 보통의 감옥생활과 사뭇 다른 점들이 있다. 억울하기로 치자면 이들만큼 억울한 옥살이도 없다. 누구에게 피해를 준 일이 없기 때문이다. 위협적이고 기약이 없기로 치더라도 별 손색이 없다. 살기등등한 분위기에서 첩첩이 호위병에게 둘러싸여 언제 불려나가 처형될지 모르는 상황이다. 그럼에도 불구하고 감옥에 갇힌 그들은 괴로워하거나 불안에 떠는 것 같지 않다. 평소와 다름없이 태연하게 갇힌 중에서 찬송을 부르는가 하면, 도리어 밖에 있는 다른 사람들을 위로하고 격려한다. 내일이면 재판을 받고 처형될지도 모르는 형편에서도 마치 제 집 안방에서 쉬고 있기라도 하는 듯 겉옷도 신발도 벗어 놓고 깊이 잠들기도 한다.

이보다 더 신기한 것은 극적으로 탈옥(?)한 다음에 이들이 하는 행동이다. 옥 터가 무너지거나 천사가 빼내어 주겠다고 하더라도 자신을 감옥에 넣은 사람들은 그대로 있는 것이 아닌가? 위협이 사라진 것이 아니니 사람들의 눈에 띄지 않도록 애쓰는 것이 맞을 것 같은데 그렇지가 않다. 소나기는 피하고 본다고 꼬투리 잡힐 일은 하지도 말고 한동안이라도 조용히 지내야 할 것 같은데 생각 밖의 일을 한다. 젓가락으로라도 담을 파고 나올 판인데 옥이 절로 무너졌으니 이런 기회가 어디 있겠는가? 뒤도 돌아보지 말고 재빨리 도망해야 맞다. 그런데 그 자리에서 복음을 전하고 세례를 베풀며 시간을 지체한다. 그런가 하면 풀려나자마자 사람들이 많이 모이는 성전으로 돌아가서 공공연히 복음을 외친다. 이쯤 되면 삶을 포기한 것이나 다름없다. 평안한 정도가 아니라 담대하기 그지없다. 오히려 그들을 결박했던 사람들이 두려워 어쩔 줄을 모른다. 다시 잡혀 와도, 위협을 당해도 흔들림이 없다. 예수 이름을 전파하는 일은 결코 중단할 수 없다고 드러내놓고 재범을 선포한다. 위협하는 자리를 아예 복음 전파의 기회로 삼아버린다. 다시는 그리 말라며 채찍질을 하면, 오히려 더 기뻐하며 감사로 복음을 전한다. 왜? 그 이름을 위하여 능욕 받는 일에 합당한 자로 여기심을 받았으니 영광이라는 것이다. 이렇게 그들은 날마다 어디서나 예수 전하기를 쉬지 않았다.

무엇이 이들을 이렇게 담대하게 만들었을까?
그들의 대답은 이것이다.
"사람보다 하나님을 순종하는 것이 마땅하니라"(행 5:29)
복음을 전하는 것은 하나님의 명령에 순종하는 일이므로 누가 만류하고 핍박한다고 하더라도 그만 둘 수 없기 때문이다.

요즘이야 힘 있는 사람 하면 한 나라의 대통령 정도인데, 요즘 대통령과 그 당시 왕은 그 권위가 비교도 안 된다. 일국의 대통령이래야 고 작 몇 년 임기 동안 대통령일 뿐이며, 종종 우스갯소리의 주인공으로 오르내리고 그나마 인기가 떨어지면 온갖 사람들한테 욕을 듣는다. 그 시대는 지금과는 전혀 다른 시대였다. 말 한 마디로 영문도 모르는 두 살 아래 사내아이를 모두 죽이기도 했고, 잔치의 여흥에 취해 당대의 의인을 목 베어 접시에 담아 오기도 했다. 말 그대로 임의로 죽이며 임 의로 살리며 임의로 높이며 임의로 낮추었던 존재가 바로 왕이었다. 이스라엘만 아니라 우리나라도 옛날에는 이와 별반 다를 바 없었다.

"어명이요~" 하면 끝이다. 싫건 좋건 토를 달 수도 없고 거절할 방 법도 없다. 그저 목숨 바쳐 수행해야 하는 것이 어명이었다. 그 어명이 사약을 내리면 먹고 죽으면서도 신하는 의복을 갖춰입고 예의를 다 하 였다. 임금 계신 곳을 향해 예를 갖추어 절을 하고, 무릎을 꿇고 두 손 으로 그 약사발을 받들어 마시고 죽어야 하는 시대였다. 그것이 바로 왕의 명령이었다.


예수님의 제자들은 그런 세상 최고의 권세에 아랑곳하지 않았다. 그 왕보다 더 높은 왕이 하나님이시기 때문이다. 세상의 왕들이 가진 막강 권력이 사실은 다 하나님이 주신 것임을 알았기 때문이다. 고대 의 왕들은 자신의 막강 권세를 자랑하느라 자주 자신을 살아 있는 신 으로 추앙하게 했다. 그러나 그 어떤 신적 권위를 자랑하던 왕도 하나 님의 헤아림과 하나님의 달아 보심을 피할 수는 없었다. 하나님의 저 울에 달아서 부족함이 보이면, 그 권세와 나라는 바로 거두어지는 것 이었다. 무르익은 왕궁의 화려한 연회장 한복판에서 하나님의 경고를 받은 벨사살 왕은 바로 그 다음날 시체로 발견되었다. 사도 야고보를 참수하고 의기양양하여 내친 김에 베드로마저 처형하려고 했던 헤롯 왕은 하나님이 치시자 고작 벌레에 물려서 죽고 말았다. 칼로 세계를 제패하고 대 바벨론 제국을 이룩했던 느부갓네살도 하루아침에 권좌에서 쫓겨나 들짐승과 함께 거하며 소처럼 풀을 먹고 하늘 이슬에 젖는 세월을 보내야 했다. 그러나 우리 하나님은 가까이 가지 못할 빛에 거하시고 죽지 않으시며 태초부터 영원까지 만왕의 왕이시며 만주의 주이시다.

예수님은 부활하신 후 승천을 앞둔 시점에서 그의 제자들을 향하여 앞으로 그들이 해야 할 일을 분부하셨다. 바로, "가서 모든 족속으로 제자를 삼으라"는 대위임령을 내리신 것이다. 예수님은 이미 3년간이나 제자들과 함께 하시며 설교하고 가르치셨다. 그 분이 말씀하시면 분명 가방 끈 짧은 목수의 입에서 나오는 말인데도 서기관들보다도 더 권세 있는 교훈이 흘러나왔다. 그런데도 이 명령을 하실 때는 보통 때 하지 않던 말을 덧붙이셨다. 본론에 들어가기 전에 하나님께서 하늘과 땅의 모든 권세를 자신에게 주셨다는 사실을 먼저 언급하셨다. 자신을 인자라고 하실 때에도, 하늘과 땅의 모든 권세를 가진 실질적 왕이라고 선포하실 때에도 변함없이 그 분은 태초부터 계신 왕이시다. 새삼 그것을 강조하신 것은 이제 자신이 남기시는 분부가 왕의 명령임을 강조하시는 것이다. 하늘과 땅의 모든 권세를 가진 만왕의 왕이 그 왕의 권세와 지위를 가지고 우리에게 내리신 분부, 그것이 우리가 받은 선교의 대위임령이다.

한편, 하나님은 만유의 왕이신 동시에 우리의 아버지이시다. 왕명이 목숨을 걸고라도 수행해야 할 명령이라면, 아버지의 유언은 부모를 기리는 자식이라면 평생을 마음에 품고 어떻게든 감당하려 하는 애틋한 마지막 소원이다. 때를 얻든지 못 얻든지 성도가 복음을 전파하는 데 힘써야 하는 이유는 그것이야말로 어명인 동시에 아버지의 유언이기 때문이다.

내가 아는 어느 장로님의 이야기이다. 지금은 종업원 수만 500명이 넘는 큰 사업체를 이끌고 계시지만 어릴 때 무척 가난하게 사셨던 분이시다. 그 장로님의 아버님이 하루는 어린 이 아들한테 "도끼 좀 갖고 오너라." 하셨단다. 도끼를 빌려 갖고 왔더니 그걸로 그만 자신의 발목을 자르셨다고 한다.

사연인즉 이렇다.

아버님이 목수 일을 하셨는데 한 달을 일해 주고 한꺼번에 한 달치 삯을 받으셨단다. 갑자기 주머니가 두둑해지니 그 돈으로 친구들과 어울리게 되었고, 술김에 그만 술집 여자와 잠자리를 하게 되었던 것이다. 실수로 죄를 짓고 몹시 괴로워하시다가 "두 발로 지옥불에 던지우는 것보다 절뚝발이로 영생에 들어가는 것이 낫다."는 결론을 내리신 것이다. 그만큼 믿음이 좋고 순수했던 것이다. 그런데 그 아버님이 돌아가시면서 "얘야, 나는 평생에 교회에 피아노를 한 대 헌물하는 것이 소원이었는데 그것을 못했다. 내가 못한 것을 네가 대신해서 꼭 교회에 피아노를 한 대 헌물해 주면 좋겠다."고 당부를 하셨단다. 그때는 피아노가 무척 비싸고 귀한 물건이었는데, 이 아들은 너무 가난해서 피아노를 살 힘이 없었다. 버젓한 집 한 칸도 없이 텐트를 치고 살 정도였다고 한다. 그런 아들이지만 아버지가 남기신 마지막 유언을 받들려고 오로지 그 궁리만 하고 살았단다. 어떻게 하면 돈을 벌어 피아노를 살까 애를 썼고, 그러던 중 어찌어찌 시작했던 일이 점점 커져서 결국은 지금의 큰 회사로 발전된 것이라고 한다.

부모의 마지막 소원을 가슴에 담고 몸부림친 것이 그 분께 큰 복이 되었다. 우리는 어떻게 하는 것이 마땅하겠는가? 일생 살다가 마지막으로 죽을 때 믿어도 영혼은 구원을 받는다. 그런데 우리를 죽을 자리에서 부르지 않고 일찍부터 불러서 믿게 하심은 우리만 구원받고 잘 먹고 잘 살다가 천국 가게 하려는 것이 아니다. 하나님 나라를 확장시키는 선교의 도구로 사용하기 위한 것이다. 우리가 이 명령에 순종할 때 하늘과 땅의 모든 권세를 가지신 그 분께서 세상 끝날까지 우리와 함께 하시겠다고 약속하셨다.

얼마 전에 외국 여행을 하던 영국의 공주가 지갑을 소매치기당할 뻔했던 일이 신문에 난 적이 있었다. 엘리자베스 여왕의 손녀딸이자 앤드류 왕자의 딸인데 친구들과 어울려 캄보디아를 돌아다니고 있었나 보다. 그냥 평범한 배낭족인 줄 알고 소매치기들이 접근을 했다가 왕족 경호를 담당하는 스코틀랜드 경시청 SO14팀 소속 경호원들에게 혼줄이 났다고 한다. 왕위 계승 서열 6위인 유제니 공주 이야기인데 이

공주에 대한 근접 경호에만도 매년 25만 파운드(4억 8천만 원)가 소요된다고 해서 엄청 놀랐다. 영국에서는 물론이고 외국까지 따라 붙어서 지갑 하나도 소매치기당하지 않도록 엄청난 돈을 들여 철통경호를 하고 있는 것이다. 이 기사를 보면서 우리에게 하신 예수님의 약속이 생각났다. 우리가 미처 깨닫지 못해도 주님은 일마다 때마다 도와주시고 보호해 주시고 복도 주시고 문도 열어 주시고 이끌어 주시기 위해 우리와 늘 함께 하시는 것이다.

주님이 우리와 함께 하신다는 것이 신실하게 그 분의 부탁하신 것을 감당하고 있는 자에게는 말로 할 수 없는 위로가 될 것이고, 반대로 게으르고 그 명령을 무시하고 있는 자에게는 두렵고 부담스러운 약속이 또 어디에 있겠는가? 우리는 이 말씀이 두려움이 아니라 격려가 되도록 살아야 할 것이다.

우리는 수요 예배마다 "이웃에 복음을! 농어촌에 선교비를! 온 세계에 선교사를!"을 제창하며 「사도행전」 1장 8절에 나타난 선교정신으로 우리의 머리끝부터 발끝까지 물들이고자 한다. 모든 성도들이 세 사람의 태신자를 품고, 세 사람이 팀을 이루어 서로 격려하고 전도하자는 33생명운동. 혼자는 어렵지만 함께 힘을 모으면 누구나 이 명령을 잘 감당할 수 있으리라는 확신을 가지고 동참하는 생활속의 전도이다. 해마다 봄이면 우리 주위의 이웃을 초청하여 그들과 함께 하나님의 말씀을 듣는 이웃초청 주일. 봄에 뿌린 씨앗을 정성으로 살펴 소담스러운 열매로 결실을 맺는 가을의 결실 주일. 봄의 초청 주일과 가을의 결실 주일을 해마다 지켜감은 심는 자와 거두는 자가 달라도 주님 소원대로 힘써 말씀을 전하기 위함이다. 해마다 연말이면 선교주일을 정해 한 해 동안 우리 교회가 감당했던 모든 선교사역을 보고하고, 다음 해에도 계속될 수 있도록 헌금을 작정하는 일도 바로 우리 교회의 변치 않는 목표이고 비전이다. 우리의 목숨을 걸어도 결코 아깝지 않은 왕의 명령을 지키기 위함이다.

우리 수정교회는 주님의 지상명령을 위해 부름을 받아 적은 능력에도 힘써 감당해 왔다. 하나님은 이미 그 비전을 위한 계획들을 하나하나 이루어가고 계신다. 성도 한 사람 한 사람이 긍지를 가지고 모두이 꿈을 이루는 사명에 한 마음과 믿음으로 참여하자.

"내가 선한 싸움을 싸우고 나의 달려갈 길을 마치고 믿음을 지켰으니 이제 후로는 나를 위하여 의의 면류관이 예비되었으므로 주 곧 의로우신 재판장이 그 날에 내게 주실 것이며 내게만 아니라 주의 나타나심을 사모하는 모든 자에게도니라"(딤후 4:7-8)

이제 나와 함께 주님을 섬기는 성도들 몇 명이 주님을 섬기면서 체험한 일들(간증)을 무작위로 소개하겠다.

# 디모데후서 1장 14절 _ 임지희 청년

서울신학대학에 재학 중이며, 학생부 교무로 봉사하다가 지금은 네팔에 단기선교차 체류 중인 좋은 자매이다.

| 히브리서 10:25 |
모이기를 폐하는 어떤 사람들의 습관과 같이 하지 말고 오직 권하여 그 날이 가까움을 볼수록 더욱 그리하자

"하나님, 이런 곳이 네팔이라면 헌신자로 헌신해도 너무 좋을 것 같아요."

너무나 평온하고 아름다운 한국 시골마을 같았던 도티로 들어가면서 나도 모르게 속으로 말했다. 처음 네팔에 들어갔을 때의 일이다. 그곳은 정치적으로 아주 불안했고 여기저기서 총성이 들리기도 했다. 마호이스트들이 길을 막아 번다를 걸어놓은 살벌함 중에서도 그 땅과 자연은 너무 아름다웠다.

그렇지만 모든 일정이 끝나고 다음 기수 리더와 헌신자를 세우는 기도모임에서 기도를 하는데 내 안에 두려움이 가득 채워졌다.

'내가 헌신자로 남게 되면 학교는 어떻게 하지? 부모님께 뭐라고 말씀드리지? 그리고 남자친구는 어떻게 하지?…'

머릿속이 하얗게 변하고 두려웠다. 그래서 절박하게 기도했다.

"하나님 죄송해요. 지금은 아닌 것 같아요. 지희가 너무 어리고 두렵고 아직 학교도 마쳐야 하고 지금은 아닌 것 같아요. 다음에 불러주

세요."

이렇게 기도해도 하나님께서 날 부르시면 어떻게 하나 덜덜덜 떨면서 말이다. 그러나 신실하신 하나님께서는 나의 이 두려운 마음을 아시고 부르지 않으셨다.

다른 헌신자들이 세워지면서 두려움은 사라졌으나 대신에 부끄러운 마음과 죄송한 마음이 생겼다. 하나님의 계획을 내 생각으로 꺾어버린 것 같아 괴로웠다. 그러나 그런 죄송한 마음도 잠시, 어차피 지금은 가려고 해도 갈 수 없는 상황이니 어쩔 수 없다는 자기변명으로 곧 잊혀졌다.


시간이 흘러 4학년이 되고 졸업을 앞두게 되었다. 이상하게도 하나님께서는 나에게 선교에 대해 자꾸 생각나게 하셨다. 교회에서, 학교에서, 내가 잊을 만하면 선교사들에 대해, 특히 순교자들에 대해 보여주시는 것이었다. 크리스천이면 누구나 한 번쯤은 순교를 꿈꾸겠지만 그랬다가도 어느 순간 두려움이 생겼다. 입으로는 순교하겠다고 했다가 정직 그 순교의 현장에서 하나님을 부인하면 어쩌지 하는 생각이 들었다. 그래서 하루는 하나님께 물어봤다.

"하나님, 왜 사랑하는 사람들을 그렇게 처참히 죽이십니까? 하나님께서 순교자로 데려가시는 사람들은 하나같이 잘나고 똑똑하고 정말 하나님의 일꾼이라 불리는 사람들인데 그 사람들을 데려가실 게 아니라 오래 오래 살려 두셔서 하나님의 일을 하게 하는 것이 하나님에게도 더 이득이 되는 게 아닐까요?"

그러나 하나님의 대답은 무서울 만큼 간단했다. 그 대답은 "내 맘이야, 그리고 그들은 내꺼야." 정말 할 말이 없었다. 내 맘이라니…. 우리 전지전능하신 하나님께서 어린아이처럼 내 맘이야, 내꺼야 하시는데 말문이 딱 막혔다. 그리고 나에게 말씀하셨다.

"너도 내꺼야!"

나는 그 말씀을 듣고 그 자리에서 펑펑 울었다. 항상 기도하면서 "하나님의 것으로 살겠습니다. 부르시면 따르겠습니다."고 말하던 것을 까맣게 잊고 있었다는 것을 깨달았기 때문이다. 그러고는 "네, 하나님 지희는 하나님의 것입니다. 졸업을 앞두고 두려워했던 마음들 다 내려놓고 나아가겠습니다. 아버지께서 책임져 주세요."라고 기도했다.


그 후 하나님께서 나를 네팔 땅에 부르실 거라는 마음이 자꾸 생겼다. 네팔에 다시 가기 위해 준비를 하면서 기도하고 모일 때마다 그 마음은 자꾸 강해졌다. 드디어 네팔에 도착하게 되었다. 여전히 네팔은 아름다웠다. 이미 한 번 왔었기 때문에 2년 전의 기억을 더듬으면서 네팔의 곳곳을 보았다. 그런데 순간 두려움이 생겼다.

그래서 하나님께 기도했다.

"하나님 정확하게 저라고 말씀하시지 않으시면 다시는 이 땅에 안 오겠습니다. 하나님, 지희가 맞다면 리더의 입술을 통해 너였구나 하는 말을 듣게 해 주세요."

혼자 창가를 보고 있는데 리더가 오셔서 왜 그러냐고 물으셨다. 내 생각을 말하자 가만히 듣고 있던 리더는 "너였구나."라고 말씀하셨다. 순간 뒤통수를 맞은 것 같은 느낌이 들었다. 그러고는 읽어 보라고 권해 주신 「여호수아」 1장을 묵상하는 중 하나님께서 9절 말씀을 내게 주셨다. 나는 이 말씀을 받고 그 자리에서 펑펑 울었다.

"내가 네게 명령한 것이 아니냐 강하고 담대하라. 두려워하지 말며 놀라지 말라 네가 어디로 가든지 네 하나님 여호와가 너와 함께 하느니라 하시느니라"

그러나 인간은 참으로 어리석은 존재다. 그렇게 확인을 하고도 또 두려워졌다. 혹시라도 내 생각으로 남으려는 거면 어떻게 하나 고민하며 도티의 일정을 끝내고 나오던 날이었다. 새벽에 출발해야 해서 이른 아침을 먹기 전에 큐티를 하게 되었는데, 목사님께서 「요나서」 4장을 묵상하자고 하셨다. 하나님께서는 이 말씀을 통해 나에게 다시 한 번 말씀하셨다. 「요나서」 4장 10절에서 11절 말씀이었다.

"여호와께서 이르시되 네가 수고도 아니 하였고 재배도 아니하였고 하룻밤에 났다가 하룻밤에 말라 버린 이 박넝쿨을 아꼈거든 하물며 이 큰 성읍 니느웨에는 좌우를 분변하지 못하는 자가 십이만여 명이요 가축도 많이 있나니 내가 어찌 아끼지 아니하겠느냐 하시니라"
이 말씀을 읽으면서 목사님께서 마지막 11절에 니느웨 대신 네팔, 도티를 넣어서 읽어보자고 하셨다.
"하물며 이 큰 성읍 네팔, 도티에는 좌우를 분변하지 못하는 자가 십이만여 명이요 가축도 많이 있나니 내가 어찌 아끼지 아니하겠느냐 하시니라."
나는 또 울었다. 이제는 더 이상 고민하거나 두려워할 수조차 없었다. 하나님께서 너무 명확하게 말씀하셨기 때문이었다.

도티에서 나오는 길에 머리를 스치는 생각이 있었다. 진로에 대해 고민하면서 다른 선생님과 이야기를 나눌 때, 그 분이 나더러 기드온 같다고 하셨던 말이 생각난 것이다. 정말 내 모습이 기드온 같음을 보게 되었다. 소심하고 두려움 많은 기드온…. 그러나 그 기드온을 들어서 큰 용사로 쓰신 하나님…. 이제는 두려움보다 기대감이 생기기 시작했다. 하나님께서 만들어 가실 나의 삶이 너무나 기대가 되고 기뻤다. 그렇게 기대감과 기쁨을 안고 한국으로 들어오게 되었다.

인천공항으로 비행기가 들어오자마자 핸드폰을 켰다. 가족들의 목소리도 듣고 싶고 교제하는 형제의 목소리도 빨리 듣고 싶었기 때문이다. 순간 여러 통의 문자들이 밀려 들어왔다. 그 중에 말씀이 적힌 문자 메시지가 있었다.

"디모데후서 1장 14절 : 우리 안에 거하시는 성령으로 말미암아 네게 부탁한 아름다운 것을 지키라."

교제하는 형제에게서 온 말씀이었다. 네팔에 가기 전에 헌신자가 될 수도 있다고 미리 말해 놓고 오긴 했지만 헌신하겠다고 말하지 않았었는데 너무나 신기했다. 나는 또 울었다. 하나님께서 나에게 응답하셨듯이 형제에게도 동일하게 응답하시고 형제를 통해 하나님의 응답을 다시 한 번 보여주시는 거라는 확신이 들었기 때문이었다.

신실하시고 사랑이 넘치시는 하나님께서 나를 이렇게 네팔 땅으로 부르셨다. 나는 지금 너무 기쁘고 행복하다. 나를 부르고 택하신 하나님을 영원히 찬양할 것이다.

# 수정교회를 통하여 _ 황예슬 학생

주님 섬기는 부모님 슬하에서 신앙교육 받으며 잘 자라고 있는 학생이다.

| 예레미야 1:5~7 |
내가 너를 모태에 짓기 전에 너를 알았고 네가 배에서 나오기 전에 너를 성별하였고 너를 여러 나라의 선지자로 세웠노라 하시기로 내가 이르되 슬프도소이다 주 여호와여 보소서 나는 아이라 말할 줄을 알지 못하나이다 하니

참으로 슬프고 속상한 일이었다. 어느 날 갑자기 교회가 목사님파와 장로님파로 갈라져버렸다. 난 영문도 모른 채 어른들 눈치만 보며 무서워했다. 정말 잊고 싶은 기억이다. 어릴 때부터 교회에 다녔던 내게 교회는 늘 놀이터처럼 가깝고 편안한 곳이었다. 정말 많은 시간을 교회에서 보냈다. 유치원 시절부터 매주 토요일이면 엄마를 따라 교회 청소도 하고 엄마가 꽃꽂이하시는 것도 구경하곤 했다. 언젠가는 예배시간에 전자오르간을 반주하시는 아빠 옆에 앉겠다고 떼를 쓴 적도 있다. 그렇게 교회에서 많은 추억들을 만들며 초등학교 5학년까지 다닌 교회였는데….

비록 작은 교회였지만 행복했던 기억들이 내게는 많다. 어린 마음에 전도 노트를 만들어 일일이 전화하고 확인하고 편지 쓰고 찾아가고 그랬다. 그렇게 일주일을 기다리다 친구가 약속을 안 지키면 속상한 마음에 눈물을 흘린 적도 많았다. 전도왕도 몇 년을 했다. 그러나 더 이

상 그런 혼란스러움 속에서 그 교회를 계속 다닐 수가 없었다. 우리 가족들은 믿음이 점점 작아지는 것 같아 새로운 교회를 찾기로 결정했고, 마침 가까운 곳에 감사하게도 지금의 수정교회를 소개받아 옮기게 되었다. 내 나이 17살. 아직은 연약하기만 한 어린 나이이지만 지금까지 인도하신 하나님의 은혜와 축복을 고백하고 싶다.

처음 수정교회를 찾던 날, 예배시간 내내 많은 눈물을 흘리시던 엄마의 모습을 잊을 수가 없다.

어느 날 전도사님이 내게 중국 단기 선교를 권유하셨다. 그리고 '갈렙 정탐단'의 학생 리더로 세우신다고 하셨다. 처음으로 주님 앞에 세워지는 날이었다.

여느 때와 같이 QT로 하루를 맞이하였다. 아직 나에겐 핍박받는 땅에서 사역한다는 것이 두려웠다. 하지만 구원의 파티에 많은 사람을 초대하라는 주님의 말씀을 믿고 기도하며 티베트의 자라마을로 이동했다. 마을 주민들이 한자리에 모여 우리를 환영해주었고 우리는 준비한 워십과 수화, 부채춤을 선보였다. 앞자리엔 작은 아이들이 둘러앉아 있었다. 낯선 얼굴과 행동이 신기한지 아이들이 나를 쳐다보았다. 그리고 그 아이들과 나는 눈빛으로 미소를 교환했다. 그 미소가 나의 평생 소원, 즉 꿈이 될 줄은 상상도 못했다.

한국에 돌아온 후 2년여의 시간이 흐르면서 나는 주님과 더 가까워졌고 신앙이 더욱 돈독해졌다. 더불어 나의 마음속엔 어느 순간 '선교'라는 큰 비전이 담아져 있었다. 매일 매일 보고 싶고 당장이라도 달려가고 싶은 티베트는 내가 사랑하는 땅이 되어버렸고 항상 나의 기도제목이 되어 있었다. 그런데 지난번 매스컴을 통해 티베트의 상황을 접하게 되었다. 무력으로 진압하려는 중국 정부 때문에 수많은 티베트 사람들이 아파했고, 중국인들이 폭력으로 진압하는 모습을 보는 순간 나는 눈물을 흘렸다. 너무 너무 마음이 아팠고 더 열심히 기도에 힘쓰게 되었다. 그리고 티베트 땅을 너무나 사랑하시기에 목숨까지도 내어놓으신 선교사님들을 위해서도 며칠 밤을 간절히 기도했다. 그때 한번 더 티베트 선교가 나의 비전임을 확신했다.

하나님 한 분만으로 난 만족한다. 앞으로 살아갈 많은 나날 동안 날 사용하실 하나님을 맘껏 기대하며 지금까지 주신 은혜와 축복, 그리고 앞으로도 받을 상상치 못할 만큼의 주님의 사랑을 기대하며 찬양한다! 이 세상 어떤 것보다 주님을 사랑할 수 있는 마음을 주심에 감사하고, 앞으로 내게 주어질 삶을 기대하며, 주님을 향한 큰 꿈을 드리며 살아가고 싶다.

# 주님이 하셨습니다 _ 전설록 청년

장로와 권사님의 외동딸로서 열심도 있고, 의지도 강하고, 추진력도 있는 자매이다. 교회에서 오르겐 반주자로 봉사하고 있다.

| 이사야 58:12 |

네게서 날 자들이 오래 황폐된 곳들을 다시 세울 것이며 너는 역대의 파괴된 기초를 쌓으리니 너를 일컬어 무너진 데를 보수하는 자라 할 것이며 길을 수축하여 거할 곳이 되게 하는 자라 하리라


"그래, 인도야!"

땅 밟기 나라를 인도로 결정할 때까지는 아무 문제도 없었다. 열방을 직접 밟으며 그 나라를 위해서 중보하기 위해 준비하면서 마음이 혼란스러워지기 시작했다.

"정말 주님이 나를 인도로 부르신 것이 맞는 걸까? 아니면 내가 인도로 가고 싶은 마음이 너무 커서 내 생각으로 결정한 것은 아닐까?"

확신이 들지 않았다.


예전에 6개월간 인도로 단기선교를 다녀왔었기 때문에 인도는 나에게 있어 꼭 다시 한 번 가고 싶은 나라이자 그리운 나라였다. 지금 인도는 어떤 모습으로 변해 있을까? 너무나 기대되고 설레었다. 그러나 그렇게 기다리고 기대했던 인도에 막상 도착했는데도 아무런 감동이 없었다. 서울에서의 설렘에 대한 어떤 대가도 없었다. 그냥 그랬다.

"어, 왜 이러지? 내가 기대했던 건 이런 게 아니었는데….”

덥고 습한 날씨와 더러운 환경이 자꾸 눈에 보이면서, 보고 느끼는 것에만 반응하고 있었다. 예전에 인도에서 가졌던 인도인들을 향한 어떤 긍휼함도 안타까움도 생기지 않고 일정만 하루하루 보내고 있었다. 마음은 점점 조급해졌고 어떻게 해서 다시 온 인도인데 그냥 물러설 수 없다는 마음의 부담만 더해 갔다.


그렇게 하루하루 지나가고 드디어 기대하던 열방기도센터가 시작되었다. 열방의 나라들을 위해 2박 3일 동안 24시간 쉬지 않고 기도하는 순서이다. 현지인들에게 대접할 한국 음식도 준비했다. 많은 현지인들이 와서 한국 음식을 맛보며 QT에 참석해 함께 기도할 것을 기대했다. 그러나 막상 열방기도센터가 시작되었지만 현지인도, 한국 선교사님들도 오지 않고 오직 우리 팀, 그리고 선교사님과 동역할 현지인 청년인 ‘순달’ 외에는 아무도 없었다. 이렇게 아무도 오지 않자 나는 또다시 지금의 상황에 불안해하고 마음이 다급해졌다.

그러나 주님은 「창세기」 말씀기도를 통해 믿음에 대해 보게 하셨다. 아브라함이 믿을 수 없는 중에 믿었던 것처럼, 또한 에녹과 노아가 믿음으로 완전한 자, 하나님과 동행하는 자라 칭함을 받은 것처럼 보이지 않는 것, 믿을 수 없는 것을 믿는 것이 믿음임을 보게 하셨다. 지금은 기도하러 오는 자가 한 명도 없을지라도 우리가 믿음으로 이 기도의 자리를 지켰을 때 하나님은 이 땅에 하늘의 별보다도 많은 자들을 인도 땅을 위해, 또한 열방을 위해 기도하는 자로 삼으실 줄 믿는 믿음이 생겨났다.

또 우리에게 이미 허락하신 느헤미야와 함께 하고 있음을 보여주셨다. 선교사님께서 현지 사역자로 동역하기 위해 훈련시키고 있는 '순달'이라는 청년이었다. 언어는 통하지 않지만 함께 말씀을 듣고 찬양하고 기도하는 가운데 순달에게도, 우리에게도 은혜가 되었다. 전혀 생각지 못한 동행이었지만 주님은 이미 우리가 오기 전부터 이 만남을 계획하고 계셨다. 느헤미야 한 명이 순종함으로써 예루살렘 성벽이 재건되었던 것처럼 순달을 세우시고 앞으로 계속해서 일하실 주님이 너무나 기대되었다.

그러면서 그동안 내가 기대했던 것들을 내려놓았다. 내 경험으로 미루어 볼 때, 이번에 가면 이러이러한 것을 보고 은혜 받게 되겠지 했던 마음들, 그리고 그 마음들이 충족되지 않자 힘들어했던 나의 모습들. 나는 하나님의 은혜를 내게로 끌어들이려고 했다. 그러나 주님은 다시 한 번 땅 밟기 약속의 말씀을 기억하게 하시면서 나를 이 인도 땅의 파괴된 기도의 기초와 무너진 데를 보수하는 자로 세우셨음을 알게 하셨다.

"네게서 날 자들이 오래 황폐된 곳들을 다시 세울 것이며 너는 역대의 파괴된 기초를 쌓으리니 너를 일컬어 무너진 데를 보수하는 자라 할 것이며 길을 수축하여 거할 곳이 되게 하는 자라 하리라"는 이사야서 58장 12절 말씀을 받고, 이 땅에서 열매를 거두는 자가 되지 못할지라도 씨를 뿌리는 자든, 또한 물을 주는 자든 그 역할이 무엇이든지 주님의 허락하심이 최선이며 주님이면 충분하다는 고백을 하게 되었다.

그동안 피상적으로 생각하고 보았던 인도의 모습과 너무나 달랐다.

눈물이 났다. 이들의 가난함이나 병듦을 보고 불쌍한 것이 아니라 주님을 모르는, 헛된 신을 믿는, 거짓된 것을 믿는 그들이 불쌍했다. 더럽고 음란한 3억 3천의 신을 섬기는 그들. 그러나 그들을 결코 포기할 수 없어 당신의 아들을 십자가에서 못 박히게 함으로써 그들의 죄를 사하려고 하셨던 주님의 사랑을 보았다.

그러나 동시에 절망도 보았다. 나의 힘으로는 인도를 품을 수도, 인도의 영혼을 사랑할 수도 없었다. 우리 팀원들이 너무 좋아했던 현지인 '순달'. 그러나 똑같은 말을 한국어로 영어로 두 번 반복해도 의사소통이 잘 되지 않는 순달은 내게 너무 귀찮은 존재였다. 주님이 허락하지 않으면 손가락 하나도 움직일 수 없는 나. 오직 주님의 십자가 사랑 외에 나의 힘으로는 긍휼로도 동정으로도 영혼을 사랑할 수 없었다. 선교의 주인인 주님이 선교는 감정으로도 긍휼로도 어떤 훌륭한 지식과 방법으로도 되지 않으며 오직 복음으로만 가능한 것임을 다시 한 번 말씀하셨다.

땅 밟기를 마치며 주님은 이렇게 결론 내리게 하셨다.

'선교는 내가 아닌 주님에 의해 되는 것이다.'

주님은 이미 창세 전부터 완전하신 복음을 예비하시고 지금까지 계속해서 모든 열방 가운데 복음이 전파되기까지 결코 쉬지 않으신다. 지금 이 순간에도 선교는 주님에 의해 이루어지고 있다. 쉬지 않으시고 일하시는 주님의 열심을 찬양함으로써 인도 땅과 모든 열방 가운데 복음이 증거될 그 날이 속히 오길 소망한다.

주님이 하셨습니다. 마라나타.

# 중국으로 부르신 하나님의 소명 _ 박근영 청년

우리 교회 개척 멤버인 어머니(서영숙 권사)의 영향과 기도로 주 안에서 잘 성장해 가고 있는 자매이다.

| 시편 4:8 |
내가 평안히 눕고 자기도 하리니 나를 안전히 살게 하시는 이는 오직 여호와이시니이다

중국 산동성 위해시 산동대학교 위해분교의 계속교육학원! 시작은 정말 그렇게 우연히 내게 다가왔다. 대학 전공 홈페이지를 통해 중국에 파견하는 한국어 강사 모집 공고를 보게 된 것이다.

돌이켜 보면 마치 긴 터널을 지나자마자, 또 다른 터널이 이어지고 있는 것 같은 시기였다. 길고도 어려웠던 대학생활이 끝나고, 졸업과 동시에 임용고시 준비를 시작했다. 그동안 늘 꿈꿔왔던 교사가 되기 위해서였다. 그러나 여의치 못한 경제적 여건은 늘 발목을 잡았고, 준비되지 못한 마음가짐 역시 공부에 열중하는 것을 가로막았다. 어정쩡하게 취업과 임용고시 어느 것도 포기하지 못하고, 동시에 어느 것도 열심히 할 수가 없었다.

결국 첫 시험에 실패했다. 자존감이 많이 낮아진 상태로 도전하는 두 번째 임용고시는 더 큰 부담감과 두려움으로 다가왔다. 취업도 생

각했다. 그러나 평소에 사무실에 앉아서 하는 일에 흥미를 못 느끼고 있었던 나로서는 마음에 맞는 직장을 찾기가 어려웠다. 활동적이고 말하는 것을 일로 삼는 직업에만 끌렸기 때문에 더욱 선택의 폭이 좁았던 것이다.

그런 모든 것이 한꺼번에 작용해서 용기를 낼 수 있었다. 마침내 교수님께 연락을 드렸다. 그 분은 내가 대학생활 동안 가장 존경했던 교수님이셨다. 그 교수님 수업만큼은  빼먹지 않고 1학년 때부터 4학년 때까지 꾸준히 수강했다. 뿐만 아니라 마지막 학기 교환학생 선발 때도 나에게 많은 조언을 해 주셨던 교수님이 아니신가? 그 분을 통해 오늘 이 자리에 내가 있게 되었다. 내가 미처 알지도 못했을 때부터 하나님이 세워놓으셨던 나에 대한 계획이셨음을 이제야 깨닫는다.

나는 이 곳에서 유학반 학생들을 가르치고 있다. 학생들은 본교 학생이 아니고 대부분 19~21세 정도의 나이이다. 내가 맡고 있는 수업은 한국어 회화, 시청각, 컴퓨터 과목이다. 특히 한국어 회화 과목은 클래스 이름 그대로 거의 학생들과 한국어로 이야기하는 시간이다.

이곳에서 내가 신앙생활을 하는 위해순복음한인교회는 성도가 80여 명 남짓으로 많지는 않다. 그렇지만 알곡으로만 꽉꽉 차 있는 아주 뜨거운 교회이다. 그 중 10~20명 안팎인 청년부의 반 이상이 나와 같이 중국에서 한국어를 가르치고 계시는 한국어 강사들이라 만날 때마다 학생이야기, 학교이야기, 수업이야기가 끊이지 않는다. 한인교회의 특성상 중국인 선교활동은 조심스러운 것이 사실이다.

식사를 할 때 내가 식기도 하는 것을 보고 처음에는 학생들이 이상하게 쳐다보고 때로는 장난도 치고, 내가 기도하니까 반대편에서는 불경을 외우기도 했다. 시간이 흐르니까 그 친구들도 적응하고 함께 식사할 때 기도하라고 기다려주는 배려도 생겼다. 그리고 또 어떤 친구는 내게 기도 부탁도 한다. 물론 본인은 믿지 않지만 내가 믿는 하나님이 정말 전능하신 분이라면 자신을 위해서 기도해 줄 수 있냐고 정말 진지하게 부탁하는 학생도 있다.

올 9월부터는 산동대학교에서 대학원 과정을 준비하며 중국에서 더 큰 비전을 찾기 위한 과정으로 삼고자 한다. 중국으로 나를 부르신 하나님의 뜻을 살펴 이곳 학생들에게 복음을 전할 것이다. 그래서 이들이 한국 유학길에 올랐을 때 한국에서 신앙이 더욱 성장하기를 바란다. 나중에 그들이 본국에 돌아가서 가족들과 친구들에게 직접 복음을 전하는 전도자가 되기를 소망한다.

몸이 불편함에도 불구하고 늘 건강한 마음과 믿음을 가지고서 늘 밝게 찬양하고 아름다운 모습으로 살아가고 있다.

| 시 121:2 |
나의 도움이 천지를 지으신 여호와에게서로다

소위 신앙경력으로만 치면 태중에서부터 지금까지 나는 무려 40년이란 오랜 신앙경력을 가진 모태신앙인이다. 하나님의 자녀 된 특권을 무려 40년이나 누렸다는 것은 분명 감사한 일이지만 한창 젊은 날에는 그것이 거추장스러운 굴레로만 여겨질 뿐이었다.

어릴 때는 엄마가 들려주시는 하나님에 대한 모든 얘기가 신비롭게 다가와 곧이곧대로 들렸다. 그래서 엄마가 시키는 대로 기도하고 시키는 대로 믿는 착한(?) 아이였다.

갓 스물을 넘길 무렵 내 안에서 물음이 들려왔다.
"네가 믿는 하나님은 과연 누구야? 네가 믿는 하나님, 그에 대한 네 신앙, 그거 전부 세뇌된 거 아니야?"
그때부터 모든 것이 비로소 똑바로 보인다는 착각이 들기 시작했고, 나를 죽기까지 사랑하신다는 그 분은 정신 차려 생각해 보니 나를 버린, 내가 찾을 때 늘 내 곁에 없는 막연하고도 멀고 먼 존재였다.

그때부터 나는 하나님께 일방적으로 결별선언을 해 버렸다. 내가 그렇게 엄청난 선언을 했음에도 불구하고 여전히 침묵뿐인 하나님께 내 확고한 의지를 표명하기 위해서 나는 내 방에 있던 모든 성경책과 십자가들을 밖으로 던져 버렸다.

나를 그렇게까지 힘들고 고통스럽게 버려두시는 하나님을 절대로 용서할 수 없다고 생각했다. 이 세상에 모든 가난하고 아픈 사람들을 대신해서 그들을 그렇게 내버려 두시는 하나님이 틀렸다고, 당신은 무자비하고 편협한 신이라고 소리쳐 주고 싶었다.

가장 사랑하는 친구의 첫아이가 복중 사산되는 고통을 지켜보며 함께 아파하던 날, "넌 사랑하는 친구를 위해서 기도도 하지 않았으면서 세상의 고통당하는 사람들을 위해서 내게 항변을 하는 거냐?"
내 안에 새로운 울림이 들려왔다.
문득 모순된 내 모습이 보였다. 내 모습은 굶주린 사람들을 보며 내게 있는 빵을 떼어 줄 생각은 안 하고 하나님께 왜 저 사람들에게 빵을 주지 않느냐고 목청 높이고 있는 모습과 다를 바가 없었다.

그 후 하나님과 반쯤 타협을 하기로 했다.
"이제부터 당신을 향해 항변하는 내 목소리를 좀 낮추지요. 당신이 살라고 하는 방법대로 한번 열심히 살아보겠습니다. 그러면 그런 삶 속에서 임재하시는 당신을 보게 해 주세요!”

그러고는 집을 떠나 버려진 아이들, 장애아들과 약 1년을 함께 지냈다. 그러나 그것은 지극히 인간적인 생각에 불과했다. 진정으로 내 안에 그 분이 없는 사랑은 그저 흉내만 낼 수 있을 뿐 너무나 무력하기 짝이 없는 것이었다. 그야말로 처참한 실패와 실망을 경험했다. 결국 몸도 마음도 지쳐서 1년 만에 집으로 돌아와야만 했다.

소아마비도 모자라 이번엔 류마티즘이라는 고통스런 병 때문에 또 무너져 내렸다. 그 해 하나님께서 내게 주신 새해 말씀을 가슴에 담았다.

“사람의 헤아림을 뛰어 넘는 하나님의 평화를 주겠다”(빌립보서 4:6-7).

그러나 어디서도 평화를 도저히 찾을 수 없는 참담한 현실이 이어졌다. 버거운 약값과 병원비와 생활고까지. 게다가 그 해 아버지마저 돌아가시고 고아 같은 절망이 겹겹이 나를 누를 뿐 어디에도 평화도 희망도 없었다.

그로부터 12년이 흘렀다. 내게 너무나 적극적으로 성큼성큼 다가오시는 강렬한 하나님을 만나는 경험을 했다. 오래도록 나를 기다리셨던 하나님은 때가 차 드디어 은혜의 소낙비를 부어 주셨고 내 몸과 마음과 영 모두를 새롭게 회복시키셨다. 이제야 비로소 그 분과 나의 화해가 이루어졌다고 믿었다.

그런데 늘 분명하신 하나님은 문득 깊이 묻어 있었던 내 오랜 기억 하나를 내 무의식 밖으로 툭 건져 놓으신 것이다.

서너살박이 작은 아이인 내가 시골 대청마루에 앉아 울고 있었다. 마당 가득 무심한 햇볕이 쏟아지고 어른들은 모두 일하러 가고 없는 빈집에서 자다 깬 나는 마루로 기어 나와 혼자 울고 있었다.

그 기억은 나를 붙들고 있던 알 수 없는 우울과 슬픔의 근원이었다. 그 어린 내가 울고 있는 모습에서 문득 궁금증이 생겼다.

'저 어린 것이 뭘 안다고 그렇게 우울하고 슬펐을까?'

그 물음 끝에 엄마의 슬픈 얼굴이 겹쳐 보였다. 기도하고 기대하며 낳은 첫아이인 나. 그 딸이 갑작스레 앓고 나더니 소아마비가 되었다. 그런 딸을 보며 느끼는 엄마의 절망과 아픔이 나에게도 전해져 왔다. 그러고는 그런 엄마의 기도도 듣지 않으시고 나를 버린 하나님에 대한 원망이 내 가슴 저 밑바닥에서 올라왔다. 내 깊숙한 곳에 아직도 처리 되지 못하고 나도 모르게 남아 있던 원망과 슬픔을 하나님은 밖으로 꺼내 만져 주길 원하셨던 것이다.

때때로 나를 버리시는 하나님, 나를 향해 차가운 침묵만 하시는 하 나님이라고 여겼던 그 옛날에 대한 대답을 이제야 비로소 해 주고 계 신 것이었다. 내 안 어디에 그런 울음이 숨어 있었는지 거의 울부짖음 에 가까운 통곡이 내 온 내장을 뒤집고 심장을 울리면서 이 작은 목구 멍을 거슬러 기어 올라왔다. 얼마나 오래 울부짖고 통곡했던가?

"대체 날 왜 버리셨어요? 내가 그렇게 찾을 때 대체 뭐 하셨어요?"

많은 사람들 속에서 엄마의 옷자락을 잃어버린 꼬마 아이가 엄마를 찾아 헤매며 울다가 드디어 엄마를 찾았을 때의 그런 안도감과 투정 섞인 원망이 내 속에서 쏟아져 나왔다. 그런 내게 놀란 아이를 보듬어 안고 다독이는 엄마처럼 하나님이 대답하셨다.

"나, 아무데도 안 갔어. 나, 한 번도 널 버린 적이 없어. 내가 널 왜 버려? 여기 이렇게 있었는데…. 나, 아무데도 안 가. 네 옆에, 세상 끝날 때까지 너랑 함께 있을 거야, 울지 마. 난 실수하지 않아. 걱정하지 마. 내가 항상 너랑 있을 거야."

아! 그 넓고 따뜻한 품에 안겨 나는 하나님과 뜨겁게 뜨겁게 진정한 화해의 의식을 치렀다. 내 의식을 넘어 무의식 속에 도사리고 있던 것까지 온전히 치유하시고 다독이시는 하나님의 그 세밀하신 은혜가 너무나 감격스러웠다.

속았다고 생각했지만 12년이란 짧지 않은 시간 동안 하나님은 너무도 신실하게 나와의 약속을 이루어 주셨다. 예수를 핍박하던 사울을 다메섹 도상에서 단 한 번의 만남으로 변화시키신 그 하나님께서 나를 변화시키시는 데는 12년이란 시간을 사용하셨다.

오늘의 나의 모습이 사람들과 하나님을 연결하는 작은 징검다리가 될 수 있기를 기도한다.

나를 나 되게 하시고 오늘 여기까지 나와 동행하신 하나님께 감사와 찬양과 영광을!

# 의뢰하지 못한 유리그릇 _ 김시경 집사

몸이 부자유스러워 휠체어 타고 교회에 나온다. 그럼에도 불구하고 부부가 다정한 모습으로 주님 섬기면서 밝게 살아가는 모습이 아름답다.

| 시편 119:105 |
주의 말씀은 내 발에 등이요 내 길에 빛 이니이다.

조금만 건드려도 깨져 버리곤 하는 위태한 처지에 놓인 유리그릇처럼 나의 마음은 쉽게 금이 가고 부서지곤 하는 감정의 굴곡을 가지고 있었다. 나는 알 수도 없고 판정도 할 수 없는 고통 가운데 있었다. 어떤 사람은 나를 신경쇠약이라고 했고 또 어떤 사람은 우울 증세에 가깝다고도 했다. 그리고 나머지 사람들은 내 겉모습을 보고 장애 때문에 생기는 위축감일 수도 있을 거라고 나름대로 최대한 자신의 식견을 내세우며 위로를 건네곤 하였다. 하지만 이미 내 마음은 알 것을 다 알아버렸다는 듯, 그들의 진단을 결코 위로로 받아들일 수 없었다.

나는 세 살 때 열병을 앓아 소아마비라는 장애 진단을 받았다. 태어나는 것을 선택하는 사람이 없듯이 장애도 내가 선택한 것은 아니었다. 그래서인지 나는 신체에 대한 장애뿐만 아니라 그로 인하여 우울하고 신경이 예민한 마음의 장애까지 가져야 했다. 그리고 그 알 수 없는 긴장감에 짓눌려 있는 마음의 장애를 마치 당연한 듯이 여기며 살았다.

그러던 어느 날, 모든 마음의 장애를 신체의 장애 탓으로 돌리는 데 한계가 오기 시작했다. 그것은 바로 나와 같은 장애인을 만났을 때부터였다. 갑자기 내 감정에 내 자신이 속았다는 생각이 들었다. 내 감정으로 인해 내가 필요 이상의 고통을 겪고 있다는 것과 나만 아픈 것이 아니고 나만 장애인이 아니라는 사실을 깨달으면서 나의 이기적인 감정에 뜻 모를 높은 차원의 영혼이 악수를 청하는 기분이었다.

"내가 사망의 음침한 골짜기로 다닐지라도 해를 두려워하지 않을 것은 주께서 나와 함께 하심이라"(시편 23:4상).

일반학교에 다닐 때는 전체 학급을 통틀어도 나를 포함해 장애인은 고작 두 명뿐이었다. 그만큼 그 시절은 밖에서 장애인을 보기가 어려웠다. 그러던 내가 성인이 되어서 진로를 고민할 때쯤 나는 동네 사람을 통해서 장애인단체 모임에 참가하게 되었다. 그곳은 온통 장애인뿐이었다. 더욱이 그들의 대부분은 배우지 못하고 가난한 장애인들로 가득했다. 그런 그들을 서울에서 대학을 졸업한 몇 명의 젊은 장애인들이 주도하여 이끌고 있었다.

그곳에서 나는 한 여자 장애인의 친구가 되어 달라는 부탁을 받게 되었다. 그러나 나는 장래에 대한 고민과 내 감정의 장애로부터 자유롭지 못했기에 마음이 열려 있지 않았다. 그로 인하여 누구와 친구가 되어야 한다는 것이 마음 가득 부담으로 다가왔다. 그러나 이미 나는 내 감정으로부터 속았다는 사실을 깨닫기 시작하고 있었다. 나이도 나와 그녀가 동갑이라고 해서 내 마음도 이기고 내 자신을 바로 세워 볼 겸 승낙하게 되었다.

그녀는 장애인인데도 옷차림이 과감했고 성격도 적극적이었다. 그러나 친해지기 시작한 순간부터 그녀는 우리 집에 놀러오고 싶다고 했고 나의 일거수 일투족에 지나친 관심을 보였다. 처음부터 자발적이기보다는 모임에서 부탁을 받아 떠밀리다시피 그녀에게 다가선 때문인지 내 마음은 그녀에게 그리 호의적인 것도 아니었다. 내 마음의 건강도 튼실하지 못한 터라 그녀가 부담스러웠고 그래서 그녀를 멀리 하려고 하였으나, 그녀는 자신의 지난 상처와 현재 정신과 치료를 받고 있다는 고백을 하며 나에게 집착했던 점에 대해 사과했다. 그녀의 솔직한 아픔을 듣고 난 후 나의 무심했던 마음도 조금씩 그녀에게 기울기 시작했다.

비록 말이 통하는 유쾌한 친구 사이는 아니었지만 그녀는 나에게 의지했고 나는 그녀의 아픔을 덤덤히 들어주는 관계가 계속되었다. 물론 나도 내 마음을 건강하게 살찌우며 그렇게 둘은 각자의 여건 가운데에서 호전되어 가고 있었다.

그러던 중 나는 직장을 위해서 고향을 떠나게 되었다.
나는 차분하게 그녀에게 상황을 설명했다.
"장애인도 배워야 하고, 직장에 다녀야 하고, 열심히 살아야 한다고 생각했어. 지금까지는 내 장애에 머물러 있었지만 나도 이제부터는 사회성도 키울 것이고, 원만한 인간관계도 만들고 싶고, 그보다 더 중요한 꿈을 향해 전진하고 싶어.”

그러나 그 어떤 말도 그녀를 납득시킬 수 없었고, 그녀는 안 된다며 고통스러워할 뿐이었다. 더 이상 미룰 수 없어 나는 도시로 갔고 성인으로서 사회생활에 첫걸음을 내딛었다.


그런데 내가 떠나 온 지 얼마 지나지 않아 그녀의 자살 시도에 관한 소식을 접하게 되었고, 그녀에게 친구는 이 세상에 나 하나뿐일 거라는 착각을 하면서 나는 부푼 꿈을 포기한 채 다시 고향으로 돌아올 수밖에 없었다. 그러나 그렇게 그녀를 위해 돌아 온 후 점점 주체를 못하는 지나친 그녀의 행동에 급기야 나는 괴로워하기 시작했고 그녀의 가족들이 개입하면서 나와 그녀의 일명 ‘친구사이’는 그렇게 끝이 났다.


그 후 나는 대인기피증이 생겨났고 사회생활도 포기한 채 어둠 속에서 울기만 했다.

‘나에게 의지했던 단 한 사람도 제대로 위로하지 못하면서 과연 내가 누구에게 위로를 받을 수 있을까?’

자책감은 나를 자꾸 더 깊은 나약함으로 휘몰아갔다. 학교 친구들과 형제들, 그리고 부모님도 나의 꽁꽁 닫힌 마음을 달래려고 노력했지만 아무런 소용이 없었다. 심지어 이웃에 사시는 목사님까지 자전거를 타고 우리 집에 오셔서 나를 전도했지만 나는 고개를 들지 못했다.

"땅이 풀과 각기 종류대로 씨가진 열매 맺는 나무를 내니 하나님의 보시기에 좋았더라"(창세기 1:12).

그때 내 영혼은 다른 영혼을 바라볼 줄 아는 통로가 없었다. 아니 하나님이 나를 보시기에 좋아하시는 줄은 더더욱 몰랐다. 그러나 주변의 중보기도와 사랑 덕분이었으리라. 시간이 흐른 뒤 내 아픈 기억을 잊기 위해서 읽었던 성경이 결국 내게 다른 영혼을 바라보는 통로를 알려주었다. 그리고 주 예수의 이름으로는 못 고치는 병이 없다는 것도 가르쳐 주었다.

"악인에게는 그의 두려워하는 것이 임하거니와 의인은 그 원하는 것이 이루어지느니라"(잠언 10:24).

그녀를 만났을 때 내가 하나님을 알았더라면, 두려움을 극복 할 수 있는 우리 구주 예수 그리스도를 전할 수 있었다면 그녀는 분명 달라졌을 것이다. 나 역시 그녀처럼 세상에 대한 미움과 서러움만 가득하여 나의 두려움 가운데 휩싸어 나약한 인간으로 살아오지 않았던가?

인간의 고통이 전부 내 것인 양 나 자신을 속이며 한 사람의 영혼도 제대로 손잡아 줄 수 없을 만큼 늘 감정적으로 깨지기 쉬운 유리그릇으로 있지만 그런 내게도 환난은 인내를, 인내는 연단을, 연단은 소망을 이루어 하나님이 내 그릇도 받아 주시지 않았는가?

고통 받는 한 장애인과 친구하면 그것은 내 장애의 아픔을 받아들이는 것이고, 이 세상에서 하나님을 모른 채 울고 있는 한 영혼을 이해하고 사랑하며 전도하면 그것은 내 존재의 가치를 깨닫게 되는 것이라는 울음 깊은 경험을 한 나는 오늘도 하나님께 회개의 기도를 올려 본다.


주여!
내게 은혜를 베푸소서. 은혜를 베푸소서.
주께서 내 발등에 내린 등불을 밟은 죄
주께서 내 길에 비추인 빛을 가린 죄
주님의 보혈로 용서하소서


주여!
내 영혼이 주께로 피하려 한 것을 더디한 죄
주의 그늘 아래 피하고자 하는 것을 막아선 죄
주님이 영혼들을 돌아볼 줄 몰랐던 죄
주님의 크신 사랑으로 용서하소서

# 행복한 신혼 부부 일기 _ 윤정미 성도

주님을 사랑하며, 사람들의 영·육간의 구원에 관심이 많은 한의사이다. 늘 밝고 겸손한 모습으로 신혼생활과 신앙생활을 잘 감당해 가고 있다.

| 고린도전서 13:13 |
그런즉 믿음, 소망, 사랑, 이 세 가지는 항상 있을 것인데 그 중의 제일은 사랑이라

그는 어느 모임에서나 나서기만 하면 '연애특강'을 했다. 자연스럽게 나의 연애 선생님이 되었다. 언제부터인가 나는 여러 가지로 조언을 해주는 그 연애 선생님과 점차 가까워지고 있었다.

그 무렵이었다. 나에게 이상한(?) 정보가 흘러 들어왔다. 그 형제의 꿈이 선교사라는 것이다. 나는 어릴 적부터 해외선교만 빼고 무엇이든 다 하겠다고 기도했다. 대학생활을 하면서도 "하나님께서 직접 말씀하신다면 거부는 할 수 없겠지만, 저는 우리나라가 좋아요." 하면서 우리나라에서 소외된 사람들을 도우며 살겠다고 마음먹고 있었다.

형제는 나에게 직접 "내 꿈은 해외선교사이다."라고 한 적은 없었다. 평소에 나와 대화를 나누면서 선교에 대해 열리지 않은 나의 마음을 알았기 때문인지 모른다. 어쨌든 나는 막상 내가 좋아하는 형제가 선교사의 꿈을 꾸고 있다는 말에 이만저만 고민이 아니었다.

그날도 형제와 이야기를 나누고 있었다. 나에게 좋아하는 사람이 있느냐고 물어 보는 것이다.

내 속도 모르고 답답해하던 형제는 드디어 큰 결심을 했다. 나를 삼겹살 집으로 데리고 가더니 일단 고기를 먹이기 시작했다. 그러고는 나에게 고백 아닌 고백을 하는 것이었다.

"사실은 내가 자매를 좋아해서 하나님께 기도를 하고 있었어. 그런데 다른 사람을 좋아하고 있다고 하니까 내가 좀 당황이 되는데…. 누구인지 알려주면 내가 그 사람이 어떤 사람인지 알아봐 줄게. 그 사람이 괜찮은 사람이라면 그 사람과 정말 잘 되기를 바라는 마음에서 물어보는 것이니까 누구인지 이야기해 줄 수 있어?"

이런 난감함이라니. "내가 좋아하는 사람은 바로 당신이에요!"라고 이야기하고 싶었지만, 그 사람이 상처 받고 힘들어하는 것을 알고 있었기 때문에 더욱 망설여졌다. 그래서 하나님께 마음속으로 기도했다.

"하나님, 이 사람에게 상처 주고 싶지 않아요."

그러고는 순순히 마음을 털어놓았다.

"내가 좋아하는 사람은 바로 형제예요."


그때부터 우리는 본격적인 교제를 시작하였고 마침내 결혼하여 한 가정을 이루게 되었다. 결혼하기 전에 우리 두 사람이 같은 꿈을 꾸게 된 것은 물론이다.

좋은 교회에서 신앙생활하고 비전을 이루어가자는 것이었다.

"이웃에 복음을! 농어촌에 선교비를! 온 세계에 선교사를!"

남편은 항상 수정교회의 표어를 보고 '이 교회가 내 교회구나.'라는 생각을 했다고 한다.

정말 멋진 표어다. 더 중요한 것은 이 표어를 지난 몇십 년 동안 그대로 실천하며 고수해 왔다는 것이다. 이것이 내가 수정교회의 방향을 신뢰하고 동의할 수 있게 하는 계기가 되었다.

교회에 대해 부정적인 사람들 말을 들어 보면 가장 큰 시험거리가 교회 재정 문제이다. 재정의 반 이상을 선교 목적으로 사용하고 있는 수정교회! 이것만으로도 수정교회는 다른 많은 교회에 도전을 주고 있다.

결혼을 하고 난 지금, 우리는 각자의 일터에서 열심히 일하며 실력을 키워나가고 있다. 미래에 우리를 가장 필요로 하는 곳에서 실력을 마음껏 발휘하기를 기대하면서 말이다. 요즘 우리의 최대 관건은 영어다. 그래서 얼마 전에 NLT 영어 성경을 구입했다. 매일 읽어 나가며 영어로 은혜 받는 것을 우리의 목표로 삼고 있다. 선교의 비전을 품고 오늘도 우리는 열심히 영어를 공부하며 기도하는 신혼생활을 해나가고 있다.

# 예수님의 참 제자가 되자!

**"아**침에 눈을 뜨면 늘 어딘가가 아프다. 아무 데도 아프지 않은 날은 내가 연습을 게을리했구나 하고 반성하게 된다."

한국을 대표하는 발레리나 강수진의 말이다. 이미 세계 최고 수준의 기량에 도달해 있는데도 하루도 빠짐없이 몸이 통증을 느낄 정도로 연습을 계속하고 있단다. 우아하고 아름다운 프리마돈나의 봄짓은 그냥 저절로 나온 것이 아니었다. 몇 해 전 어느 일간지에 실린 그녀의 발을 본 적이 있다. 가히 충격적이었다. 얼마나 혹사를 당했는지, 온통 상처와 혹과 문드러진 자국으로 일그러져 도저히 정상적인 사람의 발로 볼 수가 없었다. 타고난 재능만으로 최고가 될 수 없다는, 천부적인 재능은 부단한 노력으로 이어질 때 비로소 활짝 꽃피울 수 있는 씨앗이라는 웅변 같았다.

어느 분야에서든지 정상에 오르기 위해서는 혹독한 훈련이 뒷

받침되어야 한다. 그런데 자세히 살펴보면 성공의 조건은 재능과 땀이 전부가 아님을 깨닫게 된다. 자수성가를 믿지 말라는 말처럼, 누군가의 도움을 밑거름으로 삼지 않은 성공은 없다. 그 중에서도 가장 극적인 밑거름은 스승이다. 탁월한 지도자를 통해 갈고 닦은 훈련은 언제나 재능을 극대화시킨다.

피겨 여왕 김연아는 다섯살 때부터 엿보였다는 남다른 재능이 없었더라면, 피겨의 불모지나 다름없던 한국에서 세계의 주목을 받는 샛별로 떠오르는 것도 불가능했을 것이다. 그 위에 연아는 한 가지 점프 동작을 익히기 위하여 삼천 번이 넘는 엉덩방아를 찧는 노력을 더하였다. 그러나 그녀가 피겨 유망주의 꼬리표를 떼고 명실상부한 피겨여왕으로 화려하게 비상한 것은 뛰어난 스승인 브라이언 오서의 집중 조련이 더해진 결과였다. 어린 나이에 열악한 여건을 딛고 자신의 존재를 드러내기 시작하였지만, 동갑내기 라이벌 아사다 마오는 연아에게 있어 뛰어넘기 힘든 장벽으로 여겨졌다고 한다. 바로 그 마오를 제치고 피겨 여자 싱글 사상 최초로 200점을 돌파하면서 2009년 세계선수권 대회에서 우승을 하기까지 오서의 지도는 절대적인 역할을 했다. 피겨는 안무가와 지도자의 역할이 그 어느 종목보다 크기 때문이다.

오서는 전성기 시절 김연아 못지않게 캐나다를 주름잡던 최고의 스타였다. 주니어 시절 캐나다선수권대회 두 차례 우승과, 1980년 시니어 무대에 등장한 이후 무려 8년 연속 캐나다선수권에서 우승을 차지했던 독보적인 존재였다. 선수생명이 짧기로 유명한 피겨 종목에서

10년을 최정상에 군림했으니 피겨계의 전설이라고 불리울 만하다. 1984년 사라예보 올림픽과 1988년 캘거리 올림픽 두 번에 걸쳐 은메달을 땄던 사연도 흥미롭다.

1980년대 피겨 남자 싱글 부분은 미국의 브라이언 보이타노와 캐나다의 브라이언 오서가 양대 산맥으로 서로 각축을 벌였다. 이들의 라이벌 구도가 얼마나 치열했던지 사람들은 그들의 경쟁을 '브라이언의 전쟁'이라 불렀다. 올림픽 직전인 1987년 오서가 세계선수권 정상에 올라 사실상 올림픽 우승을 예약하였다. 그러나 막상 오서는 올림픽 본 경기에서 극적으로 보이타노와 동점을 얻게 되고, 재경기 끝에 다 잡은 줄 알았던 금메달을 놓치고 말았다. 이 때의 충격과 좌절로 결국 오서는 은퇴에 이르게 되었다고 한다. 아사다 마오와 정상을 놓고 경쟁을 벌이는 연아를 누구보다 잘 이해하고 도울 수 있는 스승인 셈이다.

처음 전담 코치가 되어달라는 제안을 받았을 당시만 해도 유명 해외 지도자의 대세는 러시아출신 선생이었다. 오서 역시 프로 선수로 현역에서 활동하면서 지도자가 될 생각이 없었기에 다른 사람을 찾아보라고 정중히 거절했다. 그러나 클럽에서 대면한 연아의 놀라운 잠재력과 천재성을 보고는 고민 끝에 과감하게 공연생활을 접고 그녀를 첫 제자로 받아들이게 되었다. 그가 지도자의 길로 접어들었을 때「글로브앤메일」이라는 캐나다의 한 일간지가 그를 인터뷰했다. 이 인터뷰에서 그는 연아 같은 제자가 있어서 지도자 생활이 즐겁다는 표현을 썼다.

"When you have a student like Yu-na,"

Orser said, "it makes it quite pleasurable."

내년 벤쿠버 올림픽에서 김연아가 금메달을 차지한다면, 오서 역시 피겨 생애 유일한 아쉬움이었던 올림픽 정상의 꿈을 이루게 될 거라고 벌써부터 언론들이 떠들고 있다.

김연아와 브라이언 오서의 경우에서 보듯이, 성공을 꿈꾸는 사람은 그 꿈을 이루어줄 수 있는 사람을 찾는다. 꿈을 이루기 위하여 부단한 훈련으로 자신을 담금질하는 한편, 자신에게 가장 적합한 스승을 찾아내고 기꺼이 그의 제자가 되려 한다.

예수 그리스도는 인류 역사상 가장 위대한 스승이시다. 그의 설교를 듣고, 병 고치는 이적을 목격한 사람들이 놀라 그를 따랐다. 사람들은 목수에 불과한 예수를 기꺼이 '랍비'라 칭하였다. 그런데 스승으로서 주님이 제자를 삼는 방법은 독특했다.

첫째로, 대부분의 사람들은 자기가 배우고 싶은 사람을 찾아 스승으로 모시지만 예수님은 자신이 먼저 원하는 사람을 찾아내어 자기 제자로 훈련시키셨다. 스승이 먼저 제자를 삼는 경우라면, 누구보다 뛰어나고 돋보이는 자질을 가진 사람을 선택하는 것이 보통인데, 그 분은 뛰어난 자질과 훌륭한 배경에 아무런 관심이 없었다. 평범하다 못해 초라하기까지 한 사람들이 예수님의 선택을 받았다. 예수님의 소원은 세상 사람들이 품는 소원과 달랐기 때문이다.

예수님은 자기 제자가 믿음의 사람이 되기를 원하셨다. 믿는 자라야 하나님의 자녀가 되고 천국 시민이 될 수 있기 때문이다. 그래서 예수님은 자신의 십자가 죽음이 다가오고 있을 때 과연 제자들이 믿음 위에 서 있는지를 확인하셨다. 사람들은 나를 누구라 하며, 너희는 나를 누구라 하느냐고 물어 보셨다.

베드로가 "주는 그리스도시요 살아계신 하나님의 아들이십니다."라고 답했을 때 예수님은 몹시 기뻐하시며, "이 반석 위에 교회를 세우리니 음부의 권세가 이기지 못할 것"이라고 확신하셨다. 제자들이 믿음에 서는 것이 자신의 소원이었기 때문에 그렇게 기뻐하신 것이다. 그러나 제자들의 확신은 얼마 못가서 예수님이 잡히신 사건으로 인해 흔들리고 말았다. 그러자 예수님은 그들을 다시 만나 믿음을 견고하게 해 주려고 승천하시기까지 40일간 10여 차례나 나타나셔서 그들로 하여금 예수님을 보고 듣고 만지게 하시며 믿음을 회복하도록 돌보셨다.

또한 주님은 제자들이 성령충만하기를 원하셨다. 아무리 제자들이 호언장남해도, 평소에는 믿음이 있는 것 같다가도 위기의 상황에서는 그 믿음이 흔들리고 변하는 것을 알고 계셨다. 인간의 의지로 끝까지 믿음을 지킬 수 없다는 것도 아셨다. 아무리 그 분이 하나님의 아들이심을 안다고 해도 그 아는 것만으로 하나님 뜻대로 살 수 있는 것은 아니라는 것도 아셨다. 그래서 반복적으로 성령을 받으라고 당부하신 것이다. 우리가 믿기 전에는 믿는 것이 주님의 소원이요, 믿은 후에는 성령충만 받는 것이 주님의 소원이다. 예수님의 제자들 중에는 예루살렘 출신이나, 예루살렘을 주 활동무대로 하는 사람이 아무도 없었다. 그런데도 승천하시는 순간까지도 제자들에게 예루살렘을 떠나지 말고 성령을 받으라고 하셨다. 가장 긴급하고도 중요한 소원이었기 때문이다. 성령을 받으면 죽음도 두려워하지 않는 담대한 믿음의 사람이 될 것을 알고 계셨기 때문이다. 성령 받은 자는 예수님의 소원을 이루어 드린 자들이다.

성령충만을 받고 승리하는 신앙생활을 하는 사람들은 열방을 구원해 내는 비전을 품기를 원하셨다. 비전의 사람이 되는 것이 주님의 마지막 소원이셨다. 주님은 늘 구원받지 못한 사람들을 불쌍히 여기셨다. 병든 자를 고치시며 목자 없는 양 같다고 민망히 여기셨다. 염소는 혼자 있어도 살아난다. 벼랑도 잘 탄다. 그런데 양은 목자가 없으면 못 산다. 아무 방어 능력이 없어 금방 이리에게 먹히고 만다. 그래서 예수님은 사랑하는 제자들에게 "너희가 그 양을 먹이고 치라."고 부탁하셨다. 밭이 희어져 추수하게 되었으니 추수할 일꾼을 보내 달라고 기도하라 당부하셨다. 열방을 가슴에 품고 세상을 구원하기 원하는 비전의 사람이 되기를 원하신 것이다. 믿는 우리는 다 훈련받고 성령충만한 비전의 사람이 되어야 한다.

주님이 제자들을 가르치실 때 독특한 목표가 있었던 것처럼 훈련 방법 또한 독특했다. 가르침을 위한 시간과 그렇지 않은 시간의 구분이 없었다. 가르침이라는 것도 단순한 보여줌이 전부였다. 제자들과 시간을 함께 하면서 삶을 나누었고, 자신의 삶을 모두 보여주는 것으로 그들을 가르치셨다. 예수님의 공생애 동안 예수님은 줄곧 제자들을 향한 기대와 목표가 있었는데, 제자들은 그것을 잘 깨닫지 못했다. 그들은 예수님이 하나님 나라를 생각할 때 여전히 세상에서 보이는 이스라엘 나라를 생각했다. 그 분이 이스라엘 나라를 회복하실 때 한 자리 차지할 것을 기대하며 끝없이 서로 누가 높은가를 다투었다. 천국에 대하여 반복적으로 가르치시고 그들의 어리석은 야망까지도 품으시면서 끝까지 그들을 사랑하셨다. 우리도 반복적인 훈련을 통하여 정제된 믿음, 다른 영혼을 품고 인내하는 사랑을 배워야 한다.

무엇보다 독특한 것은 주님은 자기 스스로가 아닌, 성령을 통하여 자신의 제자훈련을 완성시켰다. 세상의 스승은 그 사람이 죽는 것으로 끝이 난다. 아무리 위대한 스승이라 하더라도 그 후에는 더 이상 제자들을 가르치고 훈련시킬 수 없다. 따르던 무리들은 뿔뿔이 흩어져 자기의 길을 걷기 마련이다. 그러나 예수님의 제자들은 오히려 예수님의 십자가 죽음과 부활 이후에 더욱 강하고 담대하게 주님의 제자로서의 삶을 살았다. 아니, 처음 제자들을 부르셨을 때에는 예수님의 가르침을 잘 이해하지 못하고 제대로 제자로 서지 못하였다. 예수님이 압제받는 이스라엘을 회복시키시면 자기들도 그 공을 차지할 생각뿐이었다. 화려하게 예루살렘에 입성한 예수님이 잡혀 죽게 되자 그들은 두려워 뿔뿔이 흩어져 버렸다. 부활하신 주님이 그들을 찾아 보살피실 때 비로소 그들은 변화되기 시작했다. 언제 죽음의 위기가 다가올지 모르는 예루살렘에 머물면서 간절히 기도하는 사람들이 된 것이다. 그리고 약속대로 성령이 임하시자 제자들은 완전히 다른 사람이 되었다.

그들을 잡아 가두기도 하고 죽이기도 하는 권세를 가진 사람들 앞에서조차, 하나님을 두려워할 뿐 사람의 평판을 두려워하지 않았다.

예수님의 부활 승천 이후 성령의 사람이 된 제자들은 예수님의 말씀을 온전히 깨닫게 되었던 것이다. 사람들은 예수의 이름이 금이나 은보다 더 값진 것이라고 굳게 믿었다. 그래서 많은 사람들이 제자들을 칭송하고, 혹 그들의 그림자라도 비칠까 기대를 갖게 되었다. 제자들은 그 말씀을 전파하기 위하여 목숨을 걸었다. 그리고 예수님이 보이신 본대로 다른 사람들을 예수 그리스도의 제자로 양육하였다.


이제 우리도 예수님의 제자들처럼 우리의 삶을 통하여 제자를 양육해야 한다. 제자를 불러서 삶을 함께 하며 그들에게 사랑과 시간을 들이고 삶 속에서 실질적 신앙을 가르쳐야 한다. 예수님이 제자들을 불러 이루기 원하셨던 그 소원을 우리도 동일하게 품고 삶 가운데 이루어가야 한다. 하나님이 우리를 불러 제자삼으신 것은 단지 우리만 축복받고 잘 살게 하기 위해서가 아니라 또 다른 사람들을 품어 제자삼게 하려고 부르신 것이다. 나 한 사람 구원받은 것으로 만족하지 말고 나의 재능과 물질과 시간을 들여 영혼 구원과 세계복음화를 이루어가야 한다.


우리 교회는 교회 프로그램을 통해 구체적인 제자 훈련을 한다. 교회에서 매주 초신자를 위해 설교할 수는 없다. 그러나 프로그램을 통해 초신자를 훈련과정에 초대한다면 그들은 교회에 효과적으로 정착하게 될 것이다. 기독교의 정신이 무엇인지 체계적으로 배우게 될 것이다. 양육 중간에 성령수양회를 통해 성령 체험을 하게 되면 그들의 믿음은 더욱 확고해질 것이다. 그룹별 사귐과 친교로 교회 정착이 수월해질 것이다. 10주간 이어지는 프로그램은 새신자들뿐만 아니라 새신자들을 섬기는 기존 성도들에게도 좋은 훈련의 기회가 될 것이다.

12제자 사역은 예수님이 12제자를 양육하셔서 만민 구원을 맡기셨던 본을 따르기 위한 프로그램이다. 교회 다니고 구원받는 데 만족하지 말고 나도 작은 예수가 되어서 나도 평생에 12명의 제자는 세우도록 하자. 기존 교회의 구역은 구역원 관리가 주목적이었다. 그러나 목장은 목원을 예수님의 제자로 키워내는 것이 목적이다. 부모가 자녀를 낳아 밥만 먹이는 것이 아니라 공부도 시키고, 결혼도 시켜 내보내듯이 목장은 영적 가정의 역할을 하는 곳이다. 그러므로 구역처럼 해마다 나눠지는 것이 아니고 목원 스스로 목자가 될 때까지 목장을 유지하며 계속 양육해 나간다. 자기 목원이 훈련과정을 거쳐 스스로 목장을 갖게 될 때까지 그 관계를 유지하는 것이다. 자녀가 자라 성인이 될 때까지 사회와 학교와 가정에서 배우듯이 교인들은 사회의 역할을 하는 교회와 학교의 역할을 하는 제자학교, 가정의 역할을 하는 목장에서 훈련을 받고 예수님의 참 제자가 되는 것이다.

이제 이러한 제자 훈련을 통해 주님의 참 제자로 거듭나게 된 성도들의 체험담(간증)을 소개하도록 하겠다.

# 이 병은 전 세계에도 없는 병 _ 한영화 집사

믿음과 열심과 간증을 가진 뜨거운 일꾼이다. 멋진 주의 증인으로 날로 더욱 큰 승리를 이룰 것이다.

| 시편 7:8 |
여호와께서 만민에게 심판을 행하시오니 여호와여 나의 의와 나의 성실함을 따라 나를 심판하소서

"이 병은 전 세계의 환자 중 한 명도 나았다는 보고가 없습니다."

의사는 내게 충격적인 말을 했다.

가슴이 쓰리고 다리가 후들거렸다.

나는 희귀병 환자라는 이름을 달고 15년을 지냈다.

목자로서 새로운 발돋움을 할 때쯤 다시 장(臟)의 이상을 조금씩 느끼기 시작했다. 서서히 근심이 고개를 들었다.

진료는 한 달 이후에나 볼 수 있었다. 두려움에 사로잡힌 채 우왕좌왕하며 지냈다. 정말 중보자들 기도 덕분인지 병원에서 전화가 왔다. 모레 수요일에 진료를 받으러 오라는 것이었다. 모든 검사 일정이 일사천리로 진행되기 시작했다.

검사 전날, 밤새 검사준비를 하고 뜬눈으로 밤을 새웠다. 다음날 마

음을 애써 진정시키며 남편과 함께 병원으로 향했다.

나는 온 몸을 통해 중보기도의 힘을 느끼며 모든 검사를 마치고 회복실에서 간호사의 부름에 깨어나 몸을 추스렸다. 검사 결과 발표 당일, 남편을 굳이 못 따라 나서게 하고 다른 집사님과 동행하여 진료실 앞에 앉아 있을 때 내 가슴은 미친 듯이 불안해하고 있었다.

진료실 안으로 들어서자마자 결과부터 얘기하라고 의사를 다그쳤다. 의사선생님은 웃으시며 대답하셨다.

"당신은 행운아이십니다."

그제야 뛰던 가슴이 진정되기 시작했다.

"그동안 뭘 드셨습니까? 비법이 있으면 가르쳐 주세요."

나는 웃으며 "먹긴요…. 약이라면 신·구약은 좀 먹었죠."라고 웃으며 받아쳤다.

담당의사는 사실 병원 예약을 앞당긴 것도 자신이라고 하며 이렇게 말하는 것이었다.

"운 좋으면 용종, 그렇지 않으면 암으로 진행됐을 거라고 생각했습니다. 환자분처럼 15년을 앓으면서도 재발도 하지 않고, 입원조차 하지 않는 사람은 없습니다. 환자 중에 단연 최고봉이십니다. 하하하…"

주님은 내 병이 언제 들어왔으며, 무엇을 통해 왔는지 조원들과 사모님에 둘러싸여 누워서 기도하던 중 보여주셨다. 그리고 깨닫게 하셨다. 유한한 인간이 무한한 하나님의 능력을 제한시키고 있었음을…. 그리고 믿음이 있는 듯하였으나 질병 앞에서 한없이 작아지며 두려워 어쩔 줄 모르는 너무나 나약한 내 믿음을 보게 하셨다.

"이 병은 전 세계의 환자 중 한 명도 나았다는 보고가 없습니다."

그 불신앙의 뿌리는 발병 당시 의사의 말 한 마디 때문이었다. 기도를 받는 중에 그 말이 내 안에 뿌리내리고 있었음을 알 수 있었다. 하나님은 내가 주님을 신뢰하지 못하고 온전한 믿음을 소유하지 못했던 것을 깊이 깨우치고 반성하게 하셨다. 하나님의 치유 능력을 스스로 제한한 나의 부끄러운 불신앙의 모습을 보게 하셨다. 나는 나의 이러한 부족한 모습과 걸림돌을 깨닫고 회개하기 시작했다.

"하나님 정말로 죄송합니다. 저의 믿음 없음을 불쌍히 여기사 나로 하여금 새롭게 하여 주옵소서."

기도하고 또 기도하였다.

# 주 예수를 믿으라 _ 이정임 집사

수정가족으로 등록된 지 2년 남짓이지만 교회를 따라 김포로 이사도 왔고, 남편의 구원을 위해서도 열심히 기도하고 노력하는 집사이다.

| 창세기 28:15 |

내가 너와 함께 있어 네가 어디로 가든지 너를 지키며 너를 이끌어 이 땅으로 돌아오게 할지라 내가 네게 허락한 것을 다 이루기까지 너를 떠나지 아니하리라 하신지라

"성경책은 거짓말을 길게도 써놨네. 하나님이 어디 계시냐."

도저히 믿어지지가 않았다. 모두 거짓말인 것만 같았다. 그랬던 나였다. 지금은 옥문이 깨뜨려지면서 풀려나게 된 바울 사도를 통해 복음을 선물로 받은 간수와 그 옥문을 지키던 간수의 이야기를 읽으면서 마치 나의 이야기같이 느껴진다. 하나님의 은혜로 그 간수의 생활이 변했던 것처럼, 무지한 내게 주님은 커다란 은혜를 주셔서 나를 변화시키셨다.

침례를 받고도 4년을 교회에 나오지도 않고 하나님을 떠나 생활했다. 그냥 잊고 살았다. 딱히 이유도 없었지만 무엇인가 채워지지 않는 마음으로 방황을 했다. 육신의 아픔이 다가오면서 옛날 교회 다닐 때의 그 평안이 그리워졌다.

2007년 봄, 여전히 교회에는 나가지도 않으면서 그냥 성경 공부는

하고 싶었다.

그러던 어느 날이었다. 이유도 없이 몸이 아파 시달렸었다. 김재훈 목사님께 안수를 받게 되었다.

"그래 나도 믿자! 여기 있는 사람들도 다 믿는데!"

마음속으로 생각하고 눈을 떴을 때였다. 어두운 방에 커튼이 젖혀진 듯한 느낌이랄까? 그와 함께 몸이 가벼워지는 것 같았다. 2주 정도 그렇게 아프던 곳이 전혀 아프지 않았다.


"내가 나은 게 내 의지지. 하나님이 어디 있고, 치유가 어디 있어. 나도 교회 가지 말고 아이들도 보내지 말아야지."

그렇게 치유를 경험하고도 교회에 가기 싫은 마음을 떨쳐버리지 못했다. 그런데 이런 마음을 먹은 지 약 5초 후에 다시 아픔이 시작되었다. 그저 '이상하다, 이상하다.'고만 생각하고 그렇게 시간을 보내고 있었다. 몸이 아픈 것은 더욱 심해지기만 했다. 급기야는 잠도 못 자고, 먹지도 못 하고, 병원비는 병원비대로 한 달에 150만 원이 들어가는데도 확실한 병명조차 나오지 않았다.


이렇게 일주일 동안 12시간도 수면을 취하지 못하는 지옥 같은 시간을 보내고 있었다. 그러던 어느 날이었다. 그날도 수면제의 힘을 빌려 겨우 3시간을 자고 새벽에 일어났다. 새벽 5시가 조금 지난 시간이었다. 조금 후 집에서 보이는 학교 운동장으로 햇빛이 비치는데 그게 그렇게 예뻐보였다. 운동장을 걸어 보고 싶었다. 부스스하고 통통 부은 모습 그대로 추스르고 학교 운동장으로 갔다. 운동장을 세 바퀴째

도는 순간이었다. 갑자기 내 입에서는 찬양이 쏟아져 나오고 귀에서는
주님의 말씀이 생생하게 들렸다.


"내가 너를 얼마만큼 더 아프게 해야 너를 부인하고 나를 따를 것이
냐?"

주님의 말씀과 함께 내 눈에서는 하염없는 눈물이, 입에서는 회개
의 말이 쉼 없이 나왔다.

"잘못했어요! 죄송해요."

가슴속에서는 생전 느껴보지 못했던 자유와 기쁨이 요동쳤고 따스
한 햇살이 나를 빙 둘러 비춰주고 있었다. 주님을 영접한 그날, 주님은
이 못난 나를 머리부터 발끝까지 주님의 손으로 깨끗이 치유해 주셨
다. 그렇게 나를 만나주신 주님! 하나님 아버지!


그때부터 본격적으로 나의 믿음 생활이 시작되었다. 주님의 은혜만
알았지, 말씀도 교회 생활도 모르고 그저 방방 뛰며 돌아다녔다. 주님
은 멘토로 권사님을 보내 주셨다. 기도의 동역자이자 나의 교만을 일
깨워주는 친구인 정희도 보내 주셨다. 나의 목자인 집사님도 보내 주
시고, 교회에서 6개월 동안 월 · 화기도 모임을 같이 하던 집사님도 보
내 주셨다. 주님께서는 당신에게 내가 아픈 손가락이었는지 더욱 많은
도움의 손길을 보내 주신 것 같다.


은혜에 들떠 뛰어가다가 넘어졌을 때면 멘토를 통하여 약을 발라
주셨다. 또한 미리 넘어질 것을 대비하여 조언도 해주셨다. 교만에 취

해 내가 최고인 양, 내 믿음이 최고인 양 높아졌을 때 친구를 통하여, 기도를 통하여, 말씀을 통하여 나를 낮아지게 하셨다.

2008년 4월 중순에 갑자기 남편이 일산으로 발령나게 되었다. 영등포에서 일산까지 출근하자니 시간이 너무 걸려 고민하고 있었다. 권사님은 본 성전 가까이에 있는 김포 장기지구를 추천해 주셨다. 그때만 해도 이사할 생각이 전혀 없었던 나는 남의 일로 생각하고 관심도 갖지 않았다. 하지만 나를 위하여 기도하시는 권사님이 한 번 더 권유하셨다.

'혹시 주님이 인도하시는 것인지도 몰라.' 하는 막연한 생각에 권사님의 도움으로 김포에 있는 집을 둘러보았다. 마음에 드는 한 집을 찾았다. 이리 이사 오면 좋겠다고 생각하며 집에 와서 남편에게 말했다.

"서울에 일도 남아 있잖아. 김포가 어디인데 거길 가겠어? 일단 올해는 이렇게 보내고 내년에나 생각해 보기로 하지."라며 들으려고도 하지 않았다.

"하나님! 저 그 집으로 이사가게 해주세요."

머리로는 포기했지만 나도 모르게 기도 반 넋두리 반의 마음으로 읊조리고 있을 때였다. 남편이 갑자기 드라이브 삼아 한 번 가보자는 것이었다. 나는 부동산에 도착하자마자 그 집부터 물어 보았다. 부동산 아저씨는 고개를 갸우뚱거리며 말했다.

"이 집 참 이상한 집이에요. 사모님이 보고 간 이후로 10일 동안 다른 사람들에게 보여 주지를 못했습니다. 집 보자고 할 때마다 열쇠 가지신 분이 공교롭게 다른 곳에 있어서 안 되더군요. 보여 주기만 하면 나갈 집인데 보질 못해서 계약이 안 되고 있습니다. 사모님집이 되려고 하는 것 같네요."

집 안으로 들어설 때 알 수 없는 벅찬 감정이 들었다. 별 생각 없이 둘러보는 남편과 달리 나는 구조도 전망도 둘째였다. 이곳에 오고 싶은 이유는 단 하나, 본 성전 가까이로 오고 싶은 마음 때문이었다. 그러나 믿지 않는 남편에게는 이유가 되지 않았다. 그 집을 그냥 나오려고 할 때쯤 부동산 아저씨의 전화 벨이 울렸다.

"지금 다른 부동산에서 집도 안 보고 계약을 하겠다고 하네요. 그렇지만 집을 보고 있는 분이 계시니 그 분 의견을 우선 확인해 보는 것이 도리인 것 같아서요." 집주인에게 걸려온 전화였다. 아저씨는 전화기를 귀에 댄 상태로 우리의 의견을 물었다. 나는 아무 말도 못하고 남편에게 결정권을 돌렸다. 남편은 그 짧은 결정의 순간에 믿기지 않는 말을 하는 것 아닌가?

"계약한다고 하세요."

나는 마음속으로 하나님의 인도하시는 방법과 그렇게 이끌어 가시는 하나님의 위트에 놀라움과 웃음으로 가슴이 벅차올랐다. 이어 전세금의 10%를 계약금으로 지불해야 한다고 했을 때, 나는 일주일 전 적금이 만기되어 통장에 넣어 두었던 돈이 생각났다. 남편에게 사정을 말하고 카드로 이체하면 된다고 했을 때 남편이 말했다.

"완전 계획적이구나."

그렇게 그 자리에서 계약을 하고 서울로 오는 내내 성령님의 힘에 압도되는 것을 느꼈다. 장막을 옮기고 본 성전으로 교회도 옮기고 또 다시 시작되는 나의 믿음생활은 너무나 풍족하고 행복하다. 부족하고 어리석은 나를 만나주시고, 은혜 주시고, 사람의 눈으로 볼 때는 작은 믿음이지만 복음의 씨앗이 전혀 없었던 친정 식구들을 주님 영접하게 하시고, 아직 교회에 나오지는 않지만 십일조도 동의해 주고 다른 사람이 교회를 핍박할 때 먼저 나서서 나를 옹호해주는 남편의 도움, 교회 가기 싫다는 말 한 번 안하고 교회 잘 가는 아이들….

작년 초까지도 주님은 안 계시다고 부정하던 나에게 주님은 내가 살아 있다고 너의 옆에 있다고 매 순간 삶 속에서 느끼게 해주신다. 주님은 지금도 살아 계시고, 역사하시고, 우리의 머리카락 숫자까지도 아시고 계심을 고백한다. 빌립보 옥의 간수처럼 모든 가족들과 이웃들에게 복음을 전하게 해주세요. 아버지! 감사합니다. 사랑합니다.

"주 예수를 믿으라. 그리하면 너와 네 집이 구원을 얻으리라."

# 삶의 회복이 있는 수정교회 _ 윤성순 집사

어려운 여건 속에서도 믿음과 기도로 그리스도의 사랑을 실천하며 살려고 늘 애쓰는 신실한 목자이다.

| 고린도후서 4:17 |
우리가 잠시 받는 환난의 경한 것이 지극히 크고 영원한 영광의 중한 것을 우리에게 이루게 함이니

큰딸이 초등학교 6학년, 둘째딸이 5학년, 막내아들이 7살 때 나는 재혼을 했다. 두 딸은 남편이, 아들은 내가 데리고 왔다. 두 가정이 하나가 되는 일이 쉬운 일은 아니었다. 고달픈 세상살이에 나의 심신은 지쳐 있었다.

돌이켜 보면 어린 시절부터 많이 고단했다. 생활력 없는 한량 아버지, 그런 아버지로 인해 7남매를 부양하느라 억척스러워질 수밖에 없었던 엄마 사이에서 나는 초등학교 때부터 가마솥에 불을 지펴 밥을 하며 김치를 담그고 밭일을 해야 했다. 고달픈 노동에다 날마다 매까지 맞으면서 그렇게 자랐다. 어느 누구에게도 따뜻하고 잔잔한 사랑을 받지도 못했고, 줄 여유도 없었다. 낮에는 일하고 밤에는 공부하면서 고등학교에 다닌 것조차 기적이었다.

그러던 어느 날 교회에 다니게 되었다. 월급 3~4만 원을 받아도 꼭 십일조를 드렸다. 기숙사 식대가 너무 비싸서 아침, 저녁은 거르고 회

사에서 주는 점심만 먹고 6개월가량 버티다 위경련으로 쓰러진 적도 있었다. 그래도 십일조는 구별하여 하나님께 드리며 신앙의 초석을 다져갔다. 열심은 있지만 성령체험도 없고 주님을 인격적으로 만나지도 못했기에 환난풍파를 겪게 되자 주님을 떠나 방황도 했다. 하나님이 나를 버려두지 않으셨기에 지금의 남편을 만나게 되었다. 그러고는 남편이 다니는 교회에 같이 나가게 되었다.

그런데 문제가 생겼다. 전에 다니던 교회와 분위기가 너무 달라 적응하기에 힘들었다. 두 가정이 합쳐져 어려움을 겪어가는 와중에 다시금 가정이 깨질 위기에 직면했다. 나는 아이들에게 육체적인 것으로만 잘해 주었다. 머리로만 양육하는 엄마였기에 아이들에게 사랑을 주기보다는 야단치고 훈계하기를 반복하며 아이들과 부딪혔다. 우여곡절 끝에 남편과 새로운 교회를 찾기로 합의하고 헤매다가 수정교회로 발걸음을 옮긴 것이다.

거기서 뜻밖에 딸아이와 같은 반 아이 엄마를 만나게 되었다.

서로 놀랐고 그것이 계기가 되어 등록을 하게 되었다. 잠시 나의 힘든 마음을 이야기하자 집사님은 이은자 사모님을 만나게 해주었고, 사모님은 바로 담임목사님을 만나게 해주었다. 정말 많이 놀랐다.

"이렇게 큰 교회에서 목사님이 바쁘실텐데…."

마음이 벅찼다. 목사님의 말씀은 마음에 평안을 주었다.

그 걸음이 방황하던 나의 삶에 전환점이 되었다. 날마다 새벽 제단을 쌓으며 울며 하나님께 간구했다. 남편과 싸웠을 때도, 딸아이들과 힘들었을 때에도. 남편을, 얼어붙은 딸아이의 마음을, 그리고 무엇보다 온전치 못한 나의 마음을 고쳐 달라고 했다.

마침내 하나님이 찾아오셨다. 기도할 때마다 마음에 평안이 생기면서 눈물이 나의 두 볼을 적셨다. 나의 텅 빈 마음에도 주님이 희망의 씨앗을 심기 시작하셨다. 집으로 돌아가면 상황은 여전히 힘들었지만, 함께 기도해 주시며 멘토가 되어 주신 심방권사님이 큰 힘이 되어 주셨다.

"큰딸을 하나님이 당신에게 보내주신 천사라고 생각해 봐."

권사님의 이런 말씀이 처음에는 야속하기도 했다. 그런데도 나는 조금씩 변하고 있었다. 야속하면서도 정말 그런 마음을 갖게 해달라고 기도했으니 말이다. 주님은 오히려 그 아이를 통해 어린 시절부터 상처받은 나의 내면을 치유하기 시작하셨다. 주님의 그 치유로 인하여 이제는 큰딸아이가 하나님이 내게 보내 주신 천사였음을 고백할 수 있게 되었다. 하나님이 사랑하시는 귀한 그 딸을 내게 맡기셨다고.

하나님의 일은 서기서 끝나지 않았다. 성가대를 섬기다가 어린이부로 옮기게 되었다. 그곳에서도 간사님 두 분이 좋은 멘토가 되어 주셨다. 하라고 해서 어린이부 봉사를 시작하기는 했지만 진정으로 사랑하는 마음이 없었다. 그러다 보니 내 말 잘 듣는 아이들만 예뻐하고, 말썽 부리는 아이들까지 품을 수는 없었다.

"사람의 생각으로 어린이를 사랑하지 말고 나의 죄를 대신해서 십자가에서 돌아가시고 다시 사신 예수님의 그 사랑으로 어린이를 사랑하세요."

간사님들의 간곡한 말씀과 기도하는 모습을 보면서 나도 예수님의 십자가의 그 사랑으로 어린이를 사랑하게 해 달라고 기도하고 있었다.

하나님은 내 어린 시절의 상처를 낱낱이 치유하기로 작정하셨나 보다. 보호자에 대한 믿음이 없었던 어린 시절, 소속과 애정의 욕구를 채우지 못했던 젊은 시절, 자존감과 정체성을 찾지 못한 채 욕구불만에 찬 장년시절을 지내고 있는 나에게 그 모든 것을 뛰어넘는 치유를 베푸시니 나의 가슴에도 어린이에 대한 긍휼이 넘쳐나는 것이었다.

딸들을 바라보는 시선이 머리에서 가슴으로 내려오게 되었다. 큰딸이 고등학교 1학년, 둘째딸이 중학교 3학년, 막내아들이 초등학교 4학년인 지금, 주님의 사랑을 전해받고 이들이 얼마나 귀하고 예쁜지 모른다.

# 참 감람나무 접붙임의 은혜를 안고 _ 오영란 집사

차분하면서도 한결 같은 목표의식을 갖고서 늘 노력하고 구하는 집사이다. 기도 대로 더욱 큰 승리를 이룰 것이다.

| 시편 65:10 |
주께서 밭고랑에 물을 넉넉히 대사 그 이랑을 평평하게 하시며 또 단비로 부드럽게 하시고 그 싹에 복을 주시나이다

"좋은 나무에서 우러나는 사랑과 은혜가 우리에게까지 흘러들어 나에게까지 삶의 변화를 주었으며, 그런 변화로 인해 우리 모두에게 주님의 은혜가 임하게 되었다."

불로동에 이사 온 후 나는 고등학교 1학년 딸을 뒀다는 핑계로 새벽기도까지 빠뜨려 먹으면서 수면을 취했지만 영혼과 육체는 점점 더 힘들고 침체되기만 했나. 집에서 좀 더 기도하면 되지 하는 안일한 생각으로 수많은 날들을 기도의 사명도 온전히 감당하지 못한 채 말이다. 그러던 내가 침체되었던 삶에 차츰 생기를 갖게 되었다. 소그룹 모임을 통한 뜨거운 기도와 한 주 한 주 시간이 흐를수록 하나님의 은혜 가운데 변화되는 팀원들의 모습을 보면서 연약해질 대로 연약해진 내 영혼과 육체가 차츰 회복되고 마음 또한 뜨거워졌다.

그러던 어느 날 사모님이 내 옆자리로 오시더니 말을 건네 오셨다.

"집사님 '목자' 기도 준비하세요."

내가 속해 있던 팀의 리더이셨던 권사님께서 목장을 맡게 될 수도 있다는 말씀을 하셨을 때, 나는 "아직은 너무 부족해서 못해요."라고 대답하였다.

아직은 수정교회 다닌 지도 얼마 되지 않았고 계획한 일도 있었기에 하나님의 뜻이라면 "나중에"(언제 일지는 모르지만) 순종하겠다고 말씀 드렸었다. 그런데 그 나중이 이렇게 빨리 오게 될 줄은 정말 예상치 못했다. 아직은 시기상조라고 말씀드리고 싶었지만 사모님께 아무런 말씀도 드리지 못했다. 그 이유는 사모님으로부터 하나님의 강한 영적 흐름이 전해졌기 때문이다.

"순종이 제사보다 낫다"(삼상 15:22).

사모님은 결국 이렇게 부족하기만한 나를 목자로 세우시고 목원들을 맡기셨다. 내 온 뜻은 아니었지만 목자로 활동하면서 내 목자님의 영성과 목자의 마음이 나에게도 흐르고 있음을 느끼게 되었다. 아직은 부족하기만한 새내기 목자이지만 사역에 동참하게 하고 이제는 목자의 마음으로 새벽마다 목원들의 이름을 부르며 기도하게 하신 하나님께 감사드린다.


감정의 깊이를 가지고 신실함으로 다가오신 주님!
위선의 감정을 상대의 귀에 쏟지 않게 하시려고
미묘하면서도 진실되게 주님은 만나주셨습니다.
버려진 상태의 본래 모습 그대로
참 감람나무에 접붙임 시켜주신
주님의 뜻 이제 알아 기쁨이 사무칩니다.

# 주님,
## 주님 닮은 그림자이고 싶습니다 _ 서영애 권사

교장선생님으로 퇴임하신 분이며, 시인이기도 하다. 역시 교장선생님으로 퇴임하신 부군을 먼저 하늘나라에 보내시고도 기도와 믿음과 소망으로 묵묵히 신앙생활을 하고 있다.

| 역대하 20:20 |

… 예루살렘 주민들아 내 말을 들을지어다 너희는 너희 하나님 여호와를 신뢰하라 그리하면 견고히 서리라 그의 선지자들을 신뢰하라 그리하면 형통하리라

촛불이 되어

칠흑 같은 죄악 세상 밝히는

촛불이 되어

형제자매 발 뿌리 비추며

이 한 몸 남김없이 태우리이다


나 같은 죄인 구하시려

십자가 극한 고통 몸소 지신

사랑의 주님

그 사랑 기리며

남김없이 이 몸 살라

소망의 빛이 되리이다

비록 미약한 입김에도 흔들리는

희미하고 보잘 것 없는 심약한 빛일지라도

낮고 낮은 종의 자리서

만악의 근원인 자기애를 버리고

형제와 이웃

겸손히 받들어 섬기며

흔적 없이 이 몸 살라

미움과 원망을 십자가에 못 박고

용서와 사랑으로 포용하고 섬기며

진정 주님 닮은 그림자 되오리다


불같이 뜨겁게 이 한 몸 버릴 수 있을

꺾이지 않을 열정을 주시옵소서


만신창이 불구된 부끄러운 몸이어도

주님 쓰실 도구로 영육을 모아

내 남은 삶과 생명을 주님께 바치오니,

엿워한 구세주 내 영생되신 예수님

진정 주님 닮은 사랑의 향기 되길


날마다 두 손 모아 읍소로 간구합니다

주님이시여.

# 당신 한 분만으로 _ 김영미 집사

수년 전에 암투병으로 어려운 고비를 주님의 은혜로 넘겼다. 그 후에 더욱 밝고 건강한 모습으로 교회학교 교사로 정성을 다해 봉사하고 있다.

| 요한복음 14:26 |
보혜사 곧 아버지께서 내 이름으로 보내실 성령 그가 너희에게 모든 것을 가르치고 내가 너희에게 말한 모든 것을 생각나게 하리라

수정교회에 등록하고 난 후 나는 복된 소식이라며 처음으로 다음과 같은 말을 들었다.

"하나님을 만나고 거듭 나서 새사람이 되면 초자연적인 여러 가지 하나님의 역사가 일어난다."

나는 새소식반을 맡아 봉사하게 되었다. 그러던 어느 날, 우리 현관문 앞에서 내가 아는 어떤 아이를 주님이 안고 계시는 모습이 보였다. 그때 새소식반에 7살 된 여자아이가 나오고 있었는데, 그 아이는 이곳으로 이사온 지 얼마 되지 않았기 때문에 친구도 없었고 유치원도 다니지 않는다고 했다. 처음 새소식반을 하고부터 그 아이는 매일같이 아침이면 현관문을 두드리기 시작하는 것이었다.

똑 똑 똑 ….

"새소식반 선생님! 저 ○○○이에요."

거의 한 달 동안은 반갑게 맞아주고 과자도 주고 같이 놀아주기도 했는데 시간이 지나면서 사생활이 없는 것 같고 아침부터 찾아오는 것

이 부담스럽기도 하고 귀찮기도 했다. 미안하긴 하지만 어떤 때는 안에 있으면서도 모르는 척할 때도 있었다. 그럴 때면 예수님께서 아이들이 오는 것을 막지 말라는 말씀이 떠올랐으나, 내가 귀찮다는 이유로 모르는 척하기도 했다.

그 아이! 그 아이를 주님이 바로 우리 집 현관문 앞에서 안고 서 계시는 것이었다.

"내가 이 아이를 통해 너에게 온 것인데 네가 나를 이렇게 미워하느냐."

얼마나 부끄럽고 죄송하든지….

'난 어린이부 교사가 될 자격도 없다. 이런 내가 무슨 아이들에게 사랑을 주는 교사라는 건지….'

또 하염없이 눈물을 흘리며 기도했다.

주님께서는 또 담임목사님을 보여 주시면서 주님을 섬기듯이 목사님을 섬기라고 말씀하셨다. 목사님께서 바로 예수님이라고 하시면서…. 또 나에게 남편을 보여 주시면서 "네가 사랑한 사람이고 선택한 남편을 왜 그렇게 미워하냐?"고 하시면서 "나도 그렇게 미워하니?"라고 물으셨다.

"사람의 행위가 자기 보기에는 모두 깨끗하여도 여호와는 심령을 감찰하시느니라"(잠언 16:2).

주님은 나를 아는 모든 분들이 나를 위해 중보기도하시는 모습들을 보여 주셨다. 그러면서 말씀하셨다.

"너를 사랑하는 사람들이 너를 위해 이렇게 눈물로 기도하고 있는데 무엇을 두려워하느냐? 아무 염려 말라."

주님께 너무 감사했다. 주님의 사랑으로, 세상을 향해 주님을 향해 한 걸음 한 걸음 걸어갈 것이다.

### 당신 한 분만으로

당신 한 분만으로 족하게 하소서

세상 그 무엇도 탐하게 마시고
세상 그 무엇도 바라보게 마시며
세상 그 무엇도 계획하게 마소서

당신께서 일일이 간섭하시고 챙기시어
당신 뜻 좇아 살기 바쁘게 하소서

당신께서 세밀히 계획하고 인도하시어
순종케 하고 풍요롭게 하며 그득하게 하소서

세상 그무엇도 좇지 말게 하시고
당신 한 분만으로 족하게 하소서

# 믿는 대로 주시는 하나님 _ 최일연 권사

어려운 가정 형편 속에서 늘 자기 진리를 지키시면서 가정과 교회를 위해 헌신하신 분이시다.

| 요한복음 4:24 |
하나님은 영이시니 예배하는 자가 영과 진리로 예배할지니라

"하나님! 저에게 희망을 주세요."

교회도 다니지 않던 지금부터 20년 전 일이다. 매일 고된 일을 마친 뒤 지친 몸을 이끌고 버스에 앉아 창밖을 내다보면 수없이 많은 십자가가 보이곤 했다. 버스에 몸을 의지한 채 창밖에 보이는 십자가를 바라보며 나에게도 희망을 달라고 중얼거리곤 하였다.

나는 세상에서 너무나 어려운 삶을 살았다. 구차하고 보잘 것 없는 이야기이지만 그 어려운 삶을 이겨가는 힘이 무엇인지를 말하고 싶다. 그 당시 정말 내게는 아무런 희망이 없었다. 의지해야 할 남편은 환자였고 아이들 셋은 학교에 다니고 있었다. 직장 일에, 집안일에, 환자 돌보는 일까지 육체적으로 너무나 힘든 시간이었다.

그 후 직장이 너무 멀어서 옮기게 되었는데 그곳은 대림동에 있는 미용실이었다. 그 미용실 원장님은 교회 권사님이셨다. 하나님께서 드디어 희망의 문을 열어 주신 것이다.

권사님의 인도로 수정교회에 등록하였는데 목사님의 말씀을 들으

면 마음에 평강이 들고 내 삶에도 희망이 보이기 시작했다. 그 희망의 시간을 오래 갖고 싶어서 '예배 시간이 좀 더 길었으면…' 할 때가 많았다. 예배를 사모하며 하나님의 자녀가 된 것에 감사하고 기뻐하며 삶의 어려운 시련들을 극복해 내고 있는 나를 발견하였다. 어느덧 주님께서 내 가정을 돌봐 주시고 내 아이들을 양육해 주고 계셨다. 삶은 무겁고 곤고했지만 15여 년를 보내면서 그 가운데 희망을 찾을 수 있었던 비결은 오로지 하나님을 만나는 것 그 한 가지였다.

믿음생활 18여 년에 접어들면서 어느 날부터인가 갑자기 무언가 내 마음을 억누르는 것 같은 답답하기 그지없는 때를 만났다. "물질의 복을 달라는 것도 아니요 심신의 평안함을 달라는 것인데 왜 응답해 주시지 않는 것일까?" 나는 답답한 마음을 어찌할 수가 없었다.

다시 한 번 하나님을 신뢰하였다. 집 안의 불을 끄고 방문을 잠그고 묵상의 시간과 기도의 시간에 하나님과의 교제를 청하였다.

"천부여 의지 없어서 손들고 나옵니다…."

목이 터져라 찬양을 부르며 몸부림쳤다. 그러기를 두어 시간, 기도를 이렇게 오래 해 본적이 없었다. 3일 동안 손을 들고 울며 기도하며 하나님께 매달렸다.

4일째 되던 날, 아무 이유 없이 마음에 행복이 찾아왔다. 주체할 수 없는 기쁨이 가슴에 차오르면서 일어서서 춤을 추고 싶을 지경이었다. 하나님께서 이토록 부족하고 연약하여 아무 쓸모없는 나를 위하여 독생자 예수를 십자가에 못 박으셨다니! 나를 구원하신 자비로우신 사랑의 하나님을 깨달을 수 있었다.

나는 어렵고 힘들 때마다 「이사야」 40장 10절 말씀을 늘 묵상하며 살아가고 있다. 하박국 선지자의 말씀처럼 아무리 환경이 어려워도 자비로우신 하나님으로 인해 기뻐하며 구원의 하나님으로 인해 즐거워하는 삶이 될 줄, 이 시간 나는 믿고 의지한다.

# 능력의 주님과의 동행!

이장에서는 제 아내(이은자 사모)가 걸어온 길을 소개합니다.


**할** 수 있다 하신 이는 나의 능력 주 하나님
　　의심 말라 하시고 물길 위를 걸으라 하시네
할 수 있다 하신 주 할 수 있다 하신 주
믿음만이 믿음만이 능력이라 하시네
믿음만이 믿음만이 능력이라 하시네
…

할 수 있다 하신 이는 나의 능력 주 하나님
나를 바라보시고 능력준다 하시네
할 수 있다 하신 주 할 수 있다 하신 주
사랑만이 사랑만이 능력이라 하시네
사랑만이 사랑만이 능력이라 하시네
…

할 수 있다 하신 이는 나의 능력 주 하나님
주저말라 하시고 십자가를 지라 하시네
할 수 있다 하신 주 할 수 있다 하신 주
희생만이 희생만이 능력이라 하시네”

“내게 능력 주시는 자 안에서 내가 모든 것을 할 수 있느니라”(빌립
보서 4:13).

내가 조일래 목사를 만난 것은 부산에 있는 SSCF(스웨덴 아동구호
연맹)재단 산하 재건중학교 교사로 활동하고 있었던 1971년이었다.
당시 수정동교회에서 믿음 생활을 하던 나는 믿음 좋고 성실하며 장래
가 유망한 청년이라는 소문이 꽤 형성돼 있던 조일래 집사를 만났다.

당시 우리는 마음껏 사랑하고 싶은 욕망이 대단하여 안 보면 보고
싶고, 언제까지나 같이 있고 싶을 만큼 사랑했지만 결혼 승낙을 얻기
가 쉽지만은 않았다. 각기 자기의 부모를 설득하여 승낙받기로 약속하
고 남편은 이틀 밤을 꼬박 새워 부모님과 담판을 지었고, 나는 며칠씩
이나 굶는 작전에 들어가 서로가 끝내 성공시켰다.

두 집안의 반대 이유는 정말로 한 편의 코미디였다. 나는 너무 날
씬해서 아이 생산하는 데 지장이 있다는 것과 예수 믿는다는 이유였
다. 조일래 목사는 군대를 안 다녀왔고 거제도 섬이 너무 멀다는 이유

였다.

1972년 5월 18일, 드디어 수정동교회 박춘석 담임목사 주례로 우리는 결혼을 하였다.

그러나 천국인 줄 알고 결혼은 하였으나 그 천국은 결혼 4일 만에 지옥으로 바뀌고 말았다. 금정산 중턱 다닥다닥 붙은 집의 부엌 딸린 작은 단칸방에서 나의 신혼살림은 시작되었다. 그렇게 첫사랑이 우여곡절 끝에 결혼으로 이어지는 축복의 길이 열렸지만 결혼생활의 과정은 실로 험난했다. 남편을 왕자처럼 떠받드는 재미 하나로 처음 며칠은 너무너무 행복하였다. 그렇지만 행복은 4일 천하로 끝나버리고 곧바로 지옥생활이 시작된 것이다.

결혼한 지 4일 만에 시어머니와 시누이가 부적을 들고 신혼집에 찾아오신 것이다. 남편 몰래 베개 속에 부적을 넣으라는 강요에서부터 두 분 다 며느리 잘못 얻었다며 방바닥을 치며 엉엉 우시고, 겪어보지도 않고 나를 버릇없다 몰아치는 것이었다. 게다가 좁은 신혼집에 시어머님 친정 조카들까지 데리고 있어야 하는 역경의 연속이었다.

결혼 2년 동안 갖가지 사연으로 이사를 네 번 다녔는데, 가는 곳마다 집을 한 바퀴 돌아야 뒤에 부엌이 외따로 있는가 하면, 교회와의 거리는 80분 거리였다. 그러나 이처럼 열악한 상황에서도 나는 주일학교 교사의 역할과 성가대 봉사를 열심히 하였다.

1973년 사업을 하고 있던 남편이 갑자기 군에 입대하게 되었다. 너무 당황스럽고 불안하여 남편 바지 붙들고 입대하기 전까지 날마다 울었다. 남편 입대 후 10여일 만에 시동생이 찾아와 반강제적으로 나를 시댁으로 데리고 갔다. 여기서부터 또 다른 지옥생활이 펼쳐지기 시작했다. 새벽부터 밤늦게까지 모내기, 보리 베기, 타작하기, 벼 베기, 품삯일, 숨 돌릴 겨를도 없이 고된 일이 계속되다 보니 밤마다 코피를 흘리고 펑펑 울다 잠이 들곤 했다. 여름이면 머리끝부터 발끝까지 땀띠로 범벅이 되었으며, 날마다 물동이를 머리에 이고 다녀야 했고, 농사철뿐만 아니라 농한기에도 거의 날마다 술상을 차리고 직접 농주를 만들기도 했다. 시할아버지, 시부모, 시동생, 시누이, 동서들의 미움과 눈초리 속에 비 오는 날만 숨죽여 몰래몰래 교회에 나갔다.

큰아들 현철이를 낳고 다소 위로와 격려를 받았지만 그것도 잠시였다. 시어머님은 점쟁이 집으로 나를 데리고 갔는데, 점쟁이는 내 눈을 유심히 보더니 다음과 같은 말을 하는 것이었다. "눈을 보니까 남편이 목사 되겠구먼!"

점쟁이의 한 마디가 더욱 억압과 핍박의 구실이 되었다.

그래서 한때는 이혼도 결심하였고, 너무 힘들어 죽고 싶다는 생각을 해보기도 했지만, 어린 현철이가 너무 불쌍하여 그러지도 못하였다. 이겨 낼 길은 기도밖에 없었다. 그래서 하루는 결심을 하고 산 기도를 갔다. 주님께서는 내가 뜨겁게 기도를 하는 중에 방언을 주셨고, 크고 작은 십자가를 보여주셨다. 주님은 내 마음에 다음과 같은 메시지를 주셨다.

"내가 네 남편을 나의 종으로 택했다. 너는 네 남편 말에 복종하라.

그리고 서울로 가라. 내가 네 남편을 세계를 누비는 종이 되게 하겠다. 넌 만민의 어미(영적인 어미)가 될 것이다.”

그렇게 눈물 콧물이 범벅이 된 가운데 새벽녘에야 기도가 끝났다. 하산하면서 나는 기도응답에 대하여 당분간은 비밀로 간직해야겠다는 생각을 하였다.


1976년 9월.

“큰 뜻을 품고 서울로 갑니다.”

우리 부부는 어린 현철이를 데리고 서울행 기차를 탔다. 책보따리, 이불보따리, 금목걸이(3돈), 간장(멸치액젓), 쌀 조금, 시동생이 마련해준 15만 원을 갖고 거제도에서 출발해 영등포역에 내렸을 때 우리에게 남겨진 돈은 몇만 원에 불과했다. 허름한 여인숙에서 이틀 밤을 보낸 것이 서울에서의 첫출발이자 수정교회의 출발점이 되었다.


남편은 학교 관계로 서울신학대학교 조종남 박사를 만나러 바로 나갔다. 니는 여동생의 노움으로 방 딸린 조그만 가게를 얻어 분식점을 시작했다. 재료를 친정에서 공급받아 튀김, 만두, 찐빵, 단팥죽, 라면 등을 만들어 팔았다. 둘째아이 임신으로 입덧이 심해 식은땀을 흘리면서도 영업을 계속하였고, 다행히 장사는 꽤 잘 되었다.


성결교회를 찾아 헤매던 중 대림성결교회를 찾아내어 어느 주일 교회당 안에 들어서니 임원기 집사(현권사), 이국화 청년(현권사), 이동섭 청년, 서영숙 청년(현권사)이 있었다. 바로 후에 홍순모 집사(현

장로님)가 합류한 것이 오늘날 수정교회의 모태가 된다. 이분들이 오늘날까지 수정교회에 남아 봉사하는 것을 볼 때 하나님의 섭리라고 설명할 수밖에 없다.

이국화 권사 남편은 고영만 건축위원장이요, 서영숙 권사 · 홍순모 장로는 자타가 공인하는 수정교회의 뚜렷한 두 기둥으로 열심히 봉사하고 있다. 얼마나 황홀할 정도로 고마운지 모른다. 당시 전도사 자격도 없는 남편에게 이들이 동역자가 되었다는 사실은 한국기독교 역사상 유례가 없을 것이다.


1976년과 1977년은 유난히도 추웠다. 2평도 못 되는 교회에 딸린 단칸방에서 우리 식구가 살았다. 방 모서리에 성에가 벌집처럼 생겨 두 아들은 모진 추위와 배고픔에 백일해 기침이 들었으나 돈이 없어 병원도 못 가고 약도 살 수가 없었다. 그러나 우리 형편을 아시는 주님이 의사도 되어주시고 약사도 되어주셨다. 강단 앞에 밤새 엎드려 기도했는데 거짓말처럼 치료가 되는 것이었다.


몇 달 동안 사례금도 없었기 때문에 밥을 못 할 경우도 더러 있었고 간장, 고추장, 쌀 부식은 여동생 집에서 많이 갖다 먹어야 했다. 주인집에 갔더니 먹음직스러운 김치를 써는데 양쪽 끝부분을 잘라서 버리는 것을 보고 그거라도 있으면 좋겠다는 생각이 들어 우리 남편은 그 끝부분을 좋아한다면서 얻어오기도 했다. 집주인은 그런 나를 보며 "왜 이런 고생을 사서 하는 건지 모르겠다."며 혀를 찼다. 그러자 나는 하나님이 살아 계시거나 아니면 내가 미쳤거나 둘 중에 하나라고 대답했다.

교회당 앞길은 포장이 안 되어 있었다. 그래서 당시는 아내 없이는 살아도 장화 없이는 못 산다고 할 때였다. 나는 임신한 상태로 흙투성이가 된 교회를 찬송을 부르면서 즐겁게 청소하고 나서 탈진할 때도 있었다.

"내 주를 가까이 함은…."

"하나님이 세상을 이처럼 사랑하사 독생자를 주셨으니…."

'세상'의 단어를 지우고 '이은자'를 집어넣어 성경을 반복해서 읽었다. 예나 지금이나 엄청난 위로가 되었다. 가정생활은 엉망진창인데 남편은 공부와 교회일밖에 몰랐다. 그 당시는 얼마나 야박하고 서운한지. 그러한 남편이 존경스럽고 위대하게 보인 것은 한참 후였다. 나는 그때 너무 못 먹어서 악성빈혈에 시달려 5분 거리도 차를 타고 가면 멀미를 심하게 할 정도였다. 이런 상황을 성도님들에게 내색 안 했기 때문에 대부분의 성도들은 전혀 몰랐다.


둘째 현덕이를 임신하고 만삭이었던 1977년, 태아가 거꾸로 있어서 수술을 받아야 했지만 수술할 형편이 못되었다. 그래서 남편은 서울신대대학원 MDIV 동기들과 함께 학교 뒷산에 올라가 통성으로 기도했는데 신기하게도 난산이었지만 무사하게 출산했다. 생명을 걸었던 아찔한 순간이었다. 나의 하나님은 산파도 마다하지 않으신 것이었다.


친정에서 아이를 낳고 서울로 올라올 때 차 안에서 남편과 나눈 대화는 아직도 가슴에 고스란히 남아 있다.

"집에 가면 쌀이 있어요?"

"아니."

먹을 것이 없어 제대로 먹지 못하니까 젖이 제대로 안 나와서 애기가 배고파 울면 보리차를 끓여 먹이기도 했다. 그런 중에서도 주님께서는 임원기 권사님 같은 분을 먹이를 날라다 주는 까마귀로 사용하셔서 때에 따라 먹을 것을 공급해 주셨다. 그러한 권사님이 아직도 본 교회에서 신앙생활을 하고 계시니 하나님 감사합니다.

아무리 힘들어도 전도의 끈은 늦추지 않았다. 주일 전날 전도할 집을 한 바퀴 돌고 수요, 금요예배에는 성도들과 친교의 시간을 정성스레 나누었다. 설이나 추석명절에 선물이 들어오면 그것을 다시 재포장하여 성도님들의 가정에 일일이 나누어주기도 했다. 지금도 그 일은 계속되어 요즈음은 관리집사님이나 교역자가 대신하여 수고하고 있다.


시댁에는 한 달에 한 번 사랑의 편지와 함께 용돈과 아버님 한 달분 약값과 조카 피아노 레슨비를 꼬박꼬박 보내주기도 했다. 그러나 손이 비었음으로 인한 가난의 고통보다도 더 큰 고통이 따르기 시작했다.

교인 수가 점점 늘면서 마귀가 잠시 틈을 타 오해가 생길 때는 울고 싶었다. 그럴 때도 목사님은 언제나 전후 사정 불구하고 무조건 성도들 편이었고, 어떤 때는 찾아가서 용서를 빌라고 하셨다. 남편까지 나를 이렇게 수모를 주는구나 싶어 서운함을 참지 못하여 무작정 집을 나와 하루 종일 걷다가 밤이 되어 어느 조그마한 교회에 들어가 「이기면 별」이라는 제목의 설교를 듣고 밤늦게 집에 들어왔다.

남편인 조일래 목사는 가정에서 매우 강직하고 엄격하다. 언젠가 두 아들(현철, 현덕)이 십일조를 드리지 않는 것이 발각되어 아빠로부터 십일조를 드리지 않은 달 수대로 종아리를 맞았다. 종아리는 시퍼렇게 멍이 들어 눈 뜨고 볼 수가 없었다. 나는 옆방에서 목사님 하는 일이라 감히 말리지 못하고 숨을 죽이고 있었다. 그 후로 두 아들은 십일조를 꼭꼭 헌금하고 믿음이 많이 성장하였다. 조 목사님은 성도님들에게는 부드럽고 온화하지만 자신과 가족에게는 엄격하시고 냉정하다. 목사님의 이런 곧은 철학이 수정교회 발전에 음양으로 도움이 되었다고 확신하고 있다.

남편은 은혜 가운데 무사히 목사안수를 받았고, 교회는 다시 부흥하기 시작하였다. 가게 겸 살림집에서 몇몇이 예배를 드린 이후 지금의 새 성전이 생길 때까지 20평 성전에서 40평으로, 203평으로, 하나님께서는 그 지경을 넓혀주셨다. 남편은 하나님께서 어서 속히 땅을 사서 건축하라고 재촉하신다며 기도원에 올라가서 결단의 기도를 거듭 반복하였다.

7년 동안 건축위원장을 하신 집사님을 면하고 새로운 집사님을 건축위원장으로 임명할 때쯤 다시 교회가 술렁이기 시작하였다. 파도가 잔잔할 날이 없었고 새로 임명된 건축위원장님과 30여 명의 성도들이 모여 기도하기 시작했다. 드디어 203평의 땅을 허락하셨고, 곧 이어 대림성전 건축이 시작되었다. 대림성전 건축이 드디어 제 모습을 드러내자 나는 가슴이 두근거렸다. 새신랑을 만나는 기분이었다. 그러나 기쁨도 잠시 건축 빚으로 고통이 이만저만이 아니었다. 통곡하며 기도하는 가운데 갑자기 시커먼 먹구름이 몰려오더니 앞장선 일꾼들에게 마귀가 역사하는 환상을 보았다.

조 목사님은 하나님 앞과 사람 앞에서 물질관계가 아주 분명하신 분이라 교회 재산을 처음부터 '기독교대한성결교회 수정교회' 명의로 해 놓았음에도 불구하고, 수정교회는 조 목사님의 것이라고 이간질하는 무리가 있었다. 교회가 어지럽기 시작했다. 힘이 될 만한 분들은 서서히 눈치 보다가 조 목사님과 거리를 두는 것을 영적으로 느꼈다. 무거운 부채의 짐과 함께 불신의 짐까지 지기가 너무 힘들었다. 그러나 기도와 신실함으로 하나님의 은혜를 입어 불신의 벽이 깨어지고 서서히 신뢰가 다시 회복되었다. 그런 와중에 나는 친정 부모님과 언니, 그리고 언니 사돈 집, 열심 있는 신실한 여집사님께 돈 좀 빌려달라고 부탁을 했더니 한 사람도 거절하지 알고 많은 액수를 빌려주었다. 남편은 남편 나름대로 시댁 누님, 여동생, 숙부님에게 각각 돈을 빌려서 이리 막고 저리 막으면서 어려운 고비를 숨막히듯 하나하나 해결해 나가기 시작했다. 지금 생각하면 그런 용기가 어떻게 나왔는지 도무지 이해가 안 되어 영적 생활의 훈련으로 보았다. 이 훈련이 끝나면 '하나님의 은혜'를 받는 생활이 오리라 나는 확신했다.

모세가 이스라엘 백성들을 끌고 가나안 땅을 향해 출애굽을 하다가 오히려 백성들로부터 원망을 들었듯이 우리도 하나님의 뜻을 이루는 과정 중에 어려운 일을 겪고 있다는 생각을 하며 고난을 이겨내고자 했다. 모세가 그러했던 것처럼 조 목사님은 누구를 향해 한 마디 항변도 하지 않았다. 목사님은 사람의 음성보다는 오직 하나님의 음성을 듣기 원했지 성도님을 상대로 원망하거나 불평하는 모습은 여태껏 단 한 번도 보지를 못했다. 그런 면에서는 너무나 훌륭했다.

우리 부부는 정신을 차리고 근신하면서 깨어 기도하기를 정말로 열심히 했다. 남편은 20일 금식기도를 했고 40일 동안 특별기도도 해냈다. 시부모님 돌아가실 때 들어온 조의금을 전부 건축헌금, 감사헌금, 십일조헌금으로 하나님께 나누어 바쳤다. 어려운 고비를 넘기면서 기도의 위력을 실감하였다. 하나님께서는 빚을 갚아 주셨고, 교회는 계속해서 질적 · 양적으로 부흥하기 시작했다.


사모로 살아오면서 여러 가지 사역을 했지만 그 중에서 내가 늘 가슴으로 가장 뿌듯하게 여기는 부분은 전도사역이다. 전도사역을 하면서 사모가 너무 설친다는 소리도 많이 들었지만 기도와 사랑으로 극복할 수밖에 없었다. 내가 전도하여 초신자에서 집사, 권사, 장로까지 되신 분들이 상당히 많다. 그리고 지금 그 분들이 수정교회 중추가 되고 있다. 이 분들이 바로 보람이고 열매이며 행복이기도 하다.

우리 교회 부근에서 잘 알려진 미용실 원장을 전도할 때는 그 미용실만 단골로 정해 다니면서 무려 9년이나 정성을 쏟았다. 결과적으로 원장과 함께 온 가족이 예수를 믿게 되는 역사가 일어났다.

그리고 또 하나의 소중한 전도열매는 완고하던 시부모님과 친정 식구들을 예수 믿고 구원받게 한 것이다. 시부모님은 예수를 영접하고 돌아가셨고, 친정어머니와 언니 가족, 오빠 가족, 남동생 가족 모두 다 예수님을 영접하였다. 친정아버지와 큰오빠는 정말로 완고하고 강퍅한 성격이었지만 끝내 예수를 영접하고 하늘나라로 가셨다. 너무나 감사한 일이다. 전도에 관한 촌철살인할 에피소드는 참으로 많다.

그 에피소드가 모여 평생 잊지 못할 전도의 감동은 교단창립 100주년 기념대회에서 약 10만 명의 성결인 앞에서 '개인전도왕' 상을 수상할 때다. 시상대 위에서 상을 받는 순간 주님의 은혜에 감동했고 수정교회의 명예요 승리라고 생각되어지는 순간 눈물을 주체할 수가 없었다. 빈손 들고 서울에 올라와 지독한 가난과 악령과 전쟁하면서 오직 예수님 향기만을 위해 달려왔던 지난 30년의 세월들이 파노라마처럼 스쳐갔다. 수정교회에는 나보다 전도왕이 될 만한 자격이 있는 사람들이 많은데 그 분들 보기에 송구스러운 마음도 있었다. 남편 조일래 목사와 수정가족들에게 한 없는 감사와 찬사를 보냈다.

대림성전 건축 이후 하나님께서는 선교를 위한 새로운 사명을 갖게 하셨다. 수정선교센터 건립이 바로 그것이었다.

2003년 어느 날, 새벽기도 시간에 눈물과 콧물이 뒤범벅되어 기도하고 있을 때 「예레미야」 33 장 1-3절의 말씀이 불현듯 떠올랐다.

"… 일을 행하는 자는 여호와의 … 너는 내게 부르짖으라 내가 네게 응답하겠고, 네가 알지 못하는 크고 비밀한 일을 네게 보이리라."

크고 비밀한 일이 선교센터라는 것을 다시 한 번 확실히 알게 되었다.

또 2004년 이른 봄날, 새벽기도 시간에 나는 통회의 기도를 올렸고, 불로동 수정선교센터가 기어코 지어질 것이라는 확신을 얻었다. 2005년 새해 주신 말씀 카드는 영락없는 하나님의 계시였다.

"그러나 보라, 내가 이 성을 치료하여 고쳐 낫게 하고 평강과 성실함에 풍성함을 그들에게 나타낼 것이다"(예레미야 33장 6절)

불로동 수정선교센터가 하나님의 의도대로 아름답게 지어질 수 있다는 예시였다.


하나님께서는 수정선교센터를 위하여 2000년부터 강하게 금식기도와 중보기도를 시키셨고 겟세마네기도회에 이어 온 교인이 24시간 릴레이 금식기도회를 약 3년간 계속하게 하시더니 이렇게 아름답고 웅장한 수정선교센터를 허락하셨다.


선교센터를 짓는 동안 몇 번이고 살얼음판을 걸을 때도 있었고 계곡 위에 걸쳐진 나무처럼 위태위태한 때도 있었지만 그때마다 주님은 음성을 내리시사 용기를 공급하시곤 하셨다.

"내가 너와 함께 하노라. 내가 너를 사랑하노라."

2005년 11월 27일은 불로동 수정교회를 완공한 후 첫 번째 초청전도주일이었다. 설렘과 기대, 그리고 하나님의 사랑이 너무나 감사해서 기도하다 울다를 반복하면서 새벽 5시 30분쯤 교회로 발길을 옮겼다. 자욱한 안개로 인하여 앞이 잘 보이지 않았지만 이윽고 수줍은 듯 안개 속에 묻혀 있던 수정선교센터가 나를 맞이하였다. 지금도 그때의 감격이 잊혀지지 않는다.

나는 수정선교센터를 위해서 이렇게 기도드리고 있다.


"하나님 아버지! 물과 성령으로 거듭나는 교회가 되게 하소서!
예수님의 증인들이 벌떼처럼 일어나게 하소서!
어린이 천국 되게 하소서!
사도행전의 역사가 계속해서 일어나는 교회가 되게 하소서!
주님의 재림을 잘 준비하는 교회가 되게 하소서!
감사합니다. 찬양합니다. 설레는 가슴으로 기다릴게요. 주님!
이 모든 일은 하나님께서 하실 것입니다.
예수님의 이름으로 기도 드립니다. 아멘!"


"32년 전에 수정교회를 세우시고 음부의 권세가 이기지 못하도록 눈동자와 같이 지켜주신 살아계신 하나님 감사합니다.

담임목사 사모라는 부담 때문에 글쓰기를 한사코 사양했으나 편집실의 계속된 권유로 용기 내서 쓰게 되었습니다. 이 간증을 계기로 오직 주님만 바라보며 더욱 새로운 마음으로 낮은 자리에서 변함없이 성도들을 섬기며 살겠습니다. 할렐루야. 아멘!"

# 내 주를 가까이 하려 함은 _ 김애자 집사

어려운 여건 속에서도 두 아들과 함께 열심히 살아가고 있으며, 주님 영광 위해서 봉사도 많이 한 일꾼이다.

| 요한복음 15:5 |
나는 포도 나무요 너희는 가지니 저가 내 안에, 내가 저 안에 있으면 이 사람은 과실을 많이 맺나니

"내 주를 가까이 하게 함은 십자가 짐 같은 고생이나
내 일생 소원은 늘 찬송하면서 주께 더 나가기 원합니다."

생활 속에서 이 찬송을 부르는 것만으로도 내게는 힘이요, 희망이다. 힘든 삶 속에서 주님을 찾을 수밖에 없을 때면 나는 항상 이 찬송을 부르며 위로를 받는다. 2008년 봄, 아버지께서 돌아가셨을 때도 마찬가지였다. 돌아가시기 전 아버지는 막내딸이 제일 편하다며 우리 집을 마지막 안식처로 정하셨다.

마지못해 교회를 다니기는 하셨지만 뜨겁지 못한 아버지의 신앙을 고민하던 나는 라디오를 새벽부터 밤중까지 틀어 놓으시던 아버지의 습관을 활용하기로 했다. 그래서 나는 밤낮없이 누워계신 아버지가 방송을 들도록 극동방송에 주파수를 고정시켜 놓았다. 하루 종일 말씀 듣고 간증 듣고 찬송을 들으시던 아버지는 많은 은혜를 받으셨는지 우

리에게 이런 말씀까지 하셨다.

"열심히 교회 나가 봉사해라. 몸이 건강할 때 열심히 해라."

아버지는 당신이 보다 일찍 예수를 믿지 못한 것을 아쉬워하시며 우리에게 이렇게 당부를 하셨다. 돌이켜 생각해 보니 아버지는 임종이 가까이 왔음을 아셨던 것이다. 아버지는 세상적인 그런 유언이 아니라 할 수 있을 때 봉사하라는 말씀을 남기셨다.


사실 오랫동안 부모님은 천주교에 다니셨다. 나는 그런 부모님을 구원받게 해 달라고 기도에 기도를 했고, 아버지는 돌아가시기 전에 극적으로 구원을 받게 되셨다. 지금 돌이켜 생각해 보아도 기쁨이 샘솟는다. 얼마나 다행한 일인가! 이후에 어머니도 돌아가시기 전에 구원을 받으시고 세상에서 제일 평안한 모습과 마음으로 아무 고통 없이 하나님 품으로 가셨다. 그러니 찬송이 절로 흘러나오지 않을 수 있겠는가!

그런데 이처럼 넘치는 축복으로 감격해 하는 나에게 주님은 보너스까지 주셨다. 건강할 때 열심히 일하고 봉사하라는 아버지의 유언을 듣고 나서 우리 형제들에게 변화가 보이기 시작했다. 구원을 받았노라 하면서도 바쁘다는 이유로 시들했던 형부와 언니의 신앙이 회복되었으며, 다른 형제들도 병환 중에 계시던 아버지께서 늘 부르시던 「내 주를 가까이 하려 함은」이라는 찬송가를 자주 부르게 되면서 우리 형제들 가슴에 아버지의 유언이 오롯이 피어 오르게 된 것이다.

고난과 역경을 딛고 사는 우리에게 희망을 주는 이 찬송을 나는 오늘도 부르며 주님께 늘 감사하며 즐거운 마음으로 열심히 살고 있다.

# 아름다운 善(선) _ 신승자 집사

의사의 아내이자 늘 밝게 열심히 봉사하고, 기쁨으로 섬기는 좋은 일꾼이다.

| 로마서 8:28 |
우리가 알거니와 하나님을 사랑하는 자 곧 그 뜻대로 부르심을 입은 자들에게는 모든 것이 합력하여 선을 이루느니라

걱정했던 사업장을 "하나님이 경영하시고 예수님이 제조하시며 성령님이 영업하신다"고 하며 아내가 하는 일에 어떠한 것도 제한하지 않으며 후원하고 지지해 주는 남편과, 가정에 엄마의 손길이 항상 부족하여 늘 미안한 마음인데도 엄마가 전도하는 일이 자기들과 함께 하는 것이라고 믿으며 배려하고 이해해주는 딸과 아들이 있기에 감사할 뿐이다.

「시편」 23편의 '여호와는 나의 목자시니 내가 부족함이 없으리로다'는 다윗의 고백이 나의 고백이 되게 하시니 감사하다.

오늘도 무릎 꿇고 겸손히 낮추며 기도할 때 주님께서는 나에게 아픈 마음을 갖고 중보하게 하시며 그동안 하나님께 받은 사랑과 은혜가 너무 많고 감사해서 어깨가 들썩거리며 복근이 떨리도록 울며 기도하게 하신다.

「이사야」 61장 1-3절 말씀으로 마무리하고자 한다.

"주 여호와의 영이 내게 내리셨으니 이는 여호와께서 내게 기름을 부우사 가난한 자에게 아름다운 소식을 전하게 하려 하심이라 나를 보내사 마음이 상한자를 고치며 포로된 자에게 자유를, 갇힌 자에게 놓임을 선포하며 여호와의 은혜의 해와 우리 하나님의 보복의 날을 선포하여 모든 슬픈 자를 위로하되 무릇 시온에서 슬퍼하는 자에게 화관을 주어 그 재를 대신하며 기쁨의 기름으로 그 슬픔을 대신하며 찬송의 옷으로 그 근심을 대신하시고 그들이 의의 나무 곧 여호와께서 심으신 그 영광을 나타낼 자라 일컬음을 받게 하려 하심이라"

내 손을 주께 높이 듭니다. 영광받으실 주님!
슬픔대신 희락을 재 대신 화관을 근심대신 찬송을
찬송의 옷을 주신 하나님을 찬양합니다.
주님 감사합니다.

# 살아계신 하나님의
# 형상대로 나아가리 _ 고은경 집사

영혼을 사랑하는 뜨거운 마음으로 늘 전도하며, 좋은 목자 되고자 애쓰는 좋은 제자이다.

| 고린도전서 12:31 |
너희는 더욱더 큰 은사를 사모하라 내가 또한 가장 좋은 길을 너희에게 보이리라

나는 날마다 하나님의 은사를 구하며 신앙생활을 했다. 그러던 중 나도 모르는 사이에 중보기도 은사를 받게 되었다. 처음에는 누군가를 위해 기도하면 그 사람의 문제가 해결되는 것을 보면서 신기하기도 하고 내게 그런 능력을 주신 하나님께 감사기도 하는 것이 정말 즐거웠다.

그러던 어느 날, 기도 받은 사람이 뒤에서 나에 대한 험담을 하는 것을 듣게 되었고, 나도 모르게 그 사람을 저주하는 마음을 품게 되면서 결국에는 그 사람에게 좋지 않은 일이 일어났다. 내가 나쁜 마음을 품어서 그런 일들을 겪게 된 것임을 알게 된 것은 그 후 한참이 지나서였다. 그 일로 중보기도 사역자는 늘 '마음을 지키라' 하신 말씀대로 살아야 한다는 것을 알게 되었다.

그러나 참 힘든 일이었다. 공중권세 잡은 사단과의 싸움에서 내 혈기로는 날마다 패배자임을 인정하지 않을 수 없었다. 그래서 저주하는

마음이나 부정적인 생각이 들 때마다 하루에 한 끼나 혹은 두 끼를 금식하며 하나님의 도우심을 구하면서 두려움으로 지냈다. 그러나 그것도 하루 이틀이지 몇 년 동안 지속되다 보니 지치고 메마른 심령이 되어갔다. 그 이후 피폐해져가는 나의 믿음 생활을 치유하시고자 하는 하나님의 은혜로 여러 손길들을 통해 수정교회에 등록하게 되었다.

늘 누군가의 시선을 중요하게 여기며 남들에게 비춰지는 모습과 나의 겉껍질을 목숨보다 소중히 여기며 살던 나는 다음과 같은 기도를 드렸다.

"하나님! 저는 제발 넘어지지 않게 해 주세요. 창피해서 얼굴 들고 못 살아요. 만약 저를 뒤로 쓰러지게 하시면 그날로 교회 안 나오는 줄 아세요. 구원해 주신 건 확실히 아니까 제가 교회 안 나와도 괜찮으면 넘어가게 하시고 아니면 제발 얌전히 앉아서 은혜 받게 해주세요. 제발요, 아버지!"

성령의 임재하심이 가슴으로 느껴질 적마다 나는 기도제목 아닌 기도제목을 내놓고 세상의 이목에서 나의 체면을 지키려고 안간힘을 썼다. 그러나 내 어찌 성령을 감당할 수 있으랴! 그 시간은 내적 치유 시간이었다. 스스로 조금씩 나의 자아를 버리고 세상 속의 마음을 내려놓아야 함을 깨닫게 되었다.

처음엔 "마음대로 하세요. 아버지 딸이니까 아버지가 하고 싶으신 대로 마음대로 하세요."였지만 조금 더 시간이 흐르면서 "하고 싶으신

대로 하세요. 아버지!"였고 더 시간이 지나면서 "저도 뒤로 넘어가게 해 주세요. 아바 아버지!" 하는 순간 내 몸은 45도 각도로 기울면서 뒤로 넘어지게 되었다. 넘어지는 순간까지도 호기심 반 재미 반이었던 마음은 사라지고 바닥에 내 몸이 닿음과 동시에 이미 세상적 내 의지는 성령께서 거두셨다.

육신은 바닥에 누워 있어서 편하고 생각과 마음은 좋은 마음으로 단장되었다.
'내 안에 있던 사단이 떠나가나 보다.'
'쓸데없이 그동안 고집부렸네.'

그 순간 정말 많은 생각들이 분주하게 떠올랐다. 늘 예배에 참석했고, 성령님께서 내 삶을 주관해 주신다고 자부했고, 나는 성령충만하다고 확신했었는데…. 그 모든 것이 교만이었음을 깨닫는 귀한 시간이었다. 고집스럽게 어리석은 나에게 나보다 더한 고집으로 이렇게 큰 사랑 베푸시며 늘 지켜봐 주신 하니님께 감사와 영광과 찬양을 드릴 뿐이었다.

나에게 중보기도의 권세를 허락하신 하나님은 다 이유가 있었다.

나의 헛된 지혜를 주님께서는 사랑의 능력으로 다스리고 계셨던 것이었다. 나를 위한 중보기도자들의 기도를 꺾지 아니하시며 나의 세상 관습을 유유히 꺾으신 것이다. 행여 너무 과하면 부러질세라 너무

느슨하면 녹아 없어질세라 구름기둥, 불기둥으로 두르시며 지켜주신
것이었다.

신실하신 하나님은 죄인 하나를 옳은 길로 돌아오게 한 자, 그 자에
게 천국에서 해같이 빛나게 해주신다고 약속해 주신 대로 연약한 우리
지만 우리의 기도소리가 커다란 울림으로 누군가의 삶에 늘 함께 해야
함을 알게 하셨다.

예수의 향기로 살아가길 소망하고
예수의 이름으로 기도하길 소망하고
넘어진 자에게 손을 내밀 수 있기를 소망하며
오늘도 십자가 앞에 나아가 무릎을 꺾는다.

"나를 사랑하는 자들이 나의 사랑을 입으며 나를 간절히 찾는 자가 나를
만날 것 이니라"(잠언 8:17)

# 보잘 것 없는 나를 키우시는 하나님 _ 박원희 집사

학생시절부터 우리 교회 출석했고, 대학생과 청년부 시절엔 찬양대와 찬양팀에서 아름답게 봉사했다. 공부도 많이 한 박사인데 신앙생활도 높은 수준에 이르러 주님의 큰 기쁨과 자랑 될 것을 늘 기대한다.

| 이사야 52:10 |
여호와께서 열방의 목전에서 그 거룩한 팔을 나타내셨으므로 모든 땅 끝까지도 우리 하나님의 구원을 보았도다.

하나님을 만난 최초의 체험은 중학교 1학년 여름 수련회이었던 것 같다. 당시 교무선생님의 끈질긴 권유로 수련회에 반강제적으로 참석했는데 그 당시 아는 친구도 선후배도 없어서 너무 외로웠던 기억이 난다. 그래서 수련회 때 혼자서 잠을 자야 했다. 그때 얼마나 혼자 쓸쓸히 잠들었던지 앞 팔짱을 끼고 혼자 조용히 외롭게 자던 버릇이 한 몇 년 정도 지속되었을 정도다.

지금 생각해보면, 외로울 때 의지할 곳 없을 때 하나님을 만나는 체험을 하기가 더 용이했던 것 같다. 하나님을 만난 그 기쁨으로 외로움은 더 이상 나를 괴롭힐 수 없었다. 수련회 이후에 혼자 성경말씀을 보고 큐티하고 하나님을 묵상하였다. 그러나 교회에서 친한 친구가 없어서인지 교회생활을 열심히 하지는 못했다. 교회라는 울타리에서 벗어나 혼자서 제대로 된 신앙생활을 유지하기란 쉽지 않았던 것 같다.

그러던 내가 교회생활을 열심히 하게 된 것은 중학교 3학년 때 수정교회 대림성전 중등부 학생회 음악부장이면서 당시 중등부 회장인 조현철 전도사에게 발탁(?)되면서부터이다. 기타 하나 소유했다는 이유로 음악적 재능도 없고 노래도 별로인 나를 선택하신 것은 아마 회장의 선택이 아니라 하나님의 선택이셨던 것 같다. 그때부터 약 10년 동안 교회 생활을 정말 열심히 했던 것 같다. 중고등부 때는 성가대를 열심히 했다. 고3 때도 토요일에 진행되던 연습에 거의 빠지지 않았던 것 같다. 고등부 학생회장으로도 봉사를 했다. 청년회 때는 찬양단으로 주일예배, 금요철야까지 예배 때 봉사했다. 정말 이때 10년 동안은 내가 활용할 수 있는 시간의 많은 시간들을 교회에서 보냈다.

이제 30대 중반의 인생여정을 생각해 보면, 내 인생의 중요 순간의 선택 때마다 하나님이 올바른 길로, 최선의 길로 인도하여 주셨던 것 같다. 1999년 말에는 석사논문을 준비하느라 정신이 없었다. 또한 진로를 결정해야 할 아주 중요한 시기였다. 이공계 석사 이상의 학위를 가진 남자가 군대를 대신하여 회사에 다니는 제도(전문연구요원제도)가 있는데, 이 제도를 이용해서 회사에 취직하려고 생각하고 있었다. 그러나 IMF로 경기가 나빠져서 병역특례에 해당하는 회사들이 예년과는 달리 사람을 채용하지 않는 것이었다. 하나님께서는 이런 위기 상황에서 내가 나아가야 할 길을 제시하여주셨다. 계속 공부를 할 수 있도록 하신 것이다.

이 선택이 내 인생에 있어서 가장 중요한 선택 중 하나였던 것 같다. 학문적으로도 작은 열매를 얻었고 지금의 생활과 환경에 대하여 만족하고 있다. 능력은 부족하고 보잘 것 없지만 지금까지 하나님께서 내게 분에 넘치는 너무나도 많은 것을 주셨다. 내가 하나님께 온전한 삶을 드리지 못하고 있을 동안에도 더 나은, 더 좋은 선택을 할 수 있도록 하나님은 언제나 함께 하셨다.

지금도 언제나 좋은 것을 주신 하나님을 신뢰하며 인생의 여정을 걸어야 하는데 여전히 부족한 내가 부끄럽다. 그러나 걱정하지는 않는다. 나를 선택하시고 나에게 은혜를 베푸시는, 조건없는 은혜를 베푸시는 하나님이 언제나 나와 함께 하실 것이라는 것을 믿기 때문이다. 실천(말씀, 기도, 찬양) 없는 믿음이 아니라 실천하는 믿음을 가지고 살도록 다시 한 번 다짐해 본다.

# 내가 새벽을 깨우리로다 _ 김희정 집사

새가족위원회에서 간사로 섬기고 있으며, 온 집안을 믿음 안에 든든히 세워가는 귀한 아내요, 좋은 어머니이다.

| 갈라디아서 5:22~23 |
오직 성령의 열매는 사랑과 희락과 화평과 오래 참음과 자비와 양선과 충성과 온유와 절제니 이같은 것을 금지할 법이 없느니라

'이웃에 복음을! 농어촌에 선교비를! 온 세계에 선교사를!'

교회에 와서 가장 먼저 눈에 들어 온 것이 이 표어였다. 지금까지 그토록 우리 가정을 세우고 싶었던 그 소망이 그 세 마디에 분명하게 들어 있었다. 이곳이 바로 우리 가정을 위한 교회라 생각했다.

나는 6년 전 제자훈련을 통해 하나님을 인격적으로 만났다. 그 후 나뿐 아니라 남편과 자식들까지 주님의 제자로 살며 믿음의 명문가, 그리스도인의 모델이 되는 가정, 선교의 가정이 되는 비전을 품었었다. 남편은 영적 대제사장, 신앙의 호주로 세워지며, 자녀늘은 보무 어릴 때부터 말씀과 기도로 성장하여 주님의 제자가 되는 것이 목표였다. '말씀 따라 사는 가정, 성령의 인도함 받는 가정'을 가장 우선적인 기도제목으로 삼기도 했다.

하나님을 영접한 후 2년 정도의 세월이 흘렀다. 언제부터인가 고통

의 먹구름이 우리 가정을 뒤덮는 듯했다. 그렇게도 신앙생활 잘 하던 아이들의 순수함과 열정이 식어가기 시작하더니 세 자녀가 번갈아가며 골절, 수술, 잔병치레를 했다. 엎친 데 덮친 격으로 물질적으로 어려워지더니 남편과의 갈등이 커지면서 남편의 믿음이 서서히 퇴보하는 것 같았다. 앞장서서 믿음의 경주를 달리며 많은 영적 체험도 가졌던 남편이 급기야 신앙생활을 중단하고 아예 영적 방학에 들어가는 것을 시작으로 우리 가정은 한순간에 어둠으로 변해 버렸다.

나는 우리 가정이 하나님의 가정으로 회복되어야 한다는 일념으로 고민했다. 생각 끝에 교회를 옮기기로 결정하고, 40일 새벽기도의 응답으로 수정교회로 인도되었다.

새롭게 신앙생활을 해야겠다는 기대감이 생겼다.

"남편도 빨리 교회에 등록할 수 있어야 할텐데…."

간절한 마음이 생겼다. 자존심이 강해서 남들에게 사생활 공개를 꺼려하던 내가 모든 것을 내려놓고 목사님과 사모님을 비롯한 주변 성도들에게 중보기도를 요청했다.

이웃초청 주일에 불신자이신 시부모님과 남편이 드디어 교회에 나왔고, 그 다음 주에 남편이 등록하게 되었다. 할렐루야!

기도만이 하나님과 사람을 움직이는 능력이 있음을 느꼈다. 지금 남편은 새가족 사역팀에서 귀한 사역을 감당하고 있다. 새로운 약속의 땅, 축복의 땅을 향한 수정교회의 비전이 남편에게 흘러가기를 지금도 기도하고 있다. 주님의 제자로서 큰 믿음의 용사가 되어 비전과 능력 있는 하나님의 사람이 되기를 기대한다.

# 하나님이 뽑아 주신 최고의 카드

**불**로동으로 인도하신 하나님을 소개하고자 한다. 대림성전이 협소해서 새 성전 건축에 대한 소망을 가지고 기도하던 2000년 봄에 박성현 장로님의 소개로 인천 불로동의 성전 터를 처음 보게 되었다. 보일러 공장 터였는데 보기에 너무 좋았다. 그러나 조건들이 우리에게 너무 무리라서 고민하다가 결국 당회에 정식인긴으로 올리시노 못한 상태에서 포기하고 말았다.

그 해 23년 만에 첫 안식년을 얻어서 몇 개월 동안 여행, 선교지 방문 등의 해외 체류를 마치고 가을에 귀국하였다. 그러고는 대림성전을 확장할 계획으로 교회 뒤 땅 주인에게 대지 매입의사를 전했더니 팔 생각이 없다는 것이다. 그래도 포기하지 않고 대지 구입을 위해서 전교인 40일 작성금식기도를 시작했다. 금식기도 기간이 끝난 2001년도 1월 말에 대림성전 뒤 땅 주인에게 재차 팔도록 요청했으나 또 거절당했다. 그래서 그동안 기도한 것이 아까워 다른 땅을 알아보기로 마음먹고 2월 4일(일) 오후예배 후 "지난 해 그 땅 어떻게 되었는지 한번 알아보세요."라고 박 장로님에게 말씀 드렸다.

"목사님! 그 땅 이번 토요일에 3차 경매랍니다."

다음 날인 월요일 오후에 박 장로님으로부터 통보를 받았다. 그래서 즉시 화요일 밤에 건축위원회 긴급임원회의를 소집하여 자초지종의 경과와 서울 도심에서 인천 불로동 농촌으로 옮기는 게 쉬운 일이 아니지만 장래성 등 이런저런 모양의 장점들을 설명한 후 토론 끝에 불로동 공장부지매각 입찰에 응찰하기로 결정하였다. 연이어 바로 다음날 수요예배 후 임시당회로 모여서 갑론을박의 격론 끝에 응찰하기로 최종결정을 내렸다.


만약 우리가 2차 경매 시 알았어도 응찰을 시도했을 것인데 하나님께서는 2차 경매까지 유찰시킨 후 3차 경매 시에 알도록 하셨다. 또 그 사실을 약 1개월 전에 알았어도 갑론을박하다가 부정적인 논리들이 끼어들어 응찰이 어려웠을 것이고, 또 하루만 늦게 알았어도 사전 의논 과정을 치르느라 응찰 자체가 불가능했을 것이다. 그리고 입찰이 아니고 바로 계약하는 건이었다면 계약 자체가 어려웠을 텐데 입찰이니까 안 될 수도 있기 때문에 응찰 결정이 쉬웠다. 개척 초기부터 적은 능력으로 꾸준히 선교해 온 수정교회가 제때에 싼값으로 좋은 땅을 구입하도록 우리 사정 아시고 세밀한 부분까지 살펴서 최고의 카드를 뽑아 주신 하나님을 찬양한다.

목요일과 금요일엔 입찰보증금을 준비하느라 바삐 보내면서도 우리에겐 새로운 고민이 생겼다. 응찰경험이 없는 우리들에겐 응찰가(價)를 얼마로 할 것인가가 바로 앞에 닥친 현실적인 고민이었다. 그때 나는 건축위원회 임원회에서 "모든 임원들이 각각 자기 같으면 얼마를 쓰겠는지 한 장씩 쓰기로 하고, 위원장은 당일 현장 분위기를 본 후에 한 장 더 써냅시다. 그러고는 기도 후에 결정권은 하나님께 맡기고 제비뽑으면 어떨까요?"라고 제안을 했다. 이것을 모두 좋게 여겨서 이 제안대로 진행하기로 결정했다.

입찰당일인 토요일(10일), 입찰현장에서 강국창 위원장이 한 장을 더 쓴 후에 총 7장(위원장 2장, 부위원장 2장, 총무 · 회계 · 서기 각 1장씩)을 빈 서류 봉투 속에 넣고서 하나님께서 선택해 주시기를 내가 주의 사자로서 간절히 기도한 후에 위원장이 한 장을 뽑았다. 이 7장은 입찰 최저금액을 그대로 기록한 것, 입찰 최저금액에서 조금만 올려 쓴 것, 상당히 높은 금액을 기록한 것과 점점 더 높은 금액을 기록한 것들이었다.

그런데 두 번째로 적게 기록한 것이 뽑혔다. 입찰서류에 망설임없이 그 금액을 그대로 쓰고서 기다렸더니 수정교회가 낙찰자로 발표되었다.
"할렐루야!"
우리들은 함성을 지르면서 감사하고 기뻐했다.

그런데 뚜껑을 열고 보니 응찰자가 우리밖에 없었다. 그 순간 마음속에 몇 푼 차는 아니지만 입찰 최저금액이 뽑혀도 되었었는데 하는 생각이 들었다. 그러나 입 밖에 내지는 않은 채 입찰 최저가에 가까운 적은 응찰가로 낙찰받게 된 것에 감사할 뿐이었다.

그 후에 낙찰자의 자격과 권리로 공장에 찾아가서 실사를 했다. 그 낙찰가에는 대지 값과 공장건물 및 기계 등의 값도 포함되어 있었기 때문이다. 그런데 입찰서류상에는 기록되어 있으나 일부의 건물과 기계 등이 실제로는 없다는 사실을 발견하게 되었다.

그래서 우리는 소송을 제기하여 감액처분을 받기로 결정하였으나 사법서사나 변호사 사무실에서 소송 자체를 받아주지 않는 것이었다. 응찰자가 미리 잘 알아본 후에 응찰해야 되기 때문에 소송을 해도 헛일이라는 것이다. 그래서 내가 직접 소송을 하기로 하고서 난생 처음으로 "… 응찰자가 잘 알아본 후에 응찰해야 된다는 사실은 알지만 낙찰도 받지 않은 사람이 가동 중인 공장에 가서 기계 등의 재산목록을 일일이 대조하는 것이 사실상 불가능하기에 공고만 믿고서 응찰했는데 건물과 기계 일부가 없습니다. 없는 것을 어떻게 있다고 하고서 성도들의 헌금을 주고서 살 수 있습니까? 재판장님의 현명한 판단을 바랍니다."라는 내용의 소송장 아닌 소송장을 썼다.

위 글과 교회주보와 선교사역 등의 참고자료들을 인천지방법원장 앞으로 보냈다. 그리고는 재판절차가 진행되었으며, 결국 판사님의 조정 하에 우리가 감액 요청했던 금액의 약 95%를 감액 받았다. 결국 우리는 입찰 최저가보다 더 낮은 금액으로 대지를 구입했을 뿐만 아니라 재판이 끝날 때까지 잔금 지불이 자동 유예됨으로써 잔금을 마련할 수 있는 시간적 여유를 가질 수 있었고, 이자에도 많은 덕을 보았다. 만약 제비 뽑을 때에 입찰 최저가가 뽑혔다면 우리가 소송을 제기했을 때 판사가 이 물건은 이 값 아래로는 팔 수 없다는 이유로 기각처분하더라도 항변하기가 어려웠을 것이다. 그러나 최저가보다는 조금 더 주고 낙찰 받았기에 입찰 최저가까지만 감액할지 더 이상 해줄지는 판사의 판단에 속한 것이기에 재판이 진행될 수 있었다고 본다.

하나님은 결국 선교하는 수정교회가 더 많은 선교를 하도록 만드시려고 지난해보다 절반도 안 되는 값으로, 입찰 최저가보다도 더 싼 값으로 살 수 있도록 기막힌 방법으로 최고의 카드를 뽑아 주신 것이다. 하나님의 오묘하심을 어찌 찬양하지 않을 수 있으랴.

불로동 성전 터를 2001년 6월 말경에 등기 완료한 후에 이런저런 과정들을 거쳐서 2003년 12월 28일에 수정선교센터 건축서류를 서구청에 접수시켰다. 그때 담당 공무원이 "어떻게 알고 오셨습니까? 내년부터는 이 지역에 일체의 건축허가 접수 자체가 불가능합니다."라고 말했다. 내년부터는 왜 안 되느냐는 질문에 담당자는 자기도 모른다고 대답했다.

그 후에 참 힘들고 어려운 과정들을 겪으면서 겨우 건축허가를 얻었고, 고영만 건축위원장을 비롯한 많은 성도님들의 눈물과 희생으로 우여곡절 끝에 2005년 말경에 준공허가를 얻었다. 그리고 2006년도에 교회 주변이 검단신도시지역으로 발표되었다. 그제야 2004년 1월부터는 건축허가 접수가 불가능했던 이유와 건축허가 과정이 힘들고 어려웠던 이유들이 검단 신도시 계획이 예정되어 있었기 때문이었구나 하는 것을 알게 되었다.

하나님께서는 개척 당시부터 수정교회에 주셨던 세계선교기지의 비전을 구체적으로 이루어 주시려고 우리가 상상도 못하는 방법으로 이토록 때맞추어 최고의 카드를 뽑아 주시어 오늘에 이르게 하셨다. 하나님을 찬양합니다.

할렐루야!

"나의 힘이신 여호와여 내가 주를 사랑하나이다"(시편 18:1).

# 반석 위에 핀 꽃 _ 편집위원들

이글들은 편집위원들이 이 책을 편집하면서 각 장마다 성령의 열매로 분류하여 쓴 글을 한데 모은 것입니다.

| 갈라디아서 5:22-23 |
오직 성령의 열매는 사랑과 희락과 화평과 오래 참음과 자비와 양선과 충성과 온유와 절제니 이 같은 것을 금지할 법이 없느니라


## 1. 양선(goodness)

"빛의 열매는 모든 착함과 의로움과 진실함에 있느니라"(에베소서 5:9)

"내 형제들아 너희가 스스로 선함이 가득하고 모든 지식이 차서 능히 서로 권하는 자임을 나도 확신하노라"(로마서 15:14)

서두름 없이 무례함 없이
상한 갈대조차 꺽지 아니하시고
무시함 없이 존중한 맘으로
분명치 않은 일에 일어서지 않으시는 님이시여

가장 도덕적임으로 고귀하고
가장 윤리적임으로 대표하는

보상의 기대 없이 선한 맘으로
우리에게 다가서 사랑을 실천하는 님이시여


## 2. 사랑(Love)


"그런즉 믿음, 소망, 사랑 이 세 가지는 항상 있을 것인데 그 중에 제
일은 사랑이라"(고전 13:13)


율법에서 자유케 하시고
몸과 마음으로 율법을 지키라시며


시기, 질투에서 자유케 하시고
소외 당한자 덮어주라 하시며


진리와 정직 공의에서 자유케 하시고
불의, 독재, 부패를 씻기라 하시며


아름다운 통로의 길
사랑의 길 펼치신다.

"여호와의 속량함을 얻은 자들이 돌아오되 노래하며 시온에 이르러 그 머리 위에 영영한 희락을 띠고 기쁨과 즐거움을 얻으리니 슬픔과 탄식이 달아나리로다"(사도행전 35:10)

"하느님의 나라는 먹고 마시는 일이 아니라, 성령 안에서 누리는 의로움과 평화와 기쁨입니다"(로마서 14:17)

"또 너희는 많은 환난 가운데서 성령의 기쁨으로 말씀을 받아 우리와 주를 본받은 자가 되었으니"(데살로니가전서 1:6)


어려움 가운데
환난 가운데
가슴으로 받아내는
영의 기쁨!


매사에 감사하고
매사에 만족하며
매사에 긍정하는
느끼는 기쁨
좋은 것 만들어 내고
아름다운 것 추구하는
창조의 기쁨
영적근원의 기쁨

## 4. 화평(Peace)

"악에서 떠나 선을 행하고 화평을 구하여 이를 좇으라"(베드로전서 3:11)

"하나님은 어지러움의 하나님이 아니시요 오직 화평의 하나님이시니라"(고린도전서 14:33)


통일, 안전, 쉼, 평안
그리고 안정
이것 저것 살피는 양면성


하나님과 나, 인간과 인간
모든 이와 평화로 내가 옳더라도 드러내지 않으며
상대에게 여유를 주는 회복의 관계


인간과 자연 사이
상식과 법을 좇는 조화
언행에 편벽이 없어 걸림 없는 마음이어라


## 5. 오래 참음(patience)

"인내를 온전히 이루라 이는 너희로 온전하고 구비하여 조금도 부

족함이 없게 하려 함이라"(야고보서 1:4)

"그 영광의 힘을 좇아 모든 능력으로 능하게 하시며 기쁨으로 모든 견딤과 오래 참음에 이르게 하시고"(골로새서 1:11)


남에게 학대를 받거나
억울한 일을 당한 때도
분노를 나타내지 않고
참고 견디는 이


성급하지 않아 행동에 무게가 있고
조급하지 않아 언행에 그르침이 없어
갑작스런 일에도 실망이나 분노치 아니하고
고통과 시험 환난에 요동치 않는 변함없는 이


## 6. 자비(Kindness)

"나는 자비를 원하고 제사를 원치 아니하노라 하신 뜻을 너희가 알았더면 무죄한 자를 죄로 정치 아니하였으리라"(마 12:7)

"자기 집을 잘 다스려 자녀들로 모든 공손함으로 복종하게 하는 자라야 할지며"(디모데전서 3:4)

"주의 종은 마땅히 다투지 아니하고 모든 사람에 대하여 온유하며 가르치기를 잘하며 참으며"(디모데후서 2:24)

긍휼히 여기며
친절을 베풀고
구제를 즐겨 하는
하나님의 태도를 닮은 자를 바라시며

상대를 쉬이 판단치 아니하고
언행에 경솔치 않아 관대하며
상대를 모함치 아니 하고
만인의 성공을 기원하는 자를 바라시노라


## 7. 충성(Faithfulness)

"그리고 맡은 자들에게 구할 것은 충성이니라"(고린도전서 4:2)
"오직 선행으로 하기를 원하라 이것이 하나님을 공경한다 하는 자들에게 마땅한 것이니라"(디모데전서 2:10)

근면하여 적극적이며
공의를 추구하여 남을 사랑할 줄 알아
하나님을 경외하여 성전의 사람을 존중하고
성도의 영혼을 살리는 일을 주저하지 않는 종들이여라.

하나님 앞에서 최선을 다하는 신앙 자세로

신앙의 중요한 요소를 의지하여
물질과 목숨까지도 교재할 수 있는
사도바울 같은 충성된 종들이여라.


## 8. 온유(Gentleness)

"온유한 자는 복이 있나니 저희가 땅을 기업으로 받을 것임이요"
(마태복음 5:5)
"나는 마음이 온유하고 겸손하니 나의 멍에를 메고 내게 배우라 그
러면 너희 마음이 쉼을 얻으리니"(마태복음 11:29)


뜻에 복종하는 순종의 자세를 알며
그 가르침을 잘 따라 행하는
솜털과 같은 넓은 포용의 마음
분노와 시기와 격한 육체의 소육을 제어하고
일꾼으로 훈련받아 가장 겸손의 모습을 갖춘
상대에게 불편함을 주지 않는 마음


섬기는 상태를 즐기고
얼굴에는 미소가 만연하여
포근하고 부드러운 마음

"이기기를 다투는 자마다 모든 일에 절제하나니 저희는 썩을 면류관을 얻고자 하되 우리는 썩지 아니할 것을 얻고자 하노라"(고린도전서 9:25)

"육신을 따르는 자는 육신의 일을, 영을 따르는 자는 영의 일을 생각하나니"(로마서 8:5)

자신을 조절(self control)하여
예수님의 성령을 닮아가라신다.

공의, 사랑, 평등을 추구하는
예수님의 치우침이 없음을 닮아가라신다.

성령의 은혜에 사로잡혀
예수님을 닮아가라신다.

# 편집을 마치면서

수정교회가 창립(1977년)한 이래 제2의 도약기를 접어들면서 『아름다운 수정교회 이야기』를 발간할 수 있도록 도우시고 인도하신 에벤에셀의 하나님께 감사드립니다.

"… 우리에게 구름같이 둘러싼 허다한 증인들이 있으니… "(히브리서 12:1)

이 말씀을 품고 이책의 발간에 참여하게 되었습니다. 지난날 믿음의 선후배와 동료들이 지켜온 신앙의 아름답고 감동적인 발자취를 담아 주님의 구원의 사역에 열심히 도와주신 홍순모 장로님 외 52명의 증언자에게 감사의 말씀드립니다. 이들 증인들의 간증은 꾸밈없는 이야기이자 솔직한 고백입니다. 그래서 더욱 값진 것입니다.

그럼에도 불구하고 저희들의 지혜와 지식의 부족으로 증언자들의 참 뜻을 다 살리지 못한 점과 저희 손길이 미처 닿지 못하여 더 좋은 감동적인 이야기를 담지 못한 점은 용서를 구합니다.

모자람이 많은 이책이 신학생, 교역자 모든분들께 귀중한 「어록」으로 활용되어지기를 소망하며 마지막 때에 구원의 방주로서 역할을 다하여 영혼 구원의 길잡이가 되고, 땅 끝까지 복음을 전파하는 복음의 전도로 활용되어지기를 간절히 소망합니다. 그리하여 교회가 새로운 변화의 바람이 불어 '믿음 안에서 하면 된다'는 자신감이 불타는 성경적인 교회가 되기를 바라는 마음 간절합니다.

끝으로 본서가 발간되기까지 직접 각 장의 글들을 써 주시고 격려하여 주신 조일래 담임목사님과 열성적으로 헌신해주신 나침반출판사 김용호 대표님과 임직원 모두에게 뜨거운 감사의 말씀을 드립니다.

대망의 2010년대를 바라보며…
『아름다운 수정교회 이야기』 편집실

- 편 집 장 안 용 환 안수집사
- 편집위원 김 사 라 집사
　　　　　김 시 경 집사
　　　　　김 예 숙 집사
　　　　　안 경 이 집사
　　　　　정 선 영 집사
　　　　　최 정 길 집사
　　　　　(가,나.다.…순)

망망한 바다 한가운데서 배 한 척이 침몰하게 되었습니다.
모두들 구명보트에 옮겨탔지만 한 사람이 보이지 않았습니다.
절박한 표정으로 안절부절 못하던 성난 무리 앞에
급히 달려나온 그 선원이
꼭 쥐고 있던 손바닥을 펴 보이며 말했습니다.
"모두들 나침반을 잊고 나왔기에…"
분명, 나침반이 없었다면 그들은 끝없이 바다 위를
표류할 수 밖에 없을 것입니다.

삶의 바다를 항해하는 모든 이들을 위하여
우리는 그 나침반의 역할을 하고 싶습니다.
우리를 구원하신 아름다운 주님을
21세기 문명의 이기를 통하여
널리 전하고 싶습니다.

우리 나침반 가족은
구원의 복음과 진리의 말씀을 전하며
당신의 믿음 성장과 삶을, 가정을, 증거를,
그리고 당신의 세계를 돕고 싶습니다.

그리스도 안에서
우리는 당신을 진실로 사랑합니다.

"하나님은 모든 사람이 구원을 받으며
진리를 아는데 이르기를 원하시느니라."
(디모데전서2장 4절)

이 책을 읽는 것 자체가 기도가 되게 만든 책입니다!

# 무릎 기도문 시리즈 ❶ ❷ ❸

**자녀 축복 기도를 통한 전도용으로도 사용가능!**

## 자녀를 위한 무릎 기도문

편집부 엮음 | 포켓판 | 144쪽

"엄마, 아빠 내가 이렇게 성공한 건 모두 부모님 기도 덕분이에요.
매일 무릎 꿇고 저를 위해 기도하셨잖아요."

**가족을 축복하는 기도법!**

## 가족을 위한 무릎 기도문

편집부 편저 | 포켓판 | 144쪽

"기도로 더욱 행복해진 우리 가족,
하루하루가 기쁘고 즐겁습니다."

**어떻게 기도할지 모르는 새신자를 위한 기도법!**

## 새신자 무릎 기도문

편집부 편저 | 포켓판 | 144쪽

"하나님이 어떤 분이시며, 생각하며, 감사와 죄를 회개하고
나에게 필요한 것을 하나님께 아뢰며, 우리가 누리는 은혜를 누리지
못하고 있는 사람들을 위해 간청 드린다."

# 지하 공동체 카타콤에서 끝까지
# 믿음을 지키다 순교한 사람들의 이야기!

"아멘, 주 예수여 오시옵소서."

혼란스런 시대를 살아가는 그리스도인들이
이 책이 보여주는 충성과 순교의 정신을 통해
모든 시험을 이길 수 있는 큰 용기를 얻을 것을 믿는다.

## 목숨 걸고 믿음을 지킨 사람들

작자 미상 | 국판 | 176쪽

"목사님! 고등부 학생들과 부모들에게 선물로 좋아요!"

# 주일 성수 잘하고도
# 서울대 간 14명의 신앙과 공부비법!

# 고딩,
# 화이팅!

신국판 / 208페이지

「고2 학생이랑 이야기를 나눴는데, "성적이 안돼서 포기했어요, 안 돼요" 라고 하더군요. 왜 포기합니까? 시간 많습니다. 고2라면 아직도 1년 이상 남았습니다. 1년 이상이 짧은 기간 절대 아닙니다.」- 강태화

「저는 서울대학교는 커녕 서울안에 있는 대학도 못 올 실력이었는데, 하나님이 채워주셨어요. 고3때 내신은 1.5등급 나와서 됐는데, 수능이 전부다 3등급인거에요. 그래도 기도하고 준비하고 또 열심히 하세요. 저는 세 개의 대학을 넣었는데 다 돼서 골라서 갈 수 있는 입장이었어요. 엄마도 깜짝 놀라면서 하나님께 감사했어요.」- 김태형

「교회에서 예배 드리는 대신 좀 더 쉴 수도 있고 공부 할 수도 있지만, 우리가 믿고 있는 분이 누구시고, 정말 하나님이 전지전능하시고 우리와 함께 하시는 분 이라는 걸 믿고 있다면 그분을 예배하는 일이 결코 쓸모없는 시간이 아니라고 생각해요.」- 이승호

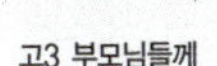


「고3때 공부냐 신앙이냐의 양갈래로 갈등하는데 저희 목사님이 항상 하시는 말씀이 한손엔 성경, 한손엔 교과서 였어요. 하나만 치우치게 아니고 충분히 양쪽을 균형있게 할 수 있다고 생각합니다.」- 이영범

「자녀가 교회 간다고 해서 공부에 방해되는게 아니고 절대로 절대로 시간을 뺏기는게 아니라는 생각을 하셨으면 좋겠어요. 고3때 교회를 감으로 더 마음에 중심이 잡히고 의지가 잡히고 또 힘을 얻을 수 있다면 오히려 교회를 가야 되는게 맞다고 생각해요. 예배참석 안하고 공부한다고 해도 마음이 부담이 돼 더 능률이 오르지 않아요.」- 정혜승

「(하나님의 방법으로 하나님을 의지해야지) 자기의 방법으로 하면 아이가 더 공부를 잘 할 것이라는 생각 때문에 주일날 교회를 안보내고 공부를 시키더라도 실패 할 수 밖에 없어요. 제 사례가 말해주듯이요.」- 김영완

「비전에 대한 생각을 많이 했어요. 제가 제 공부하는 거지만 '이건 정말로 하나님을 위한 것이다' 라는 생각이 있었어요. '나는 하나님을 위해서 이렇게 공부하니까 하나님이 당연히 붙게 해주시겠지' 라는 마음을 갖고 있었죠.」

● 한손엔 성경 / 한손엔 교과서를!
● 교회생활 – 입시준비 다 잘 할 수 있습니다!
● 내게 딱 맞는 공부법을 찾을 수 있습니다!
● 목회자, 교사에게 생동감 넘치는 예회 제공!

# 아름다운 수정교회 이야기

제1판 발행 2010년 1월 10일

**편저자** 조일래
**발행인** 김용호
**발행처** 나침반출판사
**등 록** 1980년 3월 18일 / 제 2-32호
**주 소** 110-616 서울 광화문 사서함 1641호
**전 화** 본사 (02)2279-6321~3 영업부 (031)932-3205
**팩 스** 본사 (02)2275-6003　　영업부 (031)932-3207

www.nabook.net
nabook@korea.com
nabook@nabook.net

ISBN　978-89-318-1410-1　03230
**책번호** 타-1005

· 값은 뒷표지에 있습니다.

· 잘못 만들어진 책은 구입처나 본사에서 바꿔드립니다.

나침반출판사는 우리를 구원하신 아름다운 주님을
21세기 문명의 이기(利器)를 통하여 널리 전하고 싶습니다.